全国革命老区县发展史丛书——河南驻马店市卷

# 西平县革命老区发展史

西平县老区建设促进会 编

郑州大学出版社

**图书在版编目(CIP)数据**

西平县革命老区发展史 / 西平县老区建设促进会编. — 郑州 : 郑州大学出版社, 2021. 5

(全国革命老区县发展史丛书)

ISBN 978-7-5645-7721-6

Ⅰ. ①西… Ⅱ. ①西… Ⅲ. ①西平县 - 地方史 Ⅳ. ①K296.14

中国版本图书馆 CIP 数据核字(2021)第 028577 号

**西平县革命老区发展史**

XIPING XIAN GEMING LAOQU FAZHAN SHI

| | | | |
|---|---|---|---|
| 策划编辑 | 吴　昕 | 封面设计 | 苏永生 |
| 责任编辑 | 席静雅 | 版式设计 | 凌　青 |
| 责任校对 | 樊建伟 | 责任监制 | 凌　青　李瑞卿 |

| | | | |
|---|---|---|---|
| 出版发行 | 郑州大学出版社有限公司 | 地　　址 | 郑州市大学路 40 号(450052) |
| 出 版 人 | 孙保营 | 网　　址 | http://www.zzup.cn |
| 经　　销 | 全国新华书店 | 发行电话 | 0371-66966070 |
| 印　　刷 | 新乡市豫北印务有限公司 | | |
| 开　　本 | 710 mm×1 010 mm　1 / 16 | 彩　　页 | 8 |
| 印　　张 | 16.5 | 字　　数 | 263 千字 |
| 版　　次 | 2021 年 5 月第 1 版 | 印　　次 | 2021 年 5 月第 1 次印刷 |

| | | | |
|---|---|---|---|
| 书　　号 | ISBN 978-7-5645-7721-6 | 定　　价 | 99.00 元 |

# 历史文化

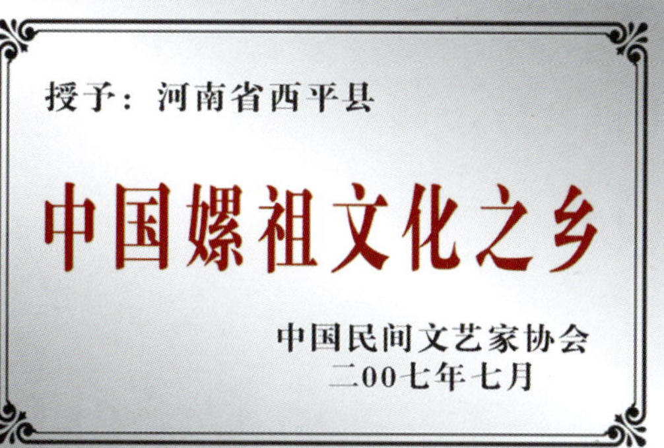


据史书载，嫘祖为西陵氏女，黄帝正妃、嫘祖发明植桑养蚕、缫丝制衣，为中华民族从蛮荒时代迈向人类文明作出了突出贡献，被誉为华夏人文之母，西平乃为嫘祖故里。

授牌庆典(2007 年)

嫘祖雕像

嫘祖故里拜祖大典

# 历史文化

西平棠溪宝剑锻造技艺入选国家级非物质文化遗产

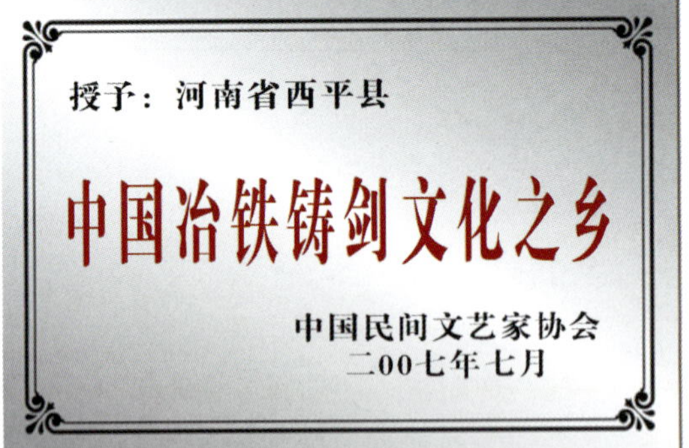


西平县获“中国冶铁铸剑文化之乡”荣誉称号

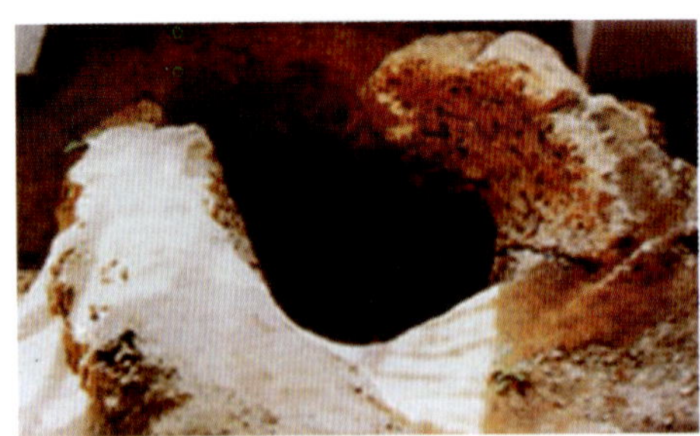

西平现存战国时期冶铁炉

西平棠溪冶铁遗址——我国迄今发现最早、保存最为完整的战国冶铁遗址，其铸剑历史可上溯到西周时代

# 红色遗址

中共西平县委旧址

祝王寨、金刚寺战役纪念馆

# 红色遗址

出山镇焦之钢革命纪念馆

豫中抗日根据地，新四军游击兵团司令部旧址（出山镇酒店村）

# 红色遗址

豫中军分区抗日军政干校旧址（出山镇牛昌村）

祝王寨、金刚寺战役牺牲无名烈士墓（杨庄乡仪封村）

# 城市建设

西平县嫘祖海棠园

西平县嫘祖生态湿地公园

洪河堤岸海棠长廊

# 城市建设

洪河公园夜色

霓虹映照海棠红

老城新貌——宋代宝严寺塔（俯瞰）

嫘祖河·凤凰桥

# 工业发展

2018 年全球纺织服装供应链大会在嫘祖故里——西平县隆重开幕

西平嫘祖服装智尚工业园

# 工业发展

县委书记聂晓光、县长李全喜及集聚区领导视察金凤牧业

西平豫坡集团

河南鼎力杆塔厂区全貌

# 农业发展

西平县高庙红薯节

西平特色农产品电商直播

首届“中国农民丰收节——中国农民电影节”在西平盛大开幕

# 美丽乡村

河南省文明村
——盆尧镇陈老庄村

生态宜居
——柏亭街道席赵社区

河南省生态文明村
——权寨镇郭庄村

# 民俗文化

国家级非物质文化遗产——西平大铜器

参加全国非物质文化遗产展演

# 民俗文化

西平剪纸艺术传承人
——王雪军（左）王梅军（右）

西平剪纸艺术经过历代民间艺术家不断创新发展，从内容到形式日臻完美。现已成为广大人民群众喜爱的厅堂装饰品，为驻马店市非物质文化遗产保护项目，已申请省级非物质文化遗产。

剪纸作品——男耕女织　功盖华夏（黄帝与嫘祖）

# 民俗文化

剪纸艺术培训班

传统文化进校园——剪纸艺术大赛

# 《西平县革命老区发展史》
## 编　委　会

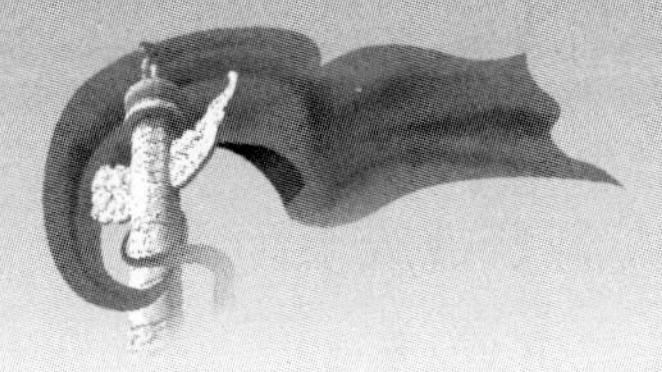

# 总　序

在举国欢庆新中国成立70周年前夕,中国老区建设促进会王健会长请我为“全国革命老区县发展史”丛书作序。作为一名在老区战斗过并得到老区人民生死相助的老兵,回首往事,心潮澎湃,感慨万千,深感义不容辞,欣然应允。

中国革命老区,是以毛泽东为代表的中国共产党人在领导人民推翻帝国主义、封建主义和官僚资本主义三座大山,争取民族独立和人民解放伟大斗争中建立的革命根据地。在这片红色的土地上,诞生了无数可歌可泣的革命英雄儿女,为后人树起了一座不朽的丰碑。她是新中国的摇篮,是党和军队的根。

在艰苦卓绝的战争年代,老区人民把自己的命运与中华民族的命运紧紧地联系在一起,与中国共产党和人民军队的命运紧紧地联系在一起,他们生死相依,患难与共。我曾亲历过战争年代,并得到过老区红哥红嫂的救助,切身感受到发生在身边的一幕幕撼天动地的革命故事,在那极其艰难的条件下,老区人民倾其所有、破家支前,不怕艰难困苦,不怕流血牺牲。“最后一碗米送去做军粮,最后一尺布送去做军装,最后一件老棉袄盖在担架上,最后一个亲骨肉送去上战场”,这是当时伟大的老区人民为建立新中国作出巨大牺牲的真实写照,它将永远镌刻在中国共产党、中国人民解放军、中华人民共和国的历史丰碑上。他们的光辉业绩永载史册,他们的革命精神必将影响一代又一代的革命新人,造就一代又一代的民族脊梁。

在社会主义革命和建设时期,革命老区和老区人民响应党的号召,面对落后的面貌、脆弱的经济、恶劣的生态环境,他们本色不变,精神不丢,自力更生,艰苦奋斗,干一行爱一行。他们始终坚持“革命理想高于天”，自觉做共产主义远大理想的坚定信仰者和忠实实践者，勇于向恶劣的自然环境和贫穷落后宣战，在各条战线上为国建功立业，用平凡的双手创造了一个又一个不平凡的奇迹，彰显了老区人的崇高精神和人格力量。

在改革开放的伟大进程中，老区人民解放思想，勇于创新，发奋图强，攻坚克难，老区的经济社会建设取得了辉煌成就。特别是在改变中国的面貌、中华民族的面貌、中国人民的面貌、中国共产党的面貌的伟大实践中发挥了至关重要的作用。老区人民既是改革开放的参与者，也是改革开放的推动者。

艰苦练意志，危难见精神。老区人民在近百年的革命战争、社会主义建设和改革开放的伟大实践中，孕育形成伟大的老区精神：爱党信党、坚定不移的理想信念；舍生忘死、无私奉献的博大胸怀；不屈不挠、敢于胜利的英雄气概；自强不息、艰苦奋斗的顽强斗志；求真务实、开拓创新的科学态度；鱼水情深、生死相依的光荣传统。这是党和人民宝贵的精神财富、丰厚的政治资源，是凝心聚力、振奋民族精神的重要法宝，也是社会主义核心价值观的重要内容。

中国老区建设促进会怀着强烈的政治责任感和历史使命感，组织全国各地老促会人员克服困难，尽心竭力编纂“全国革命老区县发展史”丛书，记录老区的光辉历史和辉煌成就，传承红色基因，弘扬老区精神，是功在当代、利于千秋的一件大事。手捧这部丛书的部分书稿，读着书中的故事，倍感亲切，深感这部丛书具有资政、育人、存史的社会功能，有着重要的时代和历史价值。它是不忘初心、牢记使命的源头活水，是赞颂共产党、讴歌老区人民的一部精品力作，是弘扬老区精神、传承红色记忆的丰厚载体，是一项继承优秀传统文化、弘扬革命文化、发展社会主义先进文化，坚定“四个自信”的宏大文化工程。它必将成为一种文化品牌，为各界人士了解老区、宣传老区、支持老区提供一部有价值的研究史料。希望读者朋友们能从中了解并牢记这些为党和民族的利益不断奉献的老区人民，从中得到教益，汲取人生奋斗的精神动力。

新时代赋予新使命，新起点开启新征程。让我们更加紧密地团结在以习近平同志为核心的党中央周围，坚持以习近平新时代中国特色社会主义思想为指导，增强“四个意识”，坚定“四个自信”，做到“两个维护”，弘扬老区精神，铭记苦难辉煌。为实现“两个一百年”奋斗目标，实现中华民族伟大复兴的中国梦作出新的更大的贡献！

迟浩田

2019 年 4 月 11 日

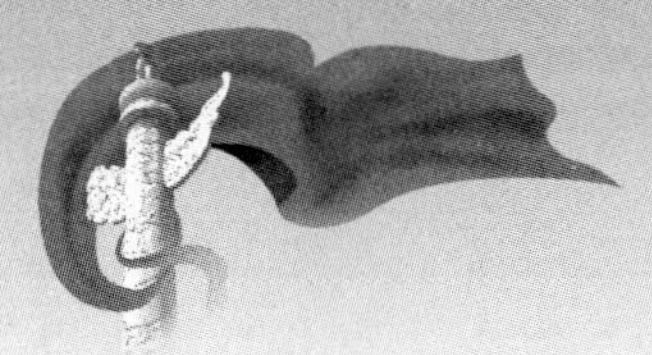

# 序 言

新中国成立七十周年之际，县老区建设促进会组织编写的《西平县革命老区发展史》已完稿，并即将付梓，这是全县老区人民政治生活中的一件大事、喜事，值得庆贺。

西平是中国共产党开展革命活动较早的地区之一，具有光荣的革命斗争历史，属河南省人民政府确定的革命老区县。早在大革命时期，觉醒的西平工人、农民和先进知识分子在中国共产党领导下，英勇无畏，前赴后继，同贪官污吏、土豪劣绅进行针锋相对的斗争，中共西平党组织在这火热的斗争中建立和发展。1926 年 10 月，西平第一个党小组在武岗成立；1927 年 10 月，西平第一个党支部在仪封成立；1929 年 7 月，中共西平县委在出山成立。土地革命斗争时期，西平人民在中国共产党领导下，不畏强暴、奋起抗争，广泛开展抗税、抗捐、抗租等反压迫、争自由的斗争，创建、扩大和巩固了革命根据地。抗日战争时期，西平人民在党的领导下，发动群众，组织地方武装力量，配合新四军、八路军同日本侵略者进行殊死的斗争，用鲜血和生命捍卫了民族的尊严。解放战争时期，党组织领导全县人民全力支援解放军作战，祝王寨金刚寺战役中，组织运输队、担架队，抢运物资、营救伤员，以实际行动支援解放战争。在那峥嵘岁月，西平人民为了国家和民族的解放事业，前仆后继、英勇奋斗，作出了巨大的贡献和牺牲，创造了可歌可泣的丰功伟绩，写下了光辉灿烂的壮丽诗篇。这些光荣的历史，染红了西平革命老区这块热土，孕育了成千上万的英雄楷模。

新中国建立后，特别是改革开放以来，在党的领导下，西平人民在社会主义革命和社会主义建设的征途中，取得了举世瞩目的成就，经济建设和社会事业蓬勃发展，人民生活水平不断提高，呈现出一派生机勃勃、祥和繁荣、文明昌盛的景象。当前，在县委、县政府的正确领导下，全县上下紧紧围绕党的十九大提出的“两个一百年”奋斗目标，牢固树立“四个意识”，坚定“四个自信”，坚决做到“两个维护”，全县改革开放和现代化事业发生了翻天覆地的变化。今日的西平，服装、机械制造等主导产业集聚集群效应日益巩固，西平优质小麦品牌进一步打响，电子商务等现代服务业迅速兴起，发展之路越走越宽；“两河治理”等生态水系、道路桥梁设施建设全面推进，农村园林化、森林化、林果化的美景逐步呈现，美丽生态宜居的“花海旅游新城”形象日益彰显，生态环境越来越好，各项民生事业加快发展，扶贫政策全面落实，教育、医疗、养老、低保等社会保障体系更加健全，社会大局持续和谐稳定，群众生活越来越幸福。

盛世修史，明时修志，鉴史则兴。此书记述了战争年代中国共产党领导西平人民进行艰苦卓绝的斗争历程，再现波澜壮阔的历史画卷，讴歌了革命前辈为国家和民族的解放，不惜抛头颅、洒热血的献身精神；记述了新中国成立后，县委、县政府领导全县人民进行社会主义革命和建设，特别是改革开放以来所取得的辉煌成就，是西平老区的一部光荣革命史、不懈奋斗史、辉煌成就史。存史、资治、教化之作用昭然可见，对传承红色基因、继承和发扬老区精神、促进经济社会快速发展具有重要意义。

希望全县人民把《西平县革命老区发展史》作为不忘初心、牢记使命主题教育的生动教材，作为老区脱贫攻坚、全面建成小康社会的精神动力，在建设富裕、文明、和谐、美丽的新西平中再创辉煌。

是为序。

**中共西平县委　西平县人民政府**

**2019 年 7 月**

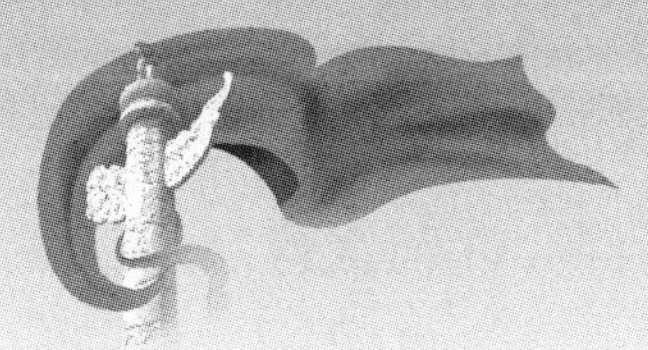

# 编写说明

2017 年 6 月，中国老区建设促进会组织全国各地老促会启动编纂“全国革命老区县发展史”丛书，按照“建立中国共产党、成立中华人民共和国、推进改革开放和中国特色社会主义事业”三大里程碑的历史脉络，系统书写革命老区百年历史，深入挖掘革命老区红色文化资源，这对充实丰富中国革命史籍宝库，在新时代传承红色基因、弘扬革命精神、强固根本；对激励人们在新的历史条件下夺取中国特色社会主义伟大胜利，实现中华民族伟大复兴的中国梦具有重要意义。

丛书编纂以习近平新时代中国特色社会主义思想为指导，以《中国共产党历史》《中国共产党的九十年》等重要文献为基本依据，以党的领导为核心，以老区人民为主体，以老区发展为主线，体现历史进程特征，突出时代发展特色，坚持辩证唯物主义和历史唯物主义相统一、历史真实性与内容可读性相统一的原则，书写革命老区从站起来、富起来到强起来的光辉革命史、不懈奋斗史、辉煌成就史，把老区人民的伟大贡献、伟大创造、伟大成就、伟大精神充分展示出来，形成一部具有厚重历史特征和鲜明时代特色的精品力作。这是一部培根铸魂、守正创新，既为历史立言，又为时代服务，字里行间流淌着红色血脉、催生着革命激情的传世之作。丛书的编纂出版将成为讴歌、党讴歌人民、讴歌时代、传播红色文化、为革命老区和老区人民树碑立传的重要载体。

丛书按照编年体与纪事本末体相结合、以编年体为主的编写体例确定框架结构；运用时经事纬、点面结合的方式记述史实；坚持人事结合、以事带人的原则处理人与事的关系；采取夹叙夹议、叙论结合、以叙为主的方法展开，做到了史料与史论、历史与现实、政治与学术统一，文献性、学术性、知识性相兼容。

为编纂好“全国革命老区县发展史”丛书，打造红色文化品牌，中国老区建设促进会认真组织积极协调，提出政治立场鲜明、史料真实准确、思想论述深刻、历史维度厚重、时代特色突出、编写体例规范、篇目布局合理、审读把关严格、出版制作精良的编纂出版总要求，力求达到革命史籍精品的精神高度、思想深度、知识广度、语言力度，增强丛书的权威性和社会影响力。各省（区、市）、市（州、盟）、县（市、区、旗）老促会的同志，以强烈的使命感、责任感和紧迫感，勇于担当，积极作为，认真实施，组织由老促会成员、专家学者等参加的十余万人编纂队伍。编纂工作主体责任在县，省、市组织协调、有力指导、审读把关。各方面人员以高度负责的精神和科学严谨的态度，满腔热情地投入工作，为丛书编纂出版作出了重要贡献。丛书编纂工作还得到了党和国家有关部委、地方各级党委政府及有关部门的大力支持和积极参与，社会各界也给予了热情帮助。中共中央政治局原委员、中央军委原副主席、原国务委员兼国防部长迟浩田上将，对老区人民怀有深厚感情，对革命老区建设发展十分关注，欣然为“全国革命老区县发展史”丛书作总序。

丛书由总册和1599部分册（每个革命老区县编纂1部分册）组成，共1600册。鉴于丛书所记述的史实内容多、时间跨度长和编纂时间紧，不妥之处，敬请批评指正。

**中国老区建设促进会**

**2019年5月14日**

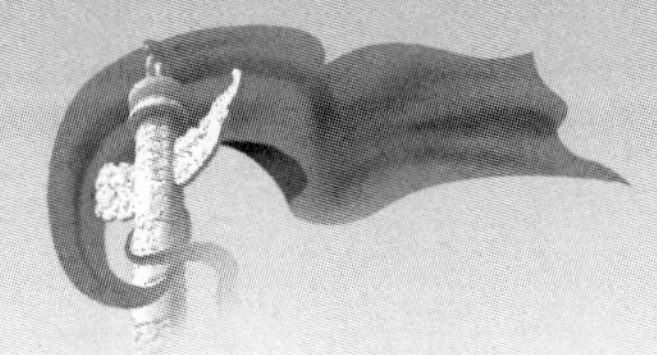

# 目　录

# 概　述

西平县位于河南省中南部，处于驻马店市最北端。地理坐标为北纬33°10′～33°32′，东经113°36′～114°13′，东邻上蔡县，西接舞钢市、舞阳县，南依遂平县，北连漯河市及郾城县。全县总人口88万，总面积1089.77平方公里，总耕地118万亩，辖20个乡镇（办事处、管委会），285个行政村（居委会）。

西平是一个历史文化厚重的千年古县，是中国农耕文明、服饰文明、冶铁文明的重要发源地。被尊为中华之母、人文女祖的黄帝之妻嫘祖就出生在西平，她发明了缫丝制衣，开启了男耕女织的农耕文明生活，结束了人类蛮荒愚昧的时代，她母仪天下、恩泽后人，孕育了勤劳向善、开拓创新的嫘祖精神。这里也是中国最早发现铁、使用铁生产农具和兵器的地方，战国时期的西平冶铁技术领先世界，棠溪、干将、莫邪等中国九大名剑皆出自西平，孕育了不怕艰难、敢于亮剑的冶铁铸剑文化。

西周时，西平为柏皇氏后裔封地。春秋时为柏国，子爵，后归楚国。战国时属韩。秦属颍川郡。西汉高祖四年（前203年）始置西平县，属豫州汝南郡。明清属汝宁府。1948年8月，中共西平县委和县民主县政府成立，1949年3月属确山行政公署，1949年8月改确山行政公署为信阳专区。1965年6月，信阳专区分置驻马店专区，西平县属驻马店专区。2000年12月，驻马店专区改制为驻马店市，西平县属驻马店市。

西平，是中国共产党开展革命活动较早的地区之一，斗争风云激荡，人民贡献卓绝。

第一次国内革命战争时期，境内铁路工人不畏强暴，奋勇参加

"二七"大罢工。上海"五卅"惨案发生后,西平进步师生纷纷组织起来,成立"学生救国会""青年反帝运动团"等组织,开展抵制日货和募捐活动,并举行万人大会声援上海工人。在火热的革命斗争中,西平第一个中共党小组于1926年10月在武岗诞生。1927年,国民革命军北伐,决战西平,军民配合,歼敌万余,为国民革命军继续北伐开辟了道路。

第二次国内革命战争时期,革命运动风起云涌,党的组织逐渐发展壮大。1927年10月,西平县第一个中共党支部在仪封北小庄成立。1928年,中共出山支部、西遂边区行动委员会、中共出山区委相继成立。1929年7月,中共西平县委成立。在残酷的革命斗争中,西平党组织无论是在健全还是在遭受破坏的情况下,党的活动一直未停止过。西平人民在党的领导下,打土豪,分田地,广泛开展抗税、抗捐、抗租、反饥饿、反压迫、争自由的斗争。不少共产党人和进步人士打入敌人内部,夺取和掌握了县、区、乡和教育界部分领导权,建立多支党领导的游击队,给反动势力以沉重打击,形成了以仪封、出山、专探为中心的西平革命根据地。

抗日战争时期,军民同仇敌忾,抗日烽火燃遍西平大地。1941年日军初犯西平,国民党预备十一师前卫连128名官兵奋起抵抗,浴血奋战,全部壮烈牺牲。为告慰铁血忠魂,军民共建陵园。1944年5月,日军再次侵占西平,到处烧杀抢掠,犯下滔天罪行。西平人民不甘其辱,自发奋起反抗。1945年1月初,新四军豫南挺进兵团进入酒店山区,连战皆捷,建立了西平抗日根据地。与此同时,八路军128团挺进豫中,攻占五沟营,郾上西县委和抗日民主政府随之成立。

抗日战争胜利,内战风云骤起。1945年10月中旬,八路军河南军区部队、冀鲁豫军区128团和新四军五师三路大军会师西遂边境,李先念亲自到酒店山区迎接,并在土山召开高级军事会议。会后,三路大军南下桐柏山,同八路军三五九旅南下支队会合,成立中共中央中原局、中原军区,统一指挥中原地区的斗争。1947年12月下旬,陈粟大军三纵队与陈谢兵团协同作战,会战于祝王寨和金刚寺一带,全歼国民党第五兵团团部和整三师万余人。1948年年初,西遂军政办事处、中共西遂县委和西遂爱国民主政府相继成立,归豫西二地委管辖。京汉铁路以东洪河县辖区,属豫皖苏军区七分区;同年 8 月,西遂两县分设,中共西平县委和县民主政府在酒店李元沟村成立。1948 年 11 月,西平全境解放,县委、县政府机关迁入西平县城。

新中国成立后,全县人民走过了土地改革、镇压反革命“三反”“五反”及农业合作化、“大跃进”、人民公社、“四清”运动、“文化大革命”等诸多曲折历程,巩固了人民政权,确立了社会主义制度,恢复和发展了国民经济,为开展社会主义现代化建设和改革开放奠定了基础。

党的十一届三中全会重新确立了党的思想路线、政治路线和组织路线,从根本上冲破了长期“左”倾错误的束缚,拉开了改革开放和社会主义现代化建设的序幕,社会生产力极大发展。20 世纪 80 年代,西平工业经济势头强劲,县轴承厂生产的 204E 轴承、县五金厂生产的钢锨、县电机厂生产的电扇相继进入国际市场,享誉海内外。商贸物流繁荣活跃,西平网兜等驰名豫南地区,1985 年建成的柏城商场是当时豫南地区最大的县级商场。

党的十八大后,县四个班子紧紧依靠全县广大干部群众,务实担当,攻坚克难,积极作为,在加快高质量跨越发展的进程中迈出了铿锵有力的坚实步伐。特别是国家实施“一带一路”倡议,河南省实施“中原经济区”“粮食生产核心区”“郑州航空港经济综合实验区”三大战略,作为丝绸之路的发源地、河南省重要的农畜产品生产基地县,西平的区位优势更加明显。县内两条铁路(京广铁路、京广高铁),国道 107、省道 311,京港澳高速公路纵横贯穿全境,南有武汉天河机场,北有郑州新郑机场,处在武汉、郑州两大都市的“两小时经济圈”内,交通十分便利。

西平县城基础完善,宜居宜业。县城规划面积 60 平方公里,建成区面积 35 平方公里,人口近 30 万,具备中等城市框架。柏苑大道、柏亭大道、凤鸣路等 29 条道路正在建设,改造背街小巷 106 条,形成了城周环形围绕、城内互联互通、城外四通八达的路网体系。小洪河、引洪河、南城河“三河”生态工程全面实施,启动了龙坑湖、皇坑湖、嫘祖文化苑南湖“三湖”治理工程,城区环境更加舒适宜居。西平生态园、嫘祖海棠园及沿河冶铁铸剑文化、法家文化等主题公园加快建设；县体育中心、文化馆、体育馆、游泳馆已完成规划设计，城市品位不断提升，被定为河南省卫生城、园林城、文明城。服装、机械制造等主导产业集聚集群效应日益巩固，西平优质小麦品牌进一步打响，电子商务等现代服务业迅速兴起；“两河治理”等生态水系、道路桥梁设施全面推进，农村园林化、森林化、林果化的美景逐步呈现，美丽生态宜居的“花海旅游新城”形象日益彰显；各项民生事业加快发展，扶贫政策全面落实，教育、医疗、养老、低保等社会保障体系更加健全，社会大局持续和谐稳定。

如今的西平，发展之路越走越宽，发展后劲越来越足，发展动力越来越强，基础设施日臻完善，城乡面貌日新月异，生态环境日趋文明，群众生活日益幸福。

忆往昔峥嵘岁月，看今朝百舸争流。幸福都是奋斗出来的，在习近平新时代中国特色社会主义思想的指引下，在县委、县政府的领导下，在全县广大干部群众的奋斗下，未来的西平，必将更加富强、更加文明、更加美丽。

# 第一章 中国共产党在西平的早期活动

在国民革命失败，“四一二”反革命政变后国共合作全面破裂的形势下，西平觉醒的工人、农民、知识分子纷纷组织起来同贪官污吏、土豪劣绅、反动军阀作各种斗争，农民运动风起云涌，革命斗争如火如荼。中共西平党组织在这火热的斗争中诞生并逐步发展壮大。

## 第一节　西平工人运动的兴起

1921 年 7 月 1 日中国共产党成立后，领导全国人民开展了推翻帝国主义、官僚主义和封建主义的伟大斗争。马列主义开始在西平传播。

1922 年夏，在党的领导下驻马店火车站成立了铁路工人俱乐部；是年秋，更名为京汉铁路总工会驻马店分会，主席胡文秀、副主席何继谟。分会成立后，即派中共党员和工人代表到西平、人和、李庄铺、土洼和焦庄火车站秘密串联工人，宣传党的纲领和马列主义，组织成立工会，同反动统治阶级作斗争，团结起来维护自己的利益。1923 年 1 月底，京汉铁路总工会第三次筹备会议决定在郑州召开成立大会。2 月 1 日，京汉铁路各站及各团体代表 430 余人、郑州铁路工人 1000 余人结队向普乐园会场进发，同真枪实弹的军警对峙，搏斗了两个小时才冲进会场，宣布京汉铁路总工会成立；4 日，全路宣布总同盟罢工，3 个多小时内，京汉铁路全线陷入瘫痪。西平境内 5 个火车站的工会积极响应，带领全体工人英勇地参加大罢工；7 日，反动军阀吴佩孚下令对工人进行血腥镇压，制造了震惊中外的“二七惨案”，西平境内 5 个火车站的工会组织也都不同程度遭到破坏。1925 年 3 月，驻马店铁路分会在中国共产党领导下恢复重建，中共党员李书熙当选为分会主席。李书熙亲赴西平，帮助境内5个火车站重建工会，继续开展工人运动。

## 第二节　西平县第一个党小组成立

1925年5月，上海爆发震惊中外的“五卅惨案”。中国共产党领导上海各界群众罢工、罢课、罢市，抗议英、日帝国主义枪杀中国工人的暴行，形成波澜壮阔的反帝浪潮。全国各地大中城市人民群众也纷纷举行罢工、罢课、罢市和抵制日货、英货运动，响应和支持上海人民的斗争。1925年6月初，中共河南党组织委派在开封中州大学学习的西平籍学生、中共党员于秀民等回西平，组织领导西平人民开展反帝爱国运动。

于秀民到西平后，迅速和“上海‘五卅惨案’信阳后援会”派回西平的中国国民党党员谢华生、进步学生王尧民取得联系。他们首先和西平教育界的同学一起商量行动计划，分别在西平县立一小、县立中学等学校，向师生传播革命思想，宣讲“五卅惨案”的真相和全国各地声援上海工人斗争的形势，并组织成立了“学生救国会”“青年反帝运动团”等进步组织，宣传和发动全县人民开展声援“五卅运动”及抵制日货、英货等爱国活动。

为了扩大影响，动员更多的人参加反帝爱国运动，经过充分准备，1925年6月下旬，成立同心寨党小组，并在此举办农民运动训练班。训练班持续举办了两年零一个月，共办10期，培训农民运动骨干130多人。其间，于秀民和党小组成员积极组织开展农民运动，成立农民协会和革命武装“拳头会”“大刀会”“翻身会”等，筹集枪支进行武装暴动。两年间，先后在西平、遂平和泌阳境内举行规模较大的武装暴动13次，铲除和斗倒地主15人，打击了封建反动势力，推动了农民运动的发展。

1926年4月18日—20日，河南省农村协会成立，西平派代表参会，会后成立西平农民协会和西平妇女协会。

1926年8月，中共豫区执行委员会第二次派于秀民回西平，在西平、郾城、漯河一带开展革命活动。谢华生、王尧民由信阳第三师范毕业,受聘于县立第一小学任教。于秀民在谢、王二人的协助下,组织进步师生数十人举办暑期学生补习班,以补课为名,向师生宣传马列主义,讲述革命道理,传阅《共产主义 ABC》《社会进化论》《帝国主义浅说》《资本论入门》和孙中山先生的著作《三民主义》《建国方略》,以及五四运动以来的新文化作品,如蒋光慈的《鸭绿江上》《少年漂泊者》,郭沫若的《女神》,鲁迅的《呐喊》等。多次与谢华生、王尧民、张心源等进行交谈,进行党的基本知识教育,为中国共产党在西平发展党员、建立党的组织奠定了思想基础。1926 年 10 月,中共郾城县支部成立,西平县城北 5 公里处武岗村的张光灼任支部书记,活动涉及今西平北部地区。张光灼在本村发展陈大厅等人加入党组织,成立了武岗党小组,陈大厅任党小组组长。

## 第三节　北伐军西平之战与革命高潮的兴起

1926 年 7 月,北伐战争开始。1927 年 5 月 13 日,北伐军总指挥部下达总攻命令,各军由驻马店分左、中、右三路北进。左路军沿平汉铁路西侧地区北上,直取洛阳;中路军沿平汉路北进取郑州;右路军经汝南、上蔡进攻开封。

西平、上蔡是奉军的重点防线。为固守交通要冲西平,奉军投入第十七军大部及一个山炮大队,铁甲车一列、飞机两架,兵力超过 3 万人,张学良亲自坐镇指挥。

1927 年 5 月 14 日凌晨,中路军三十六军自驻马店出发沿铁路向正面奉军进攻,迅速突破汝河防线,占领遂平县城。军长刘兴遂命令第一师向西平火车站进军。上午 9 时,担任前卫的第二团进至焦庄火车站附近,与奉军铁甲车、骑兵相遇。奉军以猛烈炮火掩护骑兵冲锋,妄图一举击溃北伐军。二团指战员沉着应战,一面正面阻击,一面分兵抄袭敌后。二连突击队插入敌铁甲车后,破坏铁道,断其退路。正面主力则乘势向敌人猛攻。奉军前进受阻,后路被抄,惊骇万状,指挥失灵,乱作一团,至中午时分,奉军骑兵已被消灭一半,残余骑兵不敢恋战,仓皇后撤。北伐军遂占领焦庄火车站。下午 6 时,三十六军第六团接近西平火车站，奉军主力被迫退到西平城内，依仗其强固工事和优势兵力，准备在西平和北伐军决一死战。

1927 年 5 月 15 日上午 8 时，北伐军开始向西平火车站发起攻击，奉军负隅顽抗，双方为控制西平火车站展开了激烈的争夺。三十六军一师二团将士将生死置之度外，与奉军激战两小时，首次占领西平火车站。奉军两个步兵团赶来救援，与原守军合兵一处，向火车站反扑。北伐军二团在敌众我寡的情况下，暂避其锐，退出车站。恰在此时，一团援兵赶到，两团并肩战斗，向奉军发起猛烈攻击，鏖战至午后 2 时，奉军死伤无数，狼狈溃退，北伐军第二次占领西平车站。

正当北伐军一、二团在西平火车站与奉军三个团酣战之时，北伐军三十六军第三师已由焦庄进至县城西南侧的郭店村，在向洪河北岸的奉军发起攻击的同时，向西平县城逼近。城内奉军以优势炮火向北伐军猛烈轰击，昼夜不息，使围城部队遭受重大伤亡。同时，奉军又增派两个步兵旅、一个骑兵团，向北伐军两翼迂回。加上城内守敌，奉军兵力已达 3 万人，北伐军却不足 1 万人。在兵力众寡悬殊、情况危急的情况下，北伐军将士毫不畏惧，士气旺盛，顽强坚守阵地。

1927 年 5 月 16 日黎明，三十六军第一师二、三团实施突击，战士们前赴后继，奋勇冲锋，因奉军炮火猛烈，伤亡过半。城内奉军趁机整团出城，直扑北伐军阵地，气焰嚣张，凶悍异常。危急时刻，一团冒死支援，协助二、三团坚守阵地，屡挫奉军凶焰。经一天拼杀，北伐军阵地岿然不动。西平左翼战场，第三师仍隔洪河与奉军相搏。16 日上午，奉军多次用重炮轰击北伐军阵地，工事大部分被摧毁。下午 5 时，奉军派一个步兵旅和一个骑兵团增援，凶猛反击，并组织重兵欲渡河突袭。此时，北风大作，尘沙蔽日，北伐军无法清楚观察敌军行动。北岸奉军则趁机猛烈炮轰南岸阵地，组织兵力突袭。危急时刻，三十六军军长刘兴亲临前线，指挥反击。三师将士见军长亲临，士气大振，各团密切配合，以密集的炮火封锁河面，使奉军多次突袭均未得逞。

1927 年 5 月 17 日凌晨 4 时，奉军在西平前线又增加 3 个步兵团，总兵力达3.5万人，在西平县城和城西洪河沿岸战场全面反攻。北伐军围城部队和坚守洪河防线的第三师互相配合，沉着应战，打退了奉军一次次攻击。奉军在前沿阵地丢下大批尸体，终未能前进一步。下午3时许，北伐军集中大炮和优势兵力，在军长刘兴指挥下，从左右两翼同时发起攻击。原来隐蔽起来的当地村民见北伐军纪律严明，秋毫无犯，作战勇敢，纷纷上前线帮助北伐军运送子弹、救护伤员。有了老百姓的支持，北伐军如虎添翼，斗志更加旺盛，共产党员、共青团员带头奋勇冲锋，视死如归，连夺奉军阵地。随着夜幕的降临，奉军全线动摇，继而向漯河和郾城方向溃退。三十六军一师三团首先攻入西平县城，其他师团相继占领县城周围村庄，歼灭残余敌人。

西平战役是北伐军进入河南后打的第一场硬仗，也是北伐军在河南发起的三个重要战役之一。这次战役，歼灭奉军7个团以上，缴获大量枪支弹药和军用物资。

北伐军西平之战的胜利，使受尽战乱之苦的西平人民无不欢欣鼓舞。在北伐军攻城之时，县教育局局长、国民党党员袁春华躲在家里和家人一起赶制了十几面青天白日满地红国民党党旗，准备迎接北伐军进城。奉军一溃退，他就带领各界人士和一些群众手擎小旗，打开城门，夹道欢迎北伐军进城。北伐军进城时，队伍整齐，纪律严明，说话态度和蔼。西平人民从未见过这么好的部队，竞相走出家门加入欢迎队伍。

北伐军进城的第二天，三十六军政治部贴出了“打倒军阀”“打倒帝国主义”“打倒贪官污吏”“打倒土豪劣绅、地痞流氓”等宣传标语，并派人走上街头宣传北伐，讲国民革命的目的和任务。北伐军进入西平之前，西平历经连年军阀混战，官吏勒索，豪绅盘剥，土匪抢劫，民不聊生。现在百姓看到革命军队来到西平，以后的日子有了新的希望，无不精神振奋，喜笑颜开，主动腾出好的房屋让北伐军革命军人居住。

第三天一早，袁春华指挥人在县府大堂搭了一个台子，组织召开庆祝胜利军民联欢大会。参加会议的有各局(所)负责人、商会各单位经理、各学校校长、各部门职员和民众1000多人。袁春华担任大会主席，三十六军军长刘兴、政治部周主任、各师师长等出席了联欢会。袁春华和县建设局局长等在联欢会上讲话，对北伐军西平之战的胜利表示祝贺。讲话主要内容是:河南军阀混战,土匪群起,民不聊生,都是封建军阀造成的;要打倒军阀,打倒土豪劣绅、地痞流氓,改革中国现状,就要拥护北伐,拥护孙中山提出的“三民主义”“建国大纲”“建国方略”,进行国民革命,改造中国。这样,中国才有希望。并代表西平人民向北伐军祝贺胜利,欢迎北伐军进入西平县城。北伐军三十六军政治部周主任在讲话中讲了国共两党合作的重大意义,国民政府的革命宗旨和北伐战争的目的与任务,同时,代表三十六军全体将士向西平人民对北伐军的欢迎和支持表示感谢。共产党员、北伐军总政治部主任邓演达在演说中重点讲了国共合作建立革命统一战线的重大意义,对如何做好军队政治工作和发展农民运动等发表意见,激励大家振奋革命精神,继续奋进,夺取国民革命和北伐战争的胜利。

## 第四节　农民运动风起云涌

1924 年 5 月 18 日,北伐军攻占西平后,中共中央战区农民运动委员会由驻马店进至漯河,所到之处,农民运动迅猛发展。

战区农民运动委员会到达漯河的次日,特派员彤德忱率工作队来西平。彤德忱系南阳新野县人,1925 年加入中国共产党,曾任信阳学联主任,信阳各界沪案后援会总指挥。1926 年由中共河南省党组织派往广州运动讲习所学习,1927 年参加北伐。彤到西平后,首先与三十六军政治部及各界群众团体成立联合办事处,筹备成立国民党临时县党部。教育局局长袁春华任临时县党部常务执行委员,赵星若、杨安宇、李简斋、陈荆源、杨玉珍任执行委员。县党部成立后,提出当时的工作重点是领导人民开展反帝反封建运动,并进行了分工,研究了行动方案。

彤德忱亲自抓农民运动。他率领战区农民运动委员会西平办事处工作人员深入全县各区、保,走村串户向农民宣传北伐革命的意义,并把战区农民运动委员会统一印制的 7 色宣传页发给民众,教育和鼓励农民起来革命,向反动军阀、土豪劣绅、地痞流氓展开斗争。饱受兵荒匪患之苦的西平农民对北伐军的到来热烈欢迎,对战区农民运动委员会的宣传积极响应，纷纷成立农民协会，团结起来同反动封建势力作斗争。很多村庄的红枪会也主动向农会靠拢，或直接改名为农会。不到半个月，全县就建立了农民协会68个，会员达2624人，并筹备成立了西平县农民协会和5个区农民协会。农运积极分子冯文生任县农协主席，马砚田任副主席。广大群众在农民协会领导下，积极支援北伐战争，为北伐军送茶送饭，侦察引路，肩扛人担运送弹药，冒着枪林弹雨救护伤员。北伐军过河架桥缺乏材料，村民主动拆掉自家的门板、旧房的木料等送去架桥，配合作战，为北伐军胜利进军作出了积极贡献。

农民协会建立之初，由于缺乏农运人才，协会组织涣散，力量较弱，目标任务不明。为培养农运人才，壮大革命力量，促进农民运动的开展，彤德忱和工作队员在县城东关福音堂举办了一期农民运动训练班，参训学员达150多人，马砚田、冯文生任主讲。训练班以学习政治为主，重点讲习“三民主义”“农民运动状况”等。通过短期培训，学员们对农民协会的性质、组织原则、工作方法和斗争目标有了明确认识，成为农民运动的骨干。训练班结业后，这些学员迅速回到各区、保开展农民运动，斗争目标直指不法地主、贪官污吏和封建制度。

李简斋负责工人运动，在西平火车站的搬运工人中宣传三民主义，讲革命道理，并筹建了搬运工会，搬运工人张书范任工会主席。组织起来的工人精神振奋，斗志昂扬，勇敢地同资本家和工头作斗争，主动为北伐军运送米面、子弹等物资，有力地支援了北伐战争。

杨玉珍负责妇女工作，带领一批进步妇女走街串巷宣传妇女解放，推行男女平等，鼓励妇女走出家门参加社会活动，动员妇女放脚。不少青年妇女在革命思想影响下，挣脱几千年来封建统治阶级束缚妇女的思想枷锁，初步获得了解放。

陈荆源负责学生运动，发动全县师生开展破除封建迷信活动。首先带领县中学生走上街头宣传科学思想，批判封建迷信。组织县中学生到乡间学校向师生们宣传北伐革命，传播进步思想。在全县大部分乡村掀起了以剪辫子、打神胎为主要内容的反对封建迷信的学生运动。

在武汉当铁路工人的仪封镇西寨村人赵捷三，1925年加入中国共产党，在武汉从事工人运动。唐生智率军北伐后，赵捷三和遂平籍中共党员贾守谦、何同泽一起随北伐军回家乡开展农民运动。三人先是在遂平县城西南褚堂田家祠堂开办农民运动训练班，后到仪封、西平县城等地开展农民运动，发展党的组织，先后发展遂平李耀南、于慎庭，西平赵西亭等人入党，成立了中共遂平支部，并为西平成立党的组织培养了骨干。

权寨小学进步教师陈星吾早在 1923 年就组织成立了“读书会”，利用“读书会”组织青年学生读进步书籍，传播反帝、反封建的革命思想。北伐军进入西平后，陈星吾带领学生上街游行，宣传北伐军的胜利消息，并将学校前玉皇庙的神像推倒，改为教室。

正当西平农工和学生运动在北伐胜利的鼓舞下迅猛发展之际，武汉国民政府内部以汪精卫为首的右派集团继“四一二”反革命政变之后，由动摇而日趋反动。1927 年 6 月，北伐军在郑州和开封与冯玉祥率领的国民革命军第二集团军会师后，武汉国民政府把河南省交给了冯玉祥部控制，命令北伐军回师武汉，镇压湖北、湖南两省的农工运动。经郑州和徐州会议以后，汪蒋合流共同反共。7 月 15 日，汪精卫在武汉召开国民党中央“分共”会议，决定同中国共产党决裂，以“宁可枉杀千人，不可使一人漏网”为口号，对共产党员和革命群众进行血腥大屠杀。至此，第一次国共合作全面破裂，国民大革命失败，西平的农民运动和学生运动暂处低潮。但由于受到中国共产党在西平的革命活动和北伐大革命的影响，西平人民的思想开始觉醒。以谢华生、马砚田、赵西亭、王尧民等为首的一批先进知识分子开始清醒地认识到，要推翻帝国主义和封建军阀的反动统治，必须在中国共产党的领导下发动民众起来革命才能成功。他们一方面在进步师生中传播马列主义，另一方面积极寻找中共党组织，开始了建立中共西平党组织的准备工作。

# 第二章 中国共产党领导下西平县早期的革命斗争

## 第一节　第一个党支部的建立

1927年，党的“八七”会议后，党领导的革命斗争由在城市发动武装起义转入在农村创建革命根据地。1927年9月，中共河南省委根据“八七”会议精神，决定利用秋收季节，在条件成熟的地方发动“秋收暴动”。为了加强对“秋收暴动”的领导，中共河南省委在豫南、豫北、豫中成立了三个特委，选派党的优秀干部到广大农村，以各种身份从事党的秘密活动，使很多地方的农村党组织逐步恢复、建立和发展起来。与西平毗邻的遂平县和郾城县也先后恢复和建立了中共支部，其组织活动迅速涉及西平县。在仪封镇县立第二小学任教的进步知识分子谢华生，以同学关系与中共遂平支部的李耀南取得联系，并由李耀南和于慎臣介绍，在遂平后薛庄李耀南家面对党旗宣誓加入了中国共产党。谢华生在遂平县党支部的领导下，积极在西平县第二小学和仪封一带进行党的活动，先后发展二小教师王尧民和学生钟玉清、郜德恒、张克栋等入党，成立仪封党小组。1927年10月，经遂平党组织批准，谢华生和遂平党组织介绍回西平的中共党员赵捷三、赵西亭一起，在仪封北后小庄赵西亭家成立了西平县境内第一个中共党支部——仪封党支部，支部书记谢华生，委员赵西亭、赵捷三，支部属遂平县党组织领导，直接与李耀南联系。

中共仪封党支部成立不久，中共豫南特委派吴介华到西平指导工作，1927年11月在仪封镇西寨村赵捷三家里开办为期3天的“农民运动训练班”，谢华生、赵捷三、赵西亭、郜德恒、钟玉清、张克栋、赵子才、黄建民等10多人参加培训。通过学习《共产党宣言》《中国社会各阶级的分析》和有关农民运动的文件,明确了中国革命的对象和开展农民运动的重要性,学习了组织和开展农民运动的方法。举办训练班期间,吴介华主持召开了仪封支部和党员会议,传达上级党组织的指示,讲述中国共产党的性质、纲领、党员条件及如何发展党的组织和进行革命斗争等,为西平党组织的发展和开展革命斗争指明了方向。

## 第二节　中共出山直属支部的建立

关文汇,出山镇进步人士,1919年毕业于河南省立第三师范学校,因学习成绩优异,毕业后留河南省立第三师范学校附属小学任教。1927年暑假,关文汇辞去省立第三师范附小教师职务,回到出山镇筹办学校。经过筹备,于1928年年初关文汇和进步青年一起毁弃本镇关帝庙神像,以此为基地创办了西平县立第五小学。1928年2月初,邀请在仪封县立第二小学任教的谢华生到出山县立五小任教导主任。为了在出山一带发展党的组织,谢华生经过中共遂平县委和仪封党支部同意,应邀到出山县立五小任教,仪封党支部书记由赵西亭接任。

1928年2月初,中共豫南特委马尚德(即杨靖宇)派中共信阳师范附小支部书记董一唐到西平发展党的组织。董一唐是宋集董庄人,自幼在外地读书,在西平无熟人。董一唐先到遂平后薛庄找李耀南,经李耀南介绍,和刚到出山五小任教的谢华生取得了联系。谢华生和关文汇商量,决定让董一唐到出山参加县立第五小学的创建工作。1928年2月底,关文汇任校长,谢华生任教导主任。董一唐经谢华生介绍,到仪封县立二小任教,参加仪封支部活动,并负责县立二小的建党工作。董一唐到任后,首先发展学生樊晓斋入党,成立中共仪封二小党小组,以党小组为核心,在师生中开展革命宣传活动。

根据中共遂平县委的安排,谢华生负责出山一带党组织的发展工作。谢华生是本地人,又主管学校教务,加之校长关文汇思想进步,且与之关系密切,为其开展革命活动提供了有利条件。他经常在课堂上向学生宣讲马列主义，讲苏联的十月革命和社会主义制度，宣传进步思想；与个别进步师生们谈话，讲共产党的主张，抨击时弊，指出中华民族希望所在，鼓励师生们先靠近党组织，参加革命；以家访的名义，向农民群众宣传革命思想，鼓励大家团结起来同地主豪绅作斗争。在进行党的纲领和革命思想教育的基础上，相继发展进步教师张心源、进步青年农民于少白、进步学生张广惠和文天才等人入党；同时聘任于少白为县立五小总务主任。同年3月，谢华生、于少白和由信阳党组织介绍来的中共党员姚晓陆一起创立了中共出山支部。因该支部直属中共遂平县委领导，故称中共出山直属支部。谢华生任支部书记，姚晓陆、于少白为支部委员，有党员8人。辖中共仪封支部和中共二小支部，共有党员16人，在县境西部地区形成了领导核心，为西平党组织的进一步发展奠定了基础。

## 第三节　中共出山区委的建立及其活动

中共出山直属支部建立后，一方面在西平西部地区继续发展党的组织，另一方面派党员到县城和中东部地区开展活动，发展党员。至1928年7月，党的活动已伸展到城关、权寨、谷河等地，并同郾城县党组织取得联系，党员也由原来的16人发展到30余人。1928年8月，经中共遂平县委批准，在出山县立第五小学成立了中共出山区委，书记于少白，委员谢华生、姚晓陆、董一唐、张心源，在中共遂平县委领导下开展党的活动。

随着斗争形势的变化，共产党的活动从城市转向农村。1928年秋，中共遂平县委主要领导转移到遂西交界的斗城寺和仪封一带，县委机关也随之转移到距离仪封仅2公里的斗城寺。同年10月，豫南特委指示中共遂平县委，要采取措施加快在西平县域内发展党的组织。西、遂两县党组织在仪封镇赵辉山家召开会议，研究加快发展党组织问题。西平参加会议的有于少白、谢华生、董一唐、赵辉山、赵西亭、赵奎五、贾守谦、周伯昌、赵捷三、于慎廷等人，会议决定撤销西遂边区行动委员会，两县党组织分开，成立中共西平县委。两天后，又在西寨赵捷三家召开会议，研究成立中共西平县委的具体事宜。因成立西平县委条件尚不成熟，西平党组织仍暂由中共遂平县委领导。会后，赵辉山在西平城南大街办了一家书店，作为西平党组织的秘密联络站，负责各地党组织的联系，并指导县域内党组织的发展。

中共出山区委为了掌握二小和五小的领导权，进一步巩固和发展两学校的党组织，以此为基础向全县发展，1929 年 1 月，区委委员谢华生、董一唐写匿名信，恐吓排斥思想反动的二小校长王泽岑，迫使其辞去校长职务。时逢进步人士关文汇被国民党西平县政府委任为县督学，中共出山区委便利用此机会做关文汇的工作。在关文汇的帮助下，谢华生、董一唐分别担任了五小和二小校长职务。1929 年 2 月，信阳四望山起义失败，豫南特委向豫南各地疏散曾参加起义的共产党员，中共党员周兴育、吴冰如、周季伟、周继贤（女）、蔡省三、徐文明、黄独榭、徐泊周、夏楚樵等 10 余人相继奉命到西平，由董一唐、谢华生分别聘为二小、五小教员，建立县立二小和县立五小两个党支部，支部书记分别由董一唐、于少白担任。时值两学校学习气氛浓厚，革命活动活跃，被誉为“红色小学”。1929 年 3 月，中共豫南特委尚伯华到仪封考察，认为仪封党组织坚强，群众基础好，已具备举行武装暴动、建立革命根据地的条件。中共出山区委在做好本县党组织发展工作的同时，还派党员于四箴到上蔡县城第一小学任教，传播革命思想，在师生中传发《鸭绿江》《呐喊》《悲哀的中国》《少年漂泊者》等进步书刊，成立“民族解放少年先锋队”等进步组织，发展一批进步教师入党，在上蔡一小建立了党的组织。

是月，中共党员齐丙堂由豫南特委派到西平工作，在城关发展贾德言、杨百泉等入党，成立中共西平城关党支部，贾德言任支部书记。中共党员于慎修在谷河发展张玉亭、于法林、于慎五、安慰民等入党。成立中共谷河支部，支部书记于慎修，委员安慰民。全县党组织发展到 6 个支部，党员 50 多人。同时，在县立二小和县立五小学生中发展共青团员百余人，建立共青团二小和五小支部。并在这两所小学发展儿童团员，建立了儿童组织，在党组织领导下宣传革命思想，为党传递文件和信息。

同年 3 月，中共豫南特委派韩干卿到西平，将中共出山区委改组为中共出山直属区委，直属豫南特委领导。区委书记韩干卿，委员于少白、谢华生、张心源、董一唐，于少白负责农民运动，谢华生负责青年学生运动。区委下辖五小、二小、出山、仪封、谷河、城关6个支部，党员50余人。

## 第四节　中共西平县委建立

1929年3月，根据西平党组织的发展情况和当时的形势，中共豫南特委决定西、遂两县党组织分设。中共西平县出山直属区委按照豫南特委的指示，积极发展党员和筹建西平县委。

1929年4月18日，中共中央为了加强对地方党委的领导，决定撤销河南省委，将全省划为三个区域，成立中心县委。中央直接领导中心县委。1929年5月初，中央巡视员郭树勋在信阳召集豫南特委和信阳县负责人会议，根据党中央对河南工作的指示，撤销豫南特委，成立中央信阳中心县委，负责指导豫南20多个县的工作。西平县党组织归信阳中心县委领导。1929年6月，西平县党组织根据信阳中心县委指示，召开扩大会议，传达中央关于“反对‘左倾’盲动主义，执行长期斗争”的指示精神，总结了1928年快速发展党组织的经验教训，针对“和平发展”造成部分党员质量不高的问题，研究决定：认真执行党组织发展中的“贫雇农路线”，严格入党条件，要求每个党员必须有阶级觉悟和革命要求，遵守纪律，执行决议，保守机密，交纳党费。嗣后，中共出山直属区委把教育农民和吸收农民入党作为重点，边整顿边发展，党的活动逐步扩展到师灵县立三小、金刚县立四小、草寺赵等地。

为了加快发展农民党员，党组织分别在仪封二小和出山五小开办贫民学校，动员贫苦农民到学校听课。每次听课的农民约50人，有时达70人。谢华生、董一唐、张心源、黄独榭等任教员，以教识字为始，讲述革命道理和穷人受压迫、受剥削的根源，启发大家的阶级觉悟，使大家逐步认识到，只有跟着共产党走，团结起来拿起枪杆跟地主豪绅和反动官府作斗争，穷人才有出路。通过贫民学校的教育，培养了一批农民积极分子。这些农民党员阶级觉悟高、斗争精神强、革命意志坚定，很快成了党组织的骨干。党组织还在五小家庭贫困的高年级学生中发展党员30多名，建立了中共五小学生支部，学生党员韩庚尧任支部书记，后由王天成、王清灼、姚名鉴相继接任。同时，党组织还先后发展师灵县立三小校长马砚田、金刚县立四小校长赵西亭入党。入党后的党员积极在当地发展新党员，分别建立了师灵党支部和金刚党支部。党组织还利用中共党员王尧民正担任县教育局局长的机会，在西平南关筹建了一所模范小学，贾德言任校长，使城关党支部的活动迅速扩展到草寺赵等地。至6月底，全县党组织发展到8个支部，80多名党员，先后建立了中共城关、仪封两个区委。贾德言任城关区委书记，董一唐任仪封区委书记。

同年7月，中共出山直属区委根据信阳中心县委指示，在出山镇县立五小秘密召开会议，成立中共西平县委员会。参加会议的有中共出山直属区委书记韩干卿，委员谢华生、张心源、于少白，中共城关区委书记贾德言、委员齐丙堂，中共仪封区委书记董一唐、委员黄独榭等。会议在韩干卿的主持下，研究确定了县委近期工作目标，选举产生了第一届中共西平县委员会，书记韩干卿，委员于少白、谢华生、董一唐、张心源。县委机关设在出山县立第五小学，辖中共出山、仪封、城关3个区委。中共西平县委的建立，是西平现代史上开天辟地的重大事件。西平人民在中国共产党的领导下，迎着困难和挫折，英勇无畏，前赴后继，同"帝国主义""官僚资本主义""封建主义"三大敌人进行不屈不挠的斗争，取得了一个又一个胜利，西平县党组织也在残酷的革命斗争中不断发展壮大。

## 第五节　党团组织的发展

中共西平县委成立后，首先把发展党团员、党团组织作为主要任务。1929年10月，县委在专探西门外龙泉寺召开扩大会议，参加会议的有信阳中心县委派员和县委书记韩干卿，委员于少白、谢华生、董一唐、张心源及各地党组织成员贾德言、阮天望、董车五、于法林等20余人。会议由张心源主持。会议内容是：传达中共信阳中心县委第六次精神，报告国内外形势，讨论通过以学校为重点逐步向农村发展，吸收农民入党，建立党在工农群众中的基础，领导农民进行革命斗争的方针，并决定派一部分人员打进国民党县党部或县政府内，利用职务保护党的组织。会后，大家分别到出山、酒店、仪封、专探、权寨、城关等农村开展工作，发展党团员。党团员人数不断增加，党团组织不断扩大。

1929 年 11 月，中共西平县委利用国民党西平县党部改组之机，多方疏通，推荐有国民党籍的中共党员董一唐、王尧民为候选人，参加竞选。通过选举，董一唐当选为执行委员，负责青年学生工作，王尧民任县党部秘书。后又推荐共产党员樊晓斋任录事，为党团组织在全县发展和开展学生运动创造了有利条件。

1929 年 12 月，全县相继成立了教师联合会、学生联合会，在县委的领导下，开展了一系列反压迫、争自由的正义斗争。

1930 年 3 月，县委书记韩干卿在出山五小暴露身份，在董一唐等人掩护下，避走信阳。信阳中心县委随派吕右铭（字泽孔，罗山县人，1925 年秋于信阳三师加入中国共产党）任西平县委书记。吕到西平后，在五小召集县委会议，调整和充实县委成员，并对县委领导成员做了明确的分工。组织委员于少白，宣传委员齐丙堂，军运委员贾德言，青运委员董一唐、谢华生，农运委员于少白，秘书张心源。1930 年 3 月 4 日，吕右铭在董一唐等人的掩护下，在县城东街路南宋家过屋设立县委机关，以卖笔为对外身份，后与上级派来的中共党员张风梧（女）做假“夫妻”，以掩护身份、继续工作，使出山、仪封、城关等地党的组织不断巩固和发展，并建立了中共权寨区委。全县党组织发展到 4 个区委、8 个支部，党员 100 多人。其中农民党员占 20%，工人占 6%，知识分子占 70%，小商贩占 4%，团员发展到 300 余人。

1930 年 3 月 26 日，上蔡县寇文模、张吟堂、王伯军经贾德言介绍，加入中国共产党，随后建立了上蔡县第一个党支部，寇文模任支部书记，归中共西平县委领导。

1930 年 4 月，在上蔡县立一小当教员的西平县出山人于四箴，由贾德言介绍在西平县城加入中国共产党，县委书记吕右铭主持宣誓仪式。同时宣誓入党的还有上蔡国民党县党部书记杜祥甫、上蔡县立一小学生马成骧。县委随即派于四箴到上蔡负责共青团工作。

1930 年 6 月，豫南特委调吕右铭回信阳，派张世哲（字光浚，唐河县人,1926 年入党)任西平县委书记。张世哲到任后,在县城南街胥玉青家设立县委机关,并立即在专探龙泉寺召开县委扩大会议,研究解决发展组织和准备暴动的问题。会议总结了前段党团组织发展和开展农民运动、学生运动的经验教训,讨论了在发展党组织工作中存在的问题:一些党员对党的政策和党的宗旨只有大体的了解,缺少为革命献身的大无畏精神,引起敌人的注意而不敢大胆宣传共产主义思想和发展党团员;不少党员未受过系统训练,在政治上显得比较幼稚,组织观念不强,很少参加党的会议等。会议提出要解决这些问题,必须在党组织发展中加强思想政治教育,嗣后,党组织仍然把开展农民运动、发展农民党员作为工作重点,边整顿、边发展,并积极做好发动革命暴动的准备工作。是年 9 月,全县党团员发展到 500 余人。

## 第六节　西遂边区联合行动委员会的建立和革命暴动

1928 年 5 月,中共豫南特委在遂平县城西南 15 里大石桥召开汝、确、遂、西等县党组织扩大会议。参加会议的有特委负责人吴介华、王伯鲁、张志刚,豫南特委共青团负责人和汝南、确山、遂平、西平党组织负责人。时任中共出山直属支部书记的谢华生代表西平县党组织参会。会议传达了党的“八七”会议精神,讨论了夺取武装、组织暴动、吸收贫苦农民入党、建立农民协会等问题,并要求每个党员每月发展一名新党员,同时把发动农民举行武装暴动作为当前党的最主要的任务,积极开展工农运动,进行抗捐、抗租、抗税、反抗抓丁拉夫和组织农民暴动等革命斗争。

1928 年 6 月,西遂两县党组织根据大石桥会议精神,在西遂西部交界地区成立了西遂边区行动委员会。主要领导人有西平的于少白、谢华生、张心源、董一唐和遂平县委书记王冲霄及贾宜民、贾子瑞、于慎廷、李耀南等。行动委员会充分研究分析了两县的革命斗争形势,提出“打倒土豪、夺取武装、组织暴动、建立根据地”等行动口号,并制定了建立武装和组织暴动的计划。

西平县党组织根据西遂边区联合行动委员会的指示和行动计划，组建了一支以中共党员和共青团员为骨干的30多人的武装暴动特别行动队，并千方百计筹备枪支，进行暴动前的准备工作。1928年6月中旬，谢华生、张心源、姚晓陆3人共同购买了一支长枪，动员进步人士关文汇捐款购买一支短枪。还采取动员富商捐资和向地主借款等办法，筹款购买了一批长枪和短枪。到1928年7月上旬，西遂边区行动委员会已经有长、短枪36支，特别行动队人员也增加到50多人。

1928年7月中旬，西平城内豪绅、高利贷主李跛子带领一群伙计下乡卖烟土，买"青麦"，晚上住在王寨西街路南一家粮行内。特别行动队员赵奎甫知情后，回仪封向特别行动队和行动委员会报告。行动委员会认为，李跛子是西平县城有名的土豪劣绅，与官府和警察局勾结在一起为非作歹；长期贩卖烟土，放高利贷盘剥穷苦农民，作恶多端，群众对其恨之入骨，可趁此机会为民除害。

王寨是乡公所所在地，寨高壕深，寨门坚固，且有50多名民团守卫，敌强我弱。为了取得这次斗争的胜利，行动委员会决定采取里应外合、攻其不备、出奇制胜的行动方法。当天中午时分，特别行动队队长于慎廷带领队员安一恒、孙长运化装成进寨赶集的农民带枪潜入王寨，其余行动队员在副队长率领下在寨外埋伏接应。

于慎廷带领两名行动队员进入寨内后，很快与寨内开饭店的地下党员栗茂亭取得联系。栗茂亭让他们在饭店内隐蔽，自己出去联络人配合行动。王寨街的贫苦农民早就对李跛子和民团恨之入骨，一听说要打李跛子，都踊跃参加。不到一个时辰，就联络了20多人作为别动队，隐蔽在李跛子住的粮行附近，准备随时配合行动。

当天深夜4更时分，万籁俱寂，劳累了一天的人们早就进入了梦乡。于慎廷等率领众人趁夜深人静将粮行团团包围，然后从后门进入院内，破门闯入李跛子的住室。李跛子和几个随从连忙摸枪准备顽抗。于慎廷手疾眼快，开枪击毙一个已摸到枪的顽抗者。李跛子惊惶失措，被行动队员们生擒活捉。行动队员们在群众掩护下押着李跛子避开民团追击从西门撤出了王寨。于慎廷等和在寨外接应的行动队员会合后，迅速向寨西南洪河岸边转移。走到杨集洪河桥时，李跛子企图逃跑，在争斗中落水淹死。黎明，当民团出寨四处追索时，行动队员们早已回到仪封分散隐蔽。

1928 年 9 月，中共豫南特委在遂平县西北 25 公里西遂交界处的斗城寺，召开遂、上、西、确、汝、郾、舞等 9 县党组联席会议。会议在豫南特委负责人郝俊夫、王伯鲁主持下分析了当前的斗争形势，讨论了如何反对国民党政府抓丁拉夫，发动群众抗粮和举行武装暴动等问题，并起草和通过了《联席会议宣言》。会后，将《联席会议宣言》印刷了 2000 余份，发放给各县党、团组织。

同年 12 月，城东陈老庄大地主、伪保长陈大荣依仗权势在出山镇贱买山林，引起公愤。某日，陈大荣带领 10 多名家丁到出山镇南部丈量山林。中共出山区委组织当地农会会员和山民将陈大荣一伙团团围住，质问陈大荣是谁卖给他的山林，一亩山林多少钱。陈大荣态度蛮横，拒绝回答，并让家丁鸣枪示威。农会会员和山民们毫不退让，非要扣下他们的枪支，在争夺枪支和械斗中双方均有多人受伤。当地居民看到自己人受伤，围上来的人越来越多。陈大荣见山民人多势众，且都持有棍棒、铁锨等武器，不敢停留，一边鸣枪一边冲出重围。陈大荣逃脱后，伺机报复。出山民众公推当地豪绅、县建设局局长于心芳为代表，告发陈大荣。陈大荣输了官司，被迫赔款数百元，但被于心芳等劣绅私分。中共五小党支部公开出油印小报揭露于心芳等人的可耻行为，向其追索赔款用于办学，并准备组织师生和民众上街游行示威，揭露其丑恶行为。于心芳等劣绅慑于师生和民众声威，不得不把钱交给五小用于办学。事后，中共在出山的活动引起国民党西平县党部的注意，经常派特务窥察县立五小的动静。

1929 年 7 月中共西平县委成立后，中共舞阳支部书记张鸿宾按照中共信阳中心县委的指示，到出山县立五小与西平县委谢华生、于少白、张心源联系，汇报中共舞阳支部的工作，并接受西平县委的领导。当时舞阳支部有 5 个党小组 20 名党员，正组织农民协会开展反剥削、反压迫的斗争。西平县委指示要积极发展党员和筹备枪支，为开展武装暴动作准备。在中共西平县委的领导下，舞阳县党组织迅速发展，并成功地组织了多次武装抢粮斗争。

1930 年 5 月 16 日（农历三月十八），遂平县玉山镇起古庙会，庙会期间商贾云集，每天赶会者达万人。仪封镇县立二小和遂平玉山镇小学的党组织趁机组织两校师生联欢，联欢后到庙会上游行，向群众演讲、散发传单，反对军阀混战，揭露土豪劣绅与官府勾结残害人民的罪行。玉山镇公所和民团见游行队伍人多势众，且深得群众拥护，吓得躲在镇公所不敢出门。

西平县仪封镇是西遂两县西部最大的集镇，也是中共仪封区委和西平县武装暴动特别行动队驻地。仪封和中共遂平县委所在地斗城寺均在西遂两县交界处，相距仅 2 公里。自 1927 年 10 月中共仪封支部成立起，这一带一直是西遂两县党组织活动的中心。曾在仪封镇公所任职的当地劣绅刘校阁对共产党在仪封一带的活动极为反感，多次与西平县国民党当局狼狈为奸，谋害进步人士和共产党人。1930 年 6 月，中共西平县委和仪封区委经过调查掌握其罪行后，决定除掉他。一天下午，中共西平县委书记张世哲在仪封南街把几个特别行动队的骨干召集一起，研究制定除掉刘校阁的行动方案。刘校阁听到风声后，吓得当晚投河自尽。至此，仪封镇公所人员和当地地主豪绅再也不敢与共产党和特别行动队为敌，有的还主动掩护共产党的行动，帮特别行动队侦察敌情。党组织又利用董一唐担任国民党县党部执行委员、王尧民担任国民党县党部秘书的有利条件，安排一部分共产党员到仪封镇公所和出山镇公所任职，既可随时得到情报，又实际控制了两镇的部分领导权。至 1930 年年底，中共西平县委革命武装特别行动队和特务队已发展到 100 多人，拥有近 100 支枪，国民党的西平县保安团不敢到出山、仪封一带活动。周围很多村庄在共产党领导下，公开成立了农民协会、鞭杆会、光蛋会、刀把会等农民组织，开展斗争，要求地主减租减息，随之在西平县中西部地区形成了以仪封、出山、专探为中心的西平革命根据地。

## 第七节　农会的建立和发展

早在大革命时期，西平县的农民运动就曾开展得红红火火，并培训了一批农民运动骨干。中共西平县委成立后，即把教育和组织农民起来革命作为主要任务，积极恢复和发展农会组织。

1929年暑期，为了发展农民党员和组织开展农民运动，党组织分别在仪封县立二小和出山县立五小开办了贫民学校，让学生动员贫苦农民到学校学习，由党员教师授课。贫民学校不但学习文化知识，还学习革命理论和开展农民运动的方法，提高了阶级觉悟，学会了同敌人作斗争的本领，培养了一批农民积极分子，其中李德、李毛、薛德春、栗友、张有如等人先后加入中国共产党，后来都成了农民协会的骨干。

当时的河南连年军阀混战，加上兵匪骚扰和旱涝灾害，农民生活十分困苦。为了防止兵匪骚扰，西平县几乎所有的村庄都成立了“红枪会”，并加强了村与村的联系和同外县“红枪会”的联系，是全省红枪会最活跃的地区之一。1929年冬，中共西平县委根据中共中央关于“利用红枪会发展农民协会”“以红枪会为农民协会的武装势力”的指示，要求各区、乡的共产党员参加红枪会，在红枪会内部宣传党的纲领和宗旨，发展中共党员。同时利用各种关系，结交红枪会首领，把红枪会改造成各种形式的农民协会组织。仪封党支部赵西亭、赵辉山、赵子才、赵捷三等利用亲戚、朋友、同学等关系，分头到仪封周围赵老庄、大王庄、韩庄、西寨、三里庄、操场、小刘庄等村，发动群众组织农民协会和鞭杆会，团结起来同地主老财作斗争。赵捷三和黄独榭以刀把会成员为骨干，串联全镇的厨师都参加刀把会，使刀把会成员增加到200多人，并在此基础上，吸收一部分农会会员和刀把会会员参加特别行动队，壮大了革命武装力量。县委委员于法林和谷河党支部的于慎修、于慎五、巩祥周、宋乃昌、宋淘气等分头到于庄、双河、老庄、赵丁庄、军王、吴海、衡坡、陈茨元、专探、赵寺等村，通过红枪会会员做红枪会会长的工作，以红枪会为基础成立了农民协会，并利用红枪会武装力量成立了特别行动队谷河分队。草寺赵党支部积极在周围村庄开展活动，一年时间新建农会10多个。西部山区的出山和酒店一带，几乎各村均有农会组织。

1930年10月，县委根据党在农村的力量逐步壮大，革命根据地已初步形成的形势，要求全县各级党组织和全体共产党员大力开展农民运动，在各区、保成立公开的农民组织。数月内，县境内西部大部分乡村均成立了农民协会、光蛋会、鞭杆会等，一些集镇还成立了理发工人"剃头会"、商店"学徒会"。仪封镇县立二小、出山县立五小、师灵县立三小、金刚县立四小、权寨小学、合水小学等学校,均成立了教师联合会和儿童团。各村红枪会也不断发展壮大。这年,仪封、谷河等地农会开展的借粮、抢粮和减租减息斗争也取得了胜利。在农民运动的冲击下,土豪劣绅纷纷避居县城。根据地许多村庄的穷苦百姓得以翻身。

## 第八节　建立革命根据地　开展革命斗争

西平革命根据地初步形成于1928年7月。随着党领导的人民武装力量的发展壮大,根据地不断扩大。至1933年年底,由中共西平党组织领导的特别行动队和特务队已发展到100多人,拥有长、短枪共100余支,其活动地区遍及西平县城和县城以西各乡镇,根据地面积约占全县总面积的65%,人口占全县总人口的60%。

为巩固和扩大革命根据地,1930年7月,中共西平县委多次进行了内部调整,不断加强领导力量,县委委员增加到10人,张世哲任县委书记,谢华生、于少白、董一唐、贾德言、张心源、黄独树、于四箴、樊晓斋、马砚田任县委委员。县委班子调整后,立即利用党外人事关系把于四箴从上蔡调回西平任县立一小校长,由董一唐和于四箴出面,在一小开办了学生补习班。补习班以补课为名,对团员和进步学生进行革命理论教育,启发阶级觉悟,坚定革命理想。参加补习班的有上蔡县的中共党员潘清泉,团员马起相、张庚寅、翟炳仁,西平一小的张国鑫、董国昌等20余人,由董一唐、张心源、于四箴、樊晓斋、马砚田等授课。学习结束后,他们大都走上了革命道路,有的成了上蔡、西平党的领导骨干。

1930年9月,县委在专探街龙泉寺召开党团骨干会议。党组织刻印了大量的抗丁、抗捐、抗税、反蒋和反帝传单,从十月革命节到年底,几乎撒遍县城大街小巷,有时还散发到国民党县党部和县长办公室,鼓舞了全县人民的革命斗志和热情,纷纷组织起来同欺压百姓的政府官员和土豪劣绅作斗争,要求减租减息,抗捐、抗税、抗丁,革命根据地进一步扩大。

1930年11月,王子经接任县教育局局长。勾结县长魏宗太破坏教育界党的组织,通缉谢华生、黄独榭、贾德言、张心源、马砚田等共产党人,解聘进步教师。中共西平县委在县城南街模范小学秘密召开会议,决定让暴露身份的党员暂时隐蔽,留下的同志在学校发动学潮反击敌人的破坏。会后,董一唐去豫南特委任特委委员,12月到上蔡召集会议时被捕,后保释出狱。张心源、贾德言、马砚田先后离开西平。是月17日,谢华生因病在家被捕。面对严峻的形势,为了保护党的组织,于少白指示县立五小学生党员黄庆宝、刘聚贤、韩耀远等组织五小学生自治会,反对新任校长于豪卿,要求派关文汇回五小当校长。学生自治会主席黄庆宝在韩庚尧的指导下,组织七八十名学生在出山镇游行,张贴标语,散发传单,要求民主,高呼"打倒学阀、劣绅于豪卿""打倒贪污校款的大烟鬼子于豪卿"等口号,游行后把于豪卿逐出学校。不久,黄庆宝被捕入狱,于豪卿回校后开除学生7人,参加游行的均给予记大过处分。这次学潮虽然失败,但与仪封二小、师灵三小等反对新任校长张振环、赵星若、王和壁的斗争遥相呼应,此起彼伏,打击了王子经的反动气焰。

同年12月,国民党遂平当局在沈寨街发现革命传单,并查出系13岁的韩麟卿所为,遂以威胁手段骗其供出西平县立中学团员学生遂平人孟新国、冯安国和陈庭俊。3人被遂平国民党当局抓走后不久,中共党员于四箴、赵枢天和进步教师邓孑民被西平当局逮捕。在出山,县委书记张世哲与樊晓斋同时被捕。樊晓斋谎称张世哲是自己的表哥,到家里来走亲戚,张世哲遂被释放离开西平。于少白临时负责全县工作。不久,于少白去豫皖苏区,后牺牲。翌年一月,于四箴由党组织通过袁致中、许同义、毛德林、李长安、冯西泉等人营救出狱,在遂平县张店街周培玉家见到张世哲,经张世哲介绍,到驻马店西南小郭庄教私塾,继续进行党的工作。而樊晓斋、赵枢天、邓孑民于1931年春在开封英勇就义。中共西平县党的组织第一次遭到破坏,根据地也随之缩小到西遂边境地区。

1930年年底,中共信阳中心县委改为中共京汉区,半年后,又复改为中共豫南特委。1931年1月,豫南特委派谷正方来西平从事恢复党组织的工作,因没有职业做掩护,两个月后调回豫南,特委又派老杜来西平。老杜与仪封镇西寨村的中共党员赵乐孔取得联系后，又与部分党员接上了关系。1931 年 5 月，豫南特委老刘来西平巡视工作，在仪封西寨赵乐孔家召开会议，重建中共西平县委。会议决定：老杜回豫南，陶勋亭任县委书记，于茂亭任组织委员，张国鑫任宣传委员兼县团委书记，赵乐孔任县委秘书，于法林任县委委员负责农民运动。会议研究了调整组织和开展农民运动的问题。

1931 年 10 月，陶勋亭以行医为掩护外出工作失踪，于茂亭去豫南工作被捕，赵乐孔被迫去山东当兵，中共西平县委机关只剩下张国鑫和于法林两人，豫南特委随派谷正方来西平，代表特委指定张国鑫任中共西平县委书记。同时，由谷正方主持在专探郑广德家召开会议，建立专探区委，石震任区委书记。到会的有张国鑫、于法林、石震、于慎修、郑广德。同月，在北平上学的刘景明被组织批准回西平避难，因和西平党组织接不上关系，就在家乡城东芳庄以办小学为名，向青年学生宣传革命思想。学生刘文生、刘凤琴等很快成为革命的骨干。之后，刘景明通过从北平回来的中共党员胥耀周与张国鑫接上了关系。

1932 年 1 月，县委与豫南特委失去联系，但仍继续坚持斗争。为加强县委领导力量，先后吸收冯郁堂、于慎修、吕百泉加入县委，并在城南关正昌粮行设立县委机关，在中共党员、正昌粮行老板贾新三掩护下开展工作。1932 年 2 月，县委在正昌粮行召开会议，针对当时灾荒严重，国民党当局苛捐杂税却有增无减，致使民不聊生的局面，决定发动贫苦农民开展反饥饿斗争。1932 年 2 月—5 月，县委成功领导了全县的反饥饿斗争和武装抢粮斗争，使以仪封、出山、专探为中心的根据地得到巩固。武装抢粮斗争的胜利，也使县委进一步认识到掌握枪杆子的重要性，在发展壮大特别行动队的基础上，调集专探、双河、谷河等村党组织掌握的枪支，以谷河鞭杆会成员为骨干，成立了一支由 20 多人组织的特务队，巩祥周任队长。为了加强对武装斗争的领导，县委决定增补刘景明、巩祥周为县委委员，负责武装斗争和军运工作。党员刘协军、王德化在城西街开一个药房，作为党的联络站。

1932 年 8 月，因张国鑫患病和县委成员多人被捕，县委自行改组，袁致中任县委书记，胥玉清任宣传委员，刘景明任组织委员，杨鸣岐任学生运动委员，刘协军任军运委员。新县委成立后，起草和通过了一个“工作提纲”，提纲提出：设法与邻近县党组织联系，寻找上级党组织；坚持边整顿边发展的方针，洗刷党组织中的动摇分子，发展农民积极分子入党；继续组织农民进行抗税、抗粮、抗捐斗争。

1932 年 10 月，县委书记袁致中因被国民党西平当局追捕去开封当兵，组织委员刘景明也因遭到通缉而去潼关杨虎城部当兵。县委实行第二次改组，张国鑫任县委书记，吕伯泉任组织委员，胥玉清任宣传委员。县委改组后，县委书记张国鑫认真总结反思了一年来的工作，深感没有上级党的领导工作困难太大。于是张国鑫便以游乡织袜子做掩护，到舞阳、上蔡、漯河、遂平等地暗中寻找上级党组织，先后与中共舞阳县委书记张鸿宾、中共遂平县委书记李谟斋、上蔡县委书记李建民等取得联系。因三县党组织也与上级党委失掉联系，决定在遂平县张店街李谟斋家召开四县联席会议。参加会议的有四县县委书记及遂平县委委员刘介亭和西平县委委员吕百泉。会议商定：筹备建立四县统一的领导机构，继续发展组织，开展工人罢工、学生罢课、农民抗税等斗争；分头寻找上级党的组织；各县县委要尽快把会议精神传达到基层党组织。

1933 年 1 月上旬，中共舞阳县委与中共河南省工委杨宗白取得联系，帮助西平、遂平和上蔡党组织接通了和省工委的关系。1933 年 1 月中旬，西、舞两县党组织在出山镇西于岗庄于绍文家召开联席会议，着重研究两县党组织的整顿与发展问题。参加会议的有西平县的张国鑫、胥玉清、于绍文、焦向东，舞阳县的张鸿宾、郭吾轩等。中共西平县委由河南省工委直接领导。1933 年 2 月，张国鑫到许昌，通过奎盛饭馆李根见到省工委组织部张本、杨宗白和傅申寅，一起向省工委领导汇报了西平县党组织的工作情况。嗣后，中共西平县委根据省工委的指示，对全县乡村和城区党团组织进行整顿，洗刷了动摇分子，在县中、职业中学、文城中学、女子师范、仪封、西寨、出山、谷河、专探、合水、草寺赵、芳庄等地建立了 10 多个党支部，巩固了党的组织，增强了党的战斗力。

1933 年 5 月，许昌特委巡视员小袁来西平，在洪河岸石碴潭树荫下召开了有县委成员刘凤琴等参加的会议，传达了上级指示，布置了麦收抢粮斗争。会后，县委秘密发动城北芳庄、贾庄的贫苦农民抢收地主小麦数十亩，取得了斗争的胜利。

1933 年 7 月，河南省委为加强对豫中各县党组织的领导，在漯河镇建立中共豫中中心县委，辖郾城、舞阳、西平、遂平、上蔡、西华6 县，袁学德任书记，张国鑫任组织部长，马德山任宣传委员兼省委交通员，胥玉清任巡视员，周泉森任共青团中心县委书记，刘凤琴任委员。豫中中心县委成立后，由于张国鑫、胥玉清调中心县委工作，西平县党的工作由吕伯泉负责。

1933 年 12 月，根据豫中中心县委关于党团组织分开的指示，芳庄团支部改组为共青团西平县特支，领导全县团的工作。

1934 年 1 月，袁学德调省委工作，张子良任豫中中心县委书记。1934 年 5 月，张子良去苏区学习，省委决定张国鑫接任书记。1934 年 9 月，张国鑫因不受省委信任，被撤去豫中中心县委书记职务，调回西平任西平县委书记。其间，西平革命根据地进一步缩小，但特别行动队和特务队仍在仪封、专探一带坚持斗争。

## 第九节　根据地内的主要斗争事迹

### 一、全县农民的武装抢粮斗争

1932 年，河南出现严重自然灾害，国民党的苛捐杂税却有增无减，农民苦不堪言。中共西平县委决定抓住时机，发动和领导农民开展借粮和“吃大户”运动，进而夺取枪支，开展武装斗争，进行土地革命。

1932 年 2 月某夜，县委书记张国鑫和县委委员冯郁堂、于法林、于慎修、吕百泉等在县城南关正昌粮行秘密开会，具体研究了反饥饿斗争的行动计划，并对县委委员作了明确分工：冯张庄一带由冯郁堂负责；谷河一带由于法林、于慎修负责；仪封、西寨一带由赵子才负责；出山一带由刘聚贤、郭照黎负责；城东芳庄、城北贾庄由张国鑫负责。会后，一场抢粮、借粮、“吃大户”的反饥饿斗争便在全县展开。

这次斗争,首先在城南冯张庄一带发起。冯张庄、冯老庄、冯郭庄三村紧密相连,有近500户人家。新成立的中共冯张庄支部有5名党员,支部书记部德恒的群众基础较好。县委委员冯郁堂是冯张庄村人,公开身份又是国民党县政府职员,冯郁堂回到本村与党支部书记部德恒、党员冯俊德取得联系,传达县委指示,研究行动计划,决定由群众基础好、有威望的冯俊德负责组织发动工作。同时,部德恒等还将书有"打倒土豪劣绅""打土豪,分田地"的标语乘夜张贴到冯张庄、冯老庄、冯郭庄的大街小巷。饥饿的农民拍手称快,奔走相告,借粮队伍迅速发展到300多人,"吃大户"运动获得胜利。

当借粮斗争达到高潮时,领导借粮斗争的共产党员冯俊德、冯幼被培训班控告入狱。中共西平县委书记张国鑫和县委委员冯郁堂当天下午发动300多人到国民党县政府请愿,要求当局释放冯俊德、冯幼。第二天下午开庭审理冯俊德、冯幼时,上千居民附和围观,法庭内外被围得水泄不通。适逢县长宋理亚路过法庭,被请愿群众围困,纷纷声讨地主冯东林平日为富不仁,大灾之年囤积居奇,欲置乡亲于死地的罪行。并质问宋理亚,灾民饥饿待毙,为什么政府不予赈济而施滥捕,要求立即放人。宋理亚无计脱身,命令法官当即将冯俊德、冯幼释放。

1932年5月下旬一夜晚,于法林等人带领鞭杆会和农会会员80多人抢收姜龙池村地主姜会宾的大麦上百亩,首次夺得抢粮斗争的胜利。翌日,姜会宾派人警告于法林,并让儿子执枪看管大麦。是夜,于法林又带领群众200余人去抢收大麦,姜会宾之子持枪伤人,被于法林开枪击毙,抢粮群众满载而归。

冯张庄和谷河一带武装抢粮斗争的胜利推动了全县农民的武装抢粮斗争,仪封西寨、出山、城北贾庄、城东芳庄等地的武装抢粮、借粮和"吃大户"斗争也相继开展起来。

这次由党领导的武装抢粮斗争和"吃大户"运动,历时两个多月,赈济了贫民,打击了地方劣绅,为西平县党组织领导农民开展革命斗争打下了基础。

## 二、城乡学校师生的革命斗争

1929—1932年，随着农民革命运动的兴起，西平城乡师生的革命斗争也开展起来。

其一，斗垮反动教育局局长金逸野，控制教育界领导权。国民党县教育局局长金逸野贪污腐化，思想反动。1929年10月，中共西平县委委员董一唐以国民党县党部执行委员的公开身份，发动全县各学校校长联名向国民党县政府写信，告发金逸野，揭露其贪污教育经费、滥用职权等诸多恶迹。国民党县政府迫于压力，撤销了金逸野的职务，中共党员王尧民担任了教育局局长。王尧民首先聘任中共党员和进步知识分子担任各学校校长，使党组织控制了教育界的全部领导权。其间，学校党组织迅速发展。西平县中小学教职员工联合会、中小学生联合会和各校学生会等师生革命团体也相继成立，各学校的革命运动开展得如火如荼，有力地支持和配合了全县农民和工商业界的革命斗争。

其二，举办实习班，对学生进行革命思想教育。1930年7月，中共西平县委凭借王尧民担任教育局局长的有利条件，将中共党员于四箴由上蔡调回西平任县立第一小学校长，并由董一唐、于四箴负责在一小举办学生补习班，对团员和进步青年、学生进行革命理论教育，坚定共产主义信念。除辅导文化课外，还向学生讲述“俄国十月革命”“南昌起义”“井冈山革命斗争”“白郎起义”等故事，组织阅读《莫斯科印象记》，郭沫若的《三大叛逆的女性》《女神》和蒋光慈的《少年飘泊者》《战鼓》等进步书刊，以激发学生的革命精神。补习班举办了一个月，为上蔡、西平党团组织培养了革命骨干。

其三，愤怒谴责校长王子经。县中校长王子经贪污学校经费、压制民主，引起公愤。县中学生会在团员学生孟新国等人的领导下，于1929年12月向学校提出实行财务公开、学生会派代表参加校务会议、实行民主理财等要求。校方以学生不守校规、无理取闹为由，将孟新国等人开除学籍，因而爆发学潮。全校学生在学生会领导下罢课，把校长室团团围困，愤怒谴责王子经压制民主、无故开除学生以及贪污挪用学校经费等劣迹；要求学校实行财务公开，恢复孟新国等人学籍。王子经迫于学潮压力，只得答应了学生的要求，孟新国等人遂复学。

其四，驱逐反动教育局局长郭龙川。教育界接连不断的学生运动，引起国民党西平当局的不满，于1930年秋下令解除了王尧民的教育局局长职务，任命郭龙川为教育局局长。郭龙川原任上蔡县教育局长，思想极其反动，曾下令逮捕过进步教师。在西平县任职后不久，他就勾结地方反动势力，克扣教师薪水，压制学生运动。中共西平县委根据革命斗争需要，决定在全县发动学潮，驱逐郭龙川，由进步人士县督学关文汇任教育局局长。董一唐、谢华生、张心源、张孟胥首先以西平县中小学教职工联合会的名义向全县各学校发出《罢课宣言》，历数郭龙川克扣教师薪水、压制学校民主等恶迹。《罢课宣言》发出后，全县各学校纷纷响应，罢课三日，教师和学生走上街头张贴标语，散发传单，游行示威，并高呼“打倒郭龙川”“郭龙川从西平滚出去”等口号。国民党西平县当局惊慌失措，只得让声名狼藉的郭龙川辞职离开西平。

### 三、配合苏区开展武装斗争

1930年春，鄂豫皖革命根据地已逐步形成。1930年8月，中共河南省委根据鄂豫皖苏区迅速发展的形势和中央指示，成立行动委员会，要求各地积极组织暴动。

1930年9月，中共西平县委根据省委要求，在专探乡龙泉寺庙召开党团骨干会议，参加会议的党团员骨干有100余人，调集枪支50余支用于保卫工作。会议传达了省行动委员会的决议，分析了西平县的革命形势，根据敌强我弱尚不具备武装暴动条件的具体情况，县委决定，西平县党团组织合并，团员参加党支部活动，暂不建立行动委员会，党的活动以抗丁、抗税、抗捐、反蒋为中心，教育与武装民众，为开展农民暴动创造条件。会后，县委书记张世哲、宣传委员于四箴等在县城南街胥玉清家秘密刻印党的文件和传单，组织党团员和进步学生将传单散发到全县各乡村和国民党西平党部、县政府院内及县长办公室，并由遂平籍团员学生把传单散发到遂平县槐树等集镇。国民党西平县当局出动警察到处搜查，夜间加强戒备。

西平县党组织在全县发起的宣传攻势，鼓舞了人们的革命斗志。不少进步青年或向党组织靠拢，或奔赴苏区投身革命，有力地配合了苏区的革命斗争。

1930 年 11 月某夜，豫南特委负责人在专探龙泉寺庙里召开西平、遂平和确山负责人会议。传达上级关于配合苏区开展反围剿的指示精神，要求各县党组织立即组织武装破坏敌人交通，扰敌后方。会后，县委书记张世哲，委员于世箴、贾德言等，分别带着党员赵枢天、樊晓斋、杨百泉、阮天望和团员学生毛德林、李长安、郝金粱、冯宗汉、董国昌等 10 余人，夜间到西平火车站和土洼火车站之间，用斧头、刀锯砍断铁路沿线电线杆数十根，使平汉铁路通信中断，停止通车 10 多个小时。

1930 年冬至 1931 年春，西平党组织多次组织不同规模的武装暴动，并不断发动学潮，有力地配合了鄂豫皖苏区的革命斗争。

### 四、夜袭关桥镇

关桥镇镇长谢子慎依仗权势欺压穷人，并勾结赵张庄匪首赵卓峰镇压农民运动，逮捕共产党人。1931 年 7 月，关桥镇庙会，赵卓峰几乎每天都带着保丁看戏，并借机欺压骚扰百姓。中共西平县委决定，趁会期夜袭关桥镇，除掉这两个罪大恶极的人。庙会第三天夜晚，巩祥周带领特务队员宋念珍、宋相、宋陶气、宋乃昌、巩云庆等人，各带短枪一支，到关桥赶庙会，欲寻机干掉谢、赵二人。谢、赵二人当晚未来看戏，只有几个保丁怀抱长枪坐在邀请席上。当晚戏是《牧羊圈》，当戏唱到高潮时，巩祥周突然开枪，击毙镇丁 2 人，打伤 3 人，夺取长枪 2 支。保丁开枪还击，宋乃昌、巩云庆 2 人负伤。枪声惊乱了整个会场，宋淘气等人乘夜包围了赵卓峰的住宅，放火焚烧其房屋，赵卓峰突围逃脱。夜袭行动沉重打击了赵、谢二人的反动气焰，使其罪恶活动有所收敛。

### 五、冲击税务局

西平县税务局局长王晓山依仗权势欺压百姓，榨取民财，民众对其无不切齿痛恨。县委决定利用教育局同税务局的矛盾，搞垮王晓山。1932 年春,县委书记张国鑫秘密指导县立中学师范班党支部,以班委的名义,由中共党员王光震主编《浪花周刊》,转载进步刊物上的作品,撰写文章揭露社会上的丑恶现象,并将揭露王晓山劣迹的油印传单在县城各校散发,引起了进步师生公愤。在县委统一领导下,县中、女师、一小等校师生同时罢课,上街游行,呼喊“打倒搜刮民脂民膏的王晓山”“王晓山是民族败类”“王晓山从西平滚出去”等口号。县中学生游行队伍路过税务局门前时,毛德林、冯雨泉带领中学班和师范班部分学生冲进税务局院内,王晓山反抗时将学生赵名岭的头打破,鲜血直流。同学们怒不可遏,把王晓山按倒在地拳打脚踢。冲击发生后,县中师范班教师王晓陆随即起草了一份宣言在全县城散发,要求当局严惩王晓山,以平民愤。否则,学校将继续罢课。这次学潮持续了三天。工商界纷纷声援,轰动全县。国民党县政府怕学生把事情闹大,当即下令撤销了王晓山税务局局长职务,并责成税务局拿出一批税款分给各校,学潮才得以平息。

## 第十节　根据地的党政军和群众组织

1927 年,党的“八七”会议后,西平县党的组织由小到大,不断发展。由党支部发展到区委、县委。至 1935 年 7 月,中共西平县委书记十次易人,县委下辖党支部发展到 12 个,党员发展到 240 人。其间,西平县党组织虽两次遭到破坏,归属变更七次,但西平人民仍在党的领导下,坚持同各种敌对势力进行不屈不挠的斗争。

### 一、党的组织

1928 年 6 月,成立党领导下的“西遂辖区行政委员会”,主要成员有王冲霄(中共遂平县委书记)和董一唐、李耀南、于少白、谢华生、张心源等。提出“打倒豪绅、夺取武装、组织暴动”等行动口号。

1928 年 8 月,成立出山区委,书记于少白,区委辖出山、仪封两个支部和两个党小组。

1928 年冬,西遂党团组织在仪封赵辉山家召开会议,撤销西遂边区行政委员会,两县党组织分开,拟成立中共西平县委。

1929年3月,中共信阳中心县委派韩干卿到西平工作,将出山区委改组为中共出山直属区委,书记韩干卿,区委下设五小、二小、出山、仪封、谷河6个支部,党员50余人。

1929年7月,中共西平县委员会在出山县立五小成立,韩干卿任县委书记。

1930年3月,韩干卿因在五小暴露身份调回信阳,遂派吕佑明任西平县委书记。全县有4个区委,8个支部,党员100多人。

1930年6月,吕右铭调离,张世哲调任西平县委书记。

1930年12月,中共西平县党的组织第一次遭到破坏。1931年1月,豫南特委派谷正方到西平从事党组织的恢复工作。

1931年5月,豫南特委老刘来西平检查工作,在仪封赵乐孔家开会,重建中共西平县委。陶勋亭以行医为掩护外出工作失踪,豫南特委指定张国鑫任县委书记。

1932年8月,县委委员于法林被捕,县委书记张国鑫患病,县委委员冯郁堂等先后脱党,县委自行改组,袁致中任县委书记。

1932年10月,袁致中因国民党当局追捕去开封当兵,县委第二次自行改组,张国鑫任书记。

1933年7月,张国鑫调任中共豫中中心县委组织部长,后任书记,西平县委暂由吕百泉负责。

1934年9月,张国鑫调回西平,任县委书记。

1935年7月,西平县党组织第二次遭到破坏,党的工作由明转暗。

## 二、军事活动

西平革命根据地的人民武装,主要是党领导的特别行动队和特务队。特别行动队有100余人,近100支枪;特务队10余人,每人一支短枪。两队队员多为党团员,思想觉悟较高,有较强的战斗力,在根据地创建和巩固中发挥了重要作用。

## 三、群众组织

在根据地内,各乡村普遍建立了农民协会、光蛋会、鞭杆会、刀把会、学徒会、儿童团等群众组织，其主要成员是贫雇农和长工，政治可靠，对敌斗争坚决。

## 第十一节　根据地终结史实

1932 年 8 月，县委委员于法林因领导武装抢粮斗争被捕，中共西平各级党组织负责人和党员又有多人被捕，均在当地关押。为了救出被关押的人员，县委决定把全县的特别队队员、特务队队员和所拥有的枪支集中起来，举行劫狱暴动，然后上山游击。为确保暴动成功，县委书记张国鑫派母亲贾氏以探监为名与狱中的于法林联系，让其联络狱中人员做好暴动前的准备工作。于法林由于越狱心切，在串联难友时方法失当走漏风声。国民党当局随即增派地方反动武装加强戒备，并逐个审讯难友，逼迫供出鼓动“闹事”的领导者，情况万分危急。于法林当机立断同难友商议提前举行越狱暴动。1938 年 10 月某夜，于法林用预先准备的工具打开牢门，率领难友冲出牢房。因国民党当局早有准备，立即实行全城戒严，没有外部党组织的配合，越狱难友一个个倒在血泊中，于法林也壮烈牺牲。

暴动失败后，省委王振华和豫中中心县委宣传部长马德山到西平指导工作，帮助张国鑫总结暴动失败的沉痛教训，并要求张国鑫尽快通知各乡村支部做好隐蔽工作。

1934 年 10 月，中共西平县委书记张国鑫遭国民党西平当局秘密通缉。张国鑫在上级党组织的掩护下，先后到漯河、上蔡、舞阳等地隐藏。西平县党团组织和各级干部也采取不同方式进行隐蔽，保存实力，以待时机。

1935 年 2 月，叛徒徐凤山冒称中共河南省委书记，让豫中中心县委宣传部部长、省委交通员马德山汇报工作，徐凤山趁机将马德山逮捕。马德山经不起考验，在敌人的威胁利诱下成了可耻的叛徒。马德山按照中统河南特派员刘不同的指示，带领匪徒暴乃斌等到漯河、西华、西平、舞阳等地破坏党的组织，先后逮捕了豫中中心县委联络员卢发祥、团委书记韩赓尧，诱捕在漯河做军运工作的省军委书记周俊鸣。在西平逮捕了豫中中心县委书记胥玉清及中共党员冯容、阮天望,共青团西平特支书记刘文生、委员刘凤琴等党团骨干,共计40余人。1935年7月10日,张国鑫在确山被捕,同月13日押解回西平,在敌人逼迫下写了“悔过书”,1935年8月23日取保释放。原县委委员于四箴在叛徒杜祥甫的劝诱下到国民党县党部自首。西平县党组织第二次遭到破坏,革命斗争暂时陷入低潮。但党的活动仍以更隐蔽的方式继续进行,在保存实力的同时继续发展和积蓄革命力量,不断发动群众进行抗粮、抗税斗争,准备迎接新的革命高潮的到来。

# 第二章
# 抗日烽火燃遍西平大地

1937 年 7 月 7 日，卢沟桥事变，全面抗日战争爆发。1941 年 1 月 27 日和 1944 年 5 月 8 日，日军两次侵占西平。危难之际，全县人民在党组织的领导下，组织地方武装力量，配合新四军、八路军同日本侵略者展开了艰苦卓绝的斗争，用鲜血和生命捍卫了民族尊严，为抗日战争的全面胜利作出了重大贡献。西平人民的抗日斗争，可歌可泣。

## 第一节　日寇在西平的暴行

1944 年 5 月 8 日，日军从漯河南犯，第二次侵占西平。国民党西平政府望风而逃，盘踞在西平西南部的酒店山区。西平陷落后，日寇在县城和各乡镇建立了维持会，并成立 1 个团和 3 个营的“皇协军”，采取以华制华的办法，镇压蹂躏和奴化西平人民。这次沦陷直到 1945 年 8 月日本无条件投降，达一年零三个月之久。在这段时间里，日本侵略军践踏了县境 22 个集镇和 728 个村庄，占全县 1211 个村庄的 60%，日军所到之处，杀人放火，强奸妇女，抢劫财物，毒打群众，无恶不作。全县被日军杀害的群众有 455 人，打伤致残 163 人，被奸污的妇女 1195 人，17 760 人遭毒打，24 637 人被强迫当苦工。另外，烧毁房屋 926 间，屠杀耕牛 929 头，抢劫家禽家畜及其他财物不计其数。据 1944 年下半年不完全的统计，日军掠夺小麦 66.5 万公斤、饲草 215 万公斤、饲料 140 万公斤、烧柴 1080 万公斤、圆木 6800 根、木板 830 立方米、铁路枕木 6500 根、生(熟)铁 2.5 万公斤。日军在西平犯下了滔天罪行，人民群众对日本侵略军恨之入骨。

## 一、虐待迫害民工

1944年5月7日，日本侵略军在西平各村抓派民工达4.4万人，强迫民工修铁路、建桥梁。日军视民工为牲畜，除强迫劳动外，还任意打骂和虐待，其手段残酷令人触目惊心。

将民工当“王八”玩。日军强迫民工趴在地上，嘴衔鞋翘起头学王八爬行。为了使爬行者脑袋摆动，日军常用冷水突然浇头。爬行者的肚皮不能触地，稍一触地就棍打脚踢。重渠民工张毛即因此被日军打伤致残。

强迫民工仿猴跳、学猴叫。城北大李庄民工李矮子等多次受这样的凌辱。

把民工当马骑。日军骑在民工身上，让民工在地上爬行。蔡寨民工海元正因被日军当马骑，双膝磨烂，鲜血直流。当爬不动时，又被日军用鞭子抽得遍体鳞伤。

“支锅”。所谓“支锅”，一是强迫民工面朝天，肚子凸起，脚手支撑着身子。二是脸朝下，四肢着地，腰部拱起，腹部下面竖一把刺刀，在烈日下暴晒，有时背上再压一人。城西老温庄温龙昌，因之丧命，城东于营彭富廷因之致残，全县修路民工因此致残者30余人。

“捧火球”。所谓“捧火球”，就是强迫民工双手捧着燃烧的火炭。盆尧民工李会元，因年龄大，干活无力，日军逼他“捧火球”，他被烧得双手冒油，日本侵略军却拍手狂笑。

## 二、残害百姓、蹂躏妇女

### （一）喋血权寨街

权寨街位于西平城西北18公里处。1944年6月上旬，大批日本侵略军由豫西向平汉县窜犯，途经权寨街及其附近村庄时，杀害村民，奸污妇女，掠夺财物，使这里遭受一场空前的大灾难。权寨街有一位年迈的老妇张某，因双目失明未及逃走。日军进院后，一刀将其砍死。村民陈子贺被日军抓住，让其带路抢掠财物，陈子贺不愿，日军竟一人抬头，二人抬脚，如同打夯一样高起猛落，活活将其摔死，后又在其身上连刺数刀。日军进入陈金明家,将床上一个吃奶娃娃抓起来摔死在地上。陈罗头因听不懂日本军人的话晃了晃手,就被日军残忍杀害。李同山、刘富岭被抓后,均遭枪杀。躲藏在权寨街附近高粱地里的一群妇女被日军发现后,拼命逃跑,日军追至白庙村将她们抓住,对其施以野兽般的凌辱和暴行。

(二)践踏仪封镇

仪封镇位于西平县城西南25公里处,是西平县境内五大镇之一。1941年1月30日,日本侵略军100余人侵入仪封镇。镇内居民未逃出者,深受其害。赵毛孩被马踏脸部致死,刘毛和樊大信是长工,因听不懂日语,被日军用东洋刀砍死;王某之妻年仅24岁,被日军轮奸致死;有十几个妇女躲在镇东北角的菜园里,被日军搜出后,在光天化日之下就地强奸(另有4名妇女被奸污后还遭受了身体残害),园工王明敬目睹惨状,与日军搏斗,被日军用刺刀刺死。日军临走时,又放火烧毁民房13间,宰害大量家禽家畜,并抓走130多人为他们运送抢劫的物资。

(三)三村遭劫

1944年6月上旬的一天傍晚,一群日军到西平县城西25公里处的牛集、岗王、于庄等村。于庄村于遂章被日军抓住后,被捆绑在牲畜槽夹杆上活活烧死;牛集村牛文曾被日军用枪托捣死后,尸体被踢入粪坑;15岁的少妇尹五妮,因抗拒日军凌辱被枪杀。许某之妻被日军轮奸后,落得半身不遂;岗王村王某之妻被日军奸污后,又逼其裸体骑马当把戏玩;一少妇因反抗日军的凌辱,被强行扒光衣服捆在门板上,日军折磨虐待后,用滚开的水将她活活烫死。

日军在这三个村庄驻扎两天半,杀死村民4人,毒打55人,奸污妇女97人,拉夫下落不明1人,宰害猪羊23头,鸡鸭230多只,劫走牲畜30余头,掠去其他财物无数。

(四)蹂躏朱明村

1944年6月上旬,日军侵占县城北朱明村,蹂躏七个昼夜。侵略军在村内殴打、杀害群众,奸污妇女,宰杀牲畜。日本侵略军离开朱明村时,村中几成废墟,畜骨遍地,墙上、树上、路边、屋角,处处都是

血迹。

村民朱明臣被日军抓住后，由于不受其驱使，惨遭毒打，后遭注射毒药。桂李村6名群众从漯河做生意返家，路过朱明村，被日军抓住，说他们是共产党的探子，吊在树上毒打火烧致死。村中未逃脱的妇女多数被日军奸污（被奸污者年龄大的70多岁，年龄小的仅13岁）。朱某某被轮奸后，几名日军竟在她身上打牌。

（五）李庄铺遭劫

李庄铺为西平县城北4公里处一村庄。1945年2月底，日寇侵犯该村，村民马富德的母亲马于氏抱着小女儿仓促逃到村外躲藏在一条沟里。次日黎明抱着女儿出沟回村时，刚走到村头，被日本鬼子发现，朝她连打两枪，身怀有孕的马于氏母子3人惨死在鬼子的枪弹之下。

同村年过花甲的村民马齐，被日本鬼子踢死。村民彭牛被强行拉去运送掠夺的财物，后下落不明。未逃出的村民，男的遭毒打，女的被强奸。鸡鸭抢光，值钱的财物被劫掠一空。

（六）任三楼遭劫

1944年5月的一天傍晚，日军和皇协军百余人侵犯县城西南35公里处的任三楼村，村中群众大都逃到村外。日伪军进村后，挨门搜掠，抓住男子就毒打，要粮要钱，抓住妇女就强奸。一个姓杨的村民有病未能逃走，被日本鬼子用刺刀扎死。村民宋云鹏的母亲年逾八旬，被日本鬼子打死。一个姓傅的女村民被轮奸后难忍污辱，痛哭致双目失明。另有两个60来岁的妇女因反抗鬼子侮辱被枪杀。第二天鬼子离村时，强迫村民用牛车运送抢掠的财物。

（七）李贵生之死

县城北关的李家门、刘家门树木稠密，遮天蔽日，在战争年代便于隐蔽。1944年6月，日军把这里的村民全部撵走，让炮兵营驻扎。村民只得在村外搭棚度日。李贵生年仅13岁，日军经常强迫其给马打蝇子、搔痒和打扫卫生，常挨打。一天，一日军拿大盖枪练习打靶，竟把李贵生当靶子打死。

## 第二节 重建党的组织 开展抗日活动

1937年9月，中共河南省委在开封成立。1937年11月25日，作出了关于克服关门主义、纠正自由主义的决定，要求各地做好发展党员和重新登记党员工作。到年底，豫中党的组织得到迅速恢复和发展。1937年11月，刚获释放的原豫中中心县委委员兼共青团中心县委书记周艺林，与延安派回舞阳工作的中共党员陈坤台取得联系，经上级组织批准，恢复了周艺林等人的组织关系，建立了中共舞阳县工作委员会。陈坤台任县工委书记，周艺林、高文斌任县工委委员。1938年2月，经组织批准，重建中共舞阳县委，周艺林任县委书记。是月，周艺林到西平出山一带恢复和发展党的组织，首先恢复了原中共党员韩赓尧的党籍。并传达了省委决定，要求他抓紧时机恢复和发展西平县的组织。韩赓尧在出山先后恢复了刘聚贤、郭兆黎二人的党籍，成立了中共出山支部，属舞阳县委领导。

中共出山中心支部成立后，积极发展党的组织。1938年3月，谢华生通过五小校长关文汇回出山五小任教导主任。由韩赓尧介绍恢复其组织关系，谢华生在学校先后发展谢珍如、彭雪樵、翟云甫、吕秀连、谢淑会等入党，建立出山五小支部，属中共出山中心支部领导。张国鑫、赵乐孔、赵西亭等也相继恢复党籍，建立了中共仪封二小党小组。

1938年4月，据中共中央长江局指示，河南省委由开封迁往确山竹沟，省委书记朱理治在竹沟宣布成立豫中特别工作委员会，因特委机关设在舞阳，故又称舞阳特委，周艺林任中共特委书记兼任舞阳县委书记，张维桢任组织部长，张静超任军事部长，韩赓尧任巡视员，张仁任秘书，杨根为交通员。特委辖舞阳、叶县、襄县、西平、郾城、临颍、许昌7个县的党组织。出山中心支部在特工委的领导下，迅速发展。至1938年6月底，已建立了芦庙、酒店、仪封、刘清管庄、周庄、狄庄、洛庄、康林、田口、坡李、常楼、焦之岗等12个支部，党员60多名。根据舞阳特工委指示，建立中共出山区委，书记韩赓尧、组织委员刘聚贤、宣传兼农民武装委员郭兆黎、统战委员席朗山，区委设在出山寨韩赓尧家里。

出山区委成立后,多次召开会议,研究大力发展组织,宣传抗日等问题,动员青年参加革命斗争,选送入党积极分子和优秀青年分期分批赴竹沟受训。

1938 年 7 月,韩赓尧、郭兆黎等去竹沟豫中特委干部训练班参加学习,由刘聚贤接任书记,委员是常海潮、赵世五、王新政。1938 年 9 月,中共豫中特委派刘聚贤等到竹沟受训,翟云甫接任书记,委员是常海潮、赵世五、王新政、谢华生、谢珍如。

竹沟干部训练班主要学习《帝国主义论》《社会发展简史》《大众哲学》《论持久战》《游击战术》《统一战线》等文献。通过两个月的学习培训,参训人员的革命理论水平有了很大提高,加深了对党的方针政策的认识,增强了从事具体工作的才干。学习结束,部分人员在竹沟参加了新四军,赴皖东抗日前线;部分人员回本县,成为西平县党组织的骨干,增强了党的战斗力。

1938 年 9 月,中共出山区委在出山焦少阳家召开各支部联席会议,汇报各支部工作情况,舞阳县委派陈坤台到会作指示。会议决定以出山五小为基地发展党员,壮大党的组织。1938 年 10 月底,又成立了中共酒店区委。至此,西平县党的组织发展到 2 个区委,14 个支部,党员达 81 人。是年 11 月,中共豫中特委领导人周艺林、张维桢到出山考察。根据西平县党组织的恢复和发展情况,决定成立中共西平县工作委员会。工委书记翟云甫、青年委员谢珍如、宣传和统战委员谢华生、武装委员赵世五、妇女委员彭雪樵,县工委机关设在出山县立五小,隶属中共豫中特委领导。西平县工委辖出山、酒店两个区委 14 个支部,其中城关支部、战时服务团支部为直属支部。

1938 年 12 月,朱理治、李先念等由延安到竹沟,向干部党员传达党的六届六中全会精神,正式成立豫南省委,书记朱理治,副书记向明。豫南省委辖竹沟、豫西南、豫中、豫鄂陕四个地委。豫东特委取消,豫中地委由张维桢任书记。西平属豫中地委领导。

1939 年 4 月,中共豫中地委整顿各级组织,撤销中共西平县工委,成立中共西平县委员会。翟云甫任县委书记,谢珍如任组织委员、罗和亭任宣传委员、赵世五任武装委员、彭雪樵任妇女委员。西平县委辖出山、酒店、合水 3 个区委，26 个支部，党员 223 人，县委机关设在出山五小。

西平党组织的恢复、发展和中共西平县委的成立，使全县人民有了主心骨，开展抗日救亡运动有了组织保障。

## 第三节 建立抗日民族统一战线

西平县党的组织恢复和建立后，在中共豫中工委、地委的领导下，坚持贯彻执行中国共产党的全面抗战路线，积极发动群众，成立抗日组织，开展不同形式的抗日斗争。

### 一、"心声剧团"走遍山乡 抗日烽火燃红村寨

1938 年 2 月，中共出山县立五小党支部成立，拟成立剧团，宣传党的抗日主张，动员更多的人参加抗日救亡运动。因一个学校的人员和物资力量有限，就联合仪封二小支部和遂平县槐树小学支部，共同成立了一剧团。出山五小党支部书记谢华生提出："当前抗日救亡是全国人民的心声，咱们的剧团是宣传抗日救亡的，就叫'西遂边区心声剧团'吧。"大家均赞成，喜爱书法的党员教师王光震当场挥毫把西遂边区"心声剧团"4 个大字写在了幕布上。

"心声剧团"成员主要由党员教师和学生积极分子组成。五小参加该团的主要成员有关文汇、谢华生、谢珍如、吕海涛、韩耀远等，除关文汇为党外人士，其余全部是中共地下党员。仪封县立二小学员教师赵仿如等和槐树小学的几名党员教师也经常随团参加演出。

"心声剧团"以排演话剧为主，也演唱歌曲和戏剧选段，经常利用晚上和假期时间围绕宣传抗日、宣传党的统一战线政策开展活动。演出的节目很多，其中《放下你的鞭子》《打回老家去》《誓死不当亡国奴》《最后一课》等剧目演出很成功，影响也较大。"心声剧团"演出的歌曲中宣传抗日的有：《两党合作不会亡》《大刀进行曲》《青年进行曲》《义勇军进行曲》《游击队之歌》《大路歌》《红缨枪》《延安颂》《流亡三部曲》等。在宣传演出的同时，还热情地教当地群众唱抗日歌曲，宣传抗日思想。

“心声剧团”除经常在出山五小校园和出山镇大街上演出外，还到周围的酒店、吴堂、孙堂、狄庄、焦之岗，较远的仪封、同心寨和遂平县的槐树、张吴楼等村镇宣传演出。该团在吴堂村演出话剧《放下你的鞭子》时，由女老师吕海涛女扮男装饰演剧中人“父亲”，别开生面，增强了宣传效果。《最后一课》是根据法国著名作家都德的同名小说改编的话剧，反映了敌占区人民对侵略战争和奴化教育的无比愤恨，每次演出都很受欢迎。

宣传效果最好和最受群众欢迎的是话剧《放下你的鞭子》。剧中通过描写从东北逃难出来的父女二人，以卖唱为生计的悲惨遭遇，控诉日寇在中国东北三省烧杀抢掠的滔天罪行。主要情节：父女二人在某地卖唱，“父亲”先唱，然后让“女儿”唱。当“女儿”唱《流亡三部曲》，悲痛欲绝，无法再唱下去。“父亲”为了挣钱糊口，就拿起鞭子要抽打“女儿”。台下被激怒的“观众”便上台制止，怒喝“放下你的鞭子!”并向他讲了一番抗日救亡的道理。“父亲”放下鞭子，声泪俱下地控诉日寇对东北人民的蹂躏，诉说逃亡路上的苦难生活。局中人“父亲”由党员教师翟汉绰扮演，“农民”由党员教师谢珍如扮演，“女儿”由党员教师彭雪樵扮演，群众“罗明”由学生党员刘景书扮演。由于演出成功，每当“父亲”控诉日本鬼子的暴行时，愤怒的观众就会不约而同地高呼“打倒日本帝国主义”“誓死不当亡国奴”等口号。台上、台下抗日怒火不可抑制。

原中共西平县委委员于四箴，曾在叛徒杜祥甫劝诱下背叛革命，于1935年8月到国民党西平县党部自首，并供出谢华生、于少白、马砚田等中共西平县委成员，使西平县党的组织遭到破坏。国民党西平县党部安排其到出山县立五小教书，于四箴仍暗中监视共产党在出山一带的活动。1938年2月，中共出山支部成立后，一直对于四箴保持警惕，校长关文汇也对其不感兴趣。1939年年初，于四箴调离五小。但他随即介绍其亲戚韩清阁到五小当代课老师。韩清阁不但讲课水平差，而且暗中监视“心声剧团”的活动。关文汇和谢华生发现后，秋期开学前辞退了韩清阁，聘请中共党员韩耀远到五小任教。于四箴对此事极为不满，1939年8月底向国民党西平县党部告发关文汇包庇共产党，并在出山大街上张贴标语诬蔑关文汇。同时告发了共产党员翟云甫、谢华生、王光震、谢珍如、关立人、彭雪樵等。不久，关文汇被解职，调到师灵三小教书。党员教师除翟云甫留任外，其余皆被辞退，西平县委活动基地被破坏。深受群众欢迎的“心声剧团”也随之被解散。

1939 年 9 月，豫中地委通过郾城县党组织安排王光震、彭雪樵、韩耀远到郾西交界处的问十小学任教，与在该校任教的党员教师徐善初、朱灿东一起组成中共问十支部，在郾西边界地区继续开展抗日救亡活动。谢珍如由党组织安排到遂平教书。关立人到合水任教。谢华生因长期在西平从事党的活动，影响较大，汝南专署下令不许其在舞、西、遂三县教书。谢华生家境不好，为生活所迫，只好改行到遂平县从事税务工作。

## 二、“槐树古会”抗日行动

槐树镇是遂平县西北部的一个小集镇，西边紧靠伏牛山脉，东距遂平县城约 35 公里，北邻西平县出山镇和仪封镇，西与舞阳县接壤。镇上有 1000 多口居民和一所小学，周围村庄稠密，是中共遂平县党组织主要活动地区之一，也是竹沟至延安红色交通线上的一个主要中转站，群众基础较好。

“小满”时节的槐树街“小满会”，是方圆百里有名的古庙会。会期商贾云集，赴会看戏的农民众多。

1938 年 5 月，西遂两县党组织根据当时抗日救亡斗争的发展形势，举行西遂边区学校联欢会，在会议期间利用各种形式宣传党的抗日民族统一战线政策和抗战形势，动员更多的人参加抗日救亡斗争。

1938 年 5 月中旬，中共西平县五小支部和中共遂平槐树镇小学中心支部在槐树小学召开联席会议，研究举办联欢会的具体工作。并商定由西平五小的党员教师谢华生、王光震和遂平槐树小学党员教师宋范九、杜松山负责联欢会筹备工作。经过谢华生等人日夜奔波，很快联络西平合水小学、仪封小学和遂平职业中学、玉山小学等边区 9 所学校进步师生 400 多人。

在为期三天的“小满会”上，9 所学校的师生每天都汇集槐树镇，列队到会上游行，书写抗日标语，发表抗日讲演，演出抗战剧目，大唱抗日救国歌曲。整个“小满会”上到处可以看到“抗战高于一切”“铲除汉奸卖国贼”“拥护蒋委员长抗战到底”等大幅标语，到处可以听到《义勇军进行曲》《救中国》《游击战》《大刀好》等抗日歌曲。西平县立出山第五小学宣传队演出的《打回老家去》《流亡三部曲》《放下你的鞭子》《英雄的母亲》《“九一八”以来》《最后一课》《顺民》《难民曲》《关东三姐妹》等抗战剧目，更是感人至深。特别是演出话剧《放下你的鞭子》时，台下发出一片“不许打”的吼声。“打倒日本帝国主义”“中华民族万岁”“誓死不当亡国奴”等口号的呐喊声此起彼伏。

槐树“小满会”期间，西遂党组织还借着边区学校进步师生云集之机，筹备成立了西遂边区教职员工抗日救国联合会、西遂边区学生抗日救国联合会、西遂边区妇女抗日救国联合会等抗日团体。“小满会”结束时，这三个抗日团体召开联席会议，讨论制定了西遂边区抗日救亡工作计划，并决定由谢华生、杜松山等主编《救亡月刊》，宣传中国共产党的抗日主张，指导和推动西遂两县的抗日救亡工作。

“槐树古会”的抗日活动，震惊神州大地。1938 年 7 月 6 日，《武汉新华日报》第四版《地方通讯》栏目以《河南西遂边境上的救亡工作》为题，报道了西遂边区 9 所中小学利用槐树镇“小满会”开展抗日救亡运动的情景，高度赞扬了西遂边区中小学师生的爱国热情。全文如下（略有改动）：

随着敌人侵略的加紧与深入，一群坦白、热血、对抗战有着正确的认识、对国家民族有着高度的热爱与忠诚的青年男女，再也不能等待与容忍了。他们不愿坐待敌人把他们杀死，就在“抗日高于一切，一切服从抗日”的原则下，大家伙在边境上干将起来。

经过许多日子的奔走、宣传、商洽、预备，工作得以逐渐开展，集体的工作就在槐树镇“小满会”所开的扩大抗敌宣传会上表现出来。

槐树是河南省遂平县边境上一个小集镇，距遂平县城西六七十里，蜿蜒的伏牛山脉，高大沉毅地在他（它）的西边躺着，像是一个巨人的臂膀，槐树是他保卫着的婴儿。往常每年在收麦前有个“小满会”，唱戏、卖农具、赶会的老幼男女，总是成千上万的。今年的五月二十二日是“小满会”，我们就利用它展开了救亡工作。从二十二到

二十四，一直干了三天。

参加工作的学校有九个，教职员及学生代表共四百人左右。

在扩大抗敌宣传会上，演出了多个话剧，主要有《放下你的鞭子》《顺民》《难民曲》《最后一课》《“九一八”以来》《英勇的母亲》《最后的觉悟》《关东三姊妹》等。歌咏有：《救中国》《游击队》《大刀好》《救亡进行曲》《义勇军进行曲》《保卫大河南》《今年是收复失地的一年》《牺牲已到最后关头》等。

这些话剧和歌曲不止在台上演唱，并在街头演唱。在那个广大的会场里，随时都可以看到刺激的戏剧，听到雄壮的歌声和激昂热烈的演讲；也随时随地可以看到受了宣传感动而愤怒着的眼睛与紧握的拳头。同时每个人心上都刻上了“日寇是我们的死敌”！

最有意义、最伟大动人的场面，是二十四日早晨举行的联合升旗礼曲与中午的结队大游行。当几百人一齐唱着庄严雄壮的国歌时，当几千人、几千双手、几千对眼睛向着太阳辉照中顺着高耸的旗杆严肃上升的国旗敬礼时候，当几百个青年男女排成一条整齐的长蛇般的队伍在人群中游行的时候，当无数响亮的喉咙震天动地地喊着“拥护领袖抗战到底！”“打倒日本帝国主义！”“武装保卫家乡！”“中华民族万岁！”的口号的时候，谁能相信有着五千年历史，四万万五千万人民的中华民族，会被偏狭、残酷、卑鄙、贪婪、疯狂、无耻、奸淫烧杀、盗匪不如的弹丸般的日本灭亡！……

乘着集体工作的机会，他们也建立了自己的组织。西遂教职员救国联合会、西遂学生救国联合会、西遂妇女救国联合会，都于同日同地产生。这三个组织当时还开过联席会议，讨论各种工作计划及进行办法，结果有许多宝贵的意见提出，并决议编一个《救亡半月刊》，借以指导推动工作。

目前那群青年人正在广泛地进行着宣传工作，并计划着请一个有实际游击战争经验的人训练民众和他们自己。

日本的军阀们，向着灭亡之路进行吧！中国到处都是你们的阎罗殿！中国每个人都是你们的阎王爷！我们欢迎你们给我们运送新的枪炮！我们欢迎你们用骨肉血液给我们广大田园施一次肥！……

## 三、西平抗日先锋总队

中华民族解放先锋队，简称“民先队”，是中国共产党领导的抗日青年的群众性组织。在抗日战争期间，全国多地都有民先队组织。

西平县的民先队组织是由中共党员谢珍如、胥玉清等发起成立的。1938 年 8 月，谢珍如、胥玉清、谢华生、董一唐、翟华先等在西平县城内胥玉清家召开会议，研究分析当时的抗战形势，决定成立抗日民族解放先锋队，并选举谢珍如为大队长。中共西平县工委于 1938 年 11 月份成立后，决定扩大民先队组织，使其在抗日救亡运动中发挥更大的作用。

1938 年 12 月，工委派中共党员刘景书、田和春、杨美娥、杨淑然、赵子义等去舞阳“青年救国会”学习革命理论和青年工作经验，半月后回到西平。和王光震一起，组织民先队员深入各界青年群众中宣传抗日战绩，使民先队组织迅速发展壮大。翌年 4 月，民先队发展到千余人，在出山五小成立了“民先队西平总队”，王光震任总队长。在工委领导下，民先队团结全县广大青年积极开展抗日救亡活动，推动全县抗日救亡活动的开展。民先队的抗日救亡活动，培养锻炼了一批青年积极分子，发展壮大了党的组织。出山镇吴堂村罗和亭，原在国民党部队当兵，1937 年 2 月返乡。1938 年夏天，在中共党员帮助下加入抗日民族解放先锋队，积极参加抗日救亡活动，经过几个月的锻炼，思想进步很快，当年 9 月加入中国共产党。是年冬，任孙堂党支部书记，以保队副公开职务做掩护，为竹沟至延安交通线的安全畅通作出一定贡献。武仿僩、王昆吾、赵尊仁、陈凤理等加入民先队后，都先后加入共产党，走上了革命道路。

## 四、战时服务团的抗日活动

1938 年 1 月，仝中玉、王国华、周俊鸣等人率领中共豫南特委机关和豫南人民抗日独立团进驻确山县竹沟镇，使竹沟成为豫南革命的中心。1938 年 2 月初，中共中央派八路军少将参谋处长彭雪枫任中共河南省委军事部长，由山西临汾经武汉到达竹沟。张震、岳夏、滕海清、成均、朱绍清、赵启民、陈康、张羽翔等 30 多名红军干部和部分通信技术人员，先后由临汾到达竹沟，使竹沟迅速发展成为河南敌后最重要的抗日根据地。1938 年 3 月，根据中共长江局和河南省委指示，彭雪枫等在竹沟创办新四军八团第一期教导大队，培养和训练党政军领导骨干。第一期共召录学员 400 人，设 3 个男生队，1 个女生队。教导队除设专职教导员外，彭雪枫、张震、王国华等轮流授课。西平县有不少中共党员、共青团员、民先队员和进步青年，到竹沟报名参加教导大队学习，或直接报名参加新四军。教导大队学员 1938 年 5 月上旬学习结束，除部分留豫南工作外，大部分分赴中原各敌后地区。

1938 年 6 月初，在教导大队学习结业的西平籍学员中共党员郑军、民先队员武仿僩、王昆吾、陈凤理、赵尊仁等，由竹沟党组织分配回西平搞抗日救亡宣传工作。回到西平便立即与西平党组织取得了联系，在党组织的领导和帮助下，利用各种关系，直接或间接地同国民党县党部、县政府有关人员及社会各界人士、县中、女师、文城中学的师生广泛接触，宣传党的抗日政策，宣讲为挽救国家命运，必须发动与组织广大人民群众参加抗日民族解放战争的道理，磋商成立文艺团体，广泛开展宣传活动等事宜。因当时处于国共合作共同抗日的历史时期，其主张很快得到各界人士的大力支持。在教育局局长陈廷堂、民众教育馆馆长杨锐甫等人的面前，提出了成立抗日战时服务团的想法。朱国衡（时任伪县长）为人耿直，思想倾向抗日，加之国共两党正合作抗日，就同意了成立抗日战时服务团的意见。郑军、武仿僩等便立即行动，筹资购买乐器和服装道具，物色和招收党员，很快成立了一个由共产党领导的国共合作性质的文艺团体——西平县文化抗敌委员会战地服务团，简称“战时服务团”，又称“话剧团”。

战时服务团，由县民众教育馆馆长杨锐甫任团长，陈仲伟和原中共西平县委委员刘景明任副团长，原中共豫中中心县委书记胥玉清任顾问，竹沟党组织派来的王之员和县中教员陈荆源任导演，全团 40 多人，分男女两个队。男队 30 多人，女队 10 多人。成员大都来自县中、女师、文成中学等校的进步青年学生。各队又分若干小组，各组组长分别由从竹沟回来的人员担任。因团长杨瑞甫不经常随团活动，刘景明负责服务团的生活管理和与各地联系安排演出时间等工作。宣传内容、剧目编排和修改均由郑军、王之员负责。

战时服务团成立不久，西平县党组织为加强对该团的领导，发展武仿侗、陈继美、赵尊仁三人加入中国共产党，成立中共西平县战时服务团直属支部，郑军任支部书记。并派武仿侗、王昆吾二人参加中共河南省青年工作委员会在舞阳召开的青年救亡团体代表会，听取上级党关于抗日救亡工作的指示和舞阳县"青救会"的工作经验。二人回团后，在战时服务团发展民先队员，建立"民先队"组织，以"民先队"为骨干，积极开展抗日救亡宣传。

战时服务团还制定了"两会一操"制度。"两会"，即经常结合形势变化出题目举行讨论会，激发全体团员的爱国热情和抗战精神；每周星期六召开一次民主生活会，通过开展批评与自我批评，增强全体团员的革命团结。"一操"，即每天早晨集体出操，锻炼身体，使服务团成员始终保持昂扬蓬勃的革命斗志。1938 年 11 月中旬，在城东几个集镇演出时，天降大雪，团员们整天吃的是小米粥和红薯；晚上，两人盖一条被子，睡麦秸铺，生活十分艰苦，团员们仍然情绪高昂，歌声不断，外面雪大时就在室内宣传演出。

在 6 个多月的时间里，战时服务团跑遍了全县所有区署和有小学的集镇及人口较多的村，利用话剧、戏曲、歌曲、快板等形式向广大群众宣传党的抗日主张和抗战必胜的信念，传播八路军在华北取得胜利的消息。同时还教唱抗战歌曲、出墙报、刷写标语，并利用各种场合演讲和召开座谈会。服务团演出场数最多的话剧是《放下你的鞭子》《江口》《捉奸记》《军民合作》《保甲长》《娘子军》《"九一八"以来》《打鬼子》等。经常演出的歌曲有《义勇军进行曲》《流亡三部曲》《大刀进行曲》《抗敌歌》等。战时服务团所到之处，抗战标语刷满大街小巷，抗战歌声不绝于耳，中国共产党的抗日民族统一战线政策深入人心，激发了全县人民的爱国热情，坚定了全县人民抗战必胜的信心。在战时服务团的推动下，西平的抗日救亡工作开展得轰轰烈烈。

面对战时服务团的抗日宣传和西平全县抗日救亡运动的蓬勃兴起，一向害怕人民群众觉悟的国民党反动派十分恐慌，唯恐西平县的共产党组织在抗日救亡运动中发展壮大。1939 年 1 月，国民党西平县政府下令解散了西平县战时服务团。武仿侗、王之员、王昆吾、陈凤理、张子僚等先后回到竹沟抗日根据地，王寒雁等先后赴延安。战时服务团的活动结束。

西平县战时服务团是在西平县党组织直接领导下公开抗日救亡团体。虽然成立和开展活动时间不长，但在宣传中国共产党的抗日主张，动员民众团结起来一致抗日，培养训练抗日干部等方面作出了较大贡献。

## 五、“抗战读书会”的秘密抗日活动

1935 年秋，中共西平县委第二次遭到破坏。隐蔽在出山镇县立五小和仪封镇县立二小的共产党员和进步教师仍未停止革命活动。在关文汇等进步人士的掩护下，自发成立了读书小组，秘密传阅革命读物和进步书籍，传递革命情报，时刻关注政治形势变化，等待革命时机的到来。1938 年 3 月，中共出山支部和中共仪封支部相继重建后，读书小组范围逐步扩大。

1938 年 11 月，中共西平县工委在出山五小成立。为了在青年中传播马列主义、发展党的组织，县工委书记翟云甫在出山五小创办了抗战读书会，并在仪封二小和县立中学等处设立分会，以党员老师为骨干，组织校内外进步青年学习当时公开发行的《新华日报》《解放》杂志和《大众哲学》《政治经济学》《社会发展简史》等书刊；学习党的政策和民运工作的游击战术；秘密传阅《列宁选集》《共产党宣言》《社会主义空想到科学的发展》，毛泽东的《论持久战》《抗日游击战争的战略问题》等文章。“抗战读书会”的创办，提高了青年的思想和理论水平，增强了爱国意识，为西平的抗日救亡运动培训了骨干，被党内同志和进步人士誉为“抗日干部训练班”。

## 六、组织“教师联合会” 凝聚民众抗日心

1938 年 11 月，中共西平县工委为了组织中小学教员积极参加抗日救亡活动，成立教师抗日救亡组织，得到了西平教育界知名人士关文汇等人的支持。1938 年 11 月下旬，以党员教师为骨干的“西平县中学教师联合会”和“西平县乡村小学教师联合会”同时成立。它们组织教师和高年级的学生撰写抗日救国文章，讨论抗日问题，画漫

画——当时五小出的画刊上有这样一幅漫画:一个小偷看到邻居院内一棵杏树挂满了金黄色的果实,垂涎三尺,越墙去偷,不仅没摘到杏子,反而被树枝划破了鼻子,鲜血直流。漫画下面写着“日本,侵略中国最终没有好下场”,深入集镇和农村刷标语、出墙报、贴漫画,集会讲时事和办农民夜校识字班,对群众进行抗战宣传。“中学教师联合会”还多次组织教师到国民党西平县抗敌司令部举办的行政干部训练班进行演讲,讲抗战形势、讲中国共产党的抗日民族统一战线政策、讲日军在沦陷区的罪行,使参加训练班的520余名联保主任、保长受到抗战思想教育,对当时的抗战形势和共产党的抗日统一战线政策有了较为明确的认识。

“乡村小学教师联合会”承担了各联保训练保干事和甲长的任务。各联保举办的训练班都由所在地学校教师组织和讲课。当地党组织和教师联合会便利用这个机会,把保干事和甲长集中到学校,在学习保部知识的同时,组织学习抗日救国大纲,讲日寇的暴行和抗战形势,启发民族意识,增强他们的爱国热情和抗战精神。

国民党西平县党部一些人虽然对有些教师的讲课内容不满,但碍于当时国共两党正合作抗日,全国民众抗日救亡情绪高涨,也不便制止,这种复杂心理在客观上给西平党组织和教师联合会宣传抗日救亡工作提供了机会。

## 七、成立“妇女救国会” 不甘蹂辱援抗战

中共西平县工委组织教师进行抗日宣传,妇女委员会彭雪樵负责,以关立人、吕海涛为骨干,组织成立了“西平县妇女救国会”,带领全县妇女开展抗日救亡活动,开创了西平妇女运动新局面。

西平县妇女救国会成立后,彭雪樵、关立人和吕海涛等先把女教师和高年级女学生组织起来,分成小组深入各保,不辞辛劳,走村串户,动员妇女参加抗日活动。同时在县立仪封二小、出山五小等学校举办“妇女识字班”,以“中华民族万岁”“国共合作共同抗日”“抗日高于一切”“妇女们起来吧”“抗战到底就是胜利”等口号,一边识字,一边进行抗日演讲,宣传抗日前线妇女参加抗战的动人事迹;讲述沦陷区妇女被日寇蹂躏的悲惨情形,激发妇女们对日本帝国主义的刻

骨仇恨。通过妇女救国会的宣传教育，广大农村妇女们纷纷走出家门，参加抗日救亡活动。她们还帮助许多村成立了村妇救会。各村妇救会积极组织妇女，为抗日战士做军鞋，为抗日军人家属捐款捐物，帮助他们耕地和收割庄稼，有的还主动资助难民和收养沦陷区流亡儿童。

不甘蹦辱的妇女组织起来参加抗日救亡运动，不但解除了抗日前线将士的后顾之忧，还培养锻炼了一大批妇女干部，为后来建立抗日根据地打下了基础。

## 八、“儿童团”的抗日活动

在轰轰烈烈的抗日救亡运动高潮中，西平县各级党组织还注意发展儿童抗日组织。1938 年 10 月至年底，全县大部分学校都成立了“儿童团”和“少年歌咏队”，在党员教师的指导下开展抗日宣传活动。五小“少年歌咏队”建立后，王光震、关立人等党员教师教唱《中华民族不会亡》《中国人不打中国人》《流亡三部曲》《救中国》《前进歌》等抗日游行歌曲，并利用课余时间组织下乡演唱，宣传抗日救国。县城举行学生抗日集会，县立各学校都带领少年歌咏队参加。队员们颈系领结，肩扛童子棒，排着整齐的队伍，高唱抗日战歌，雄赳赳气昂昂地从四面八方进入县城，沿街居民夹道喝彩，抗战气氛笼罩了整个县城。

抗日救亡组织开展的各种活动，日寇侵华的滔天罪行人人皆知，党的抗日民族统一战线政策深入人心。各阶层人民都懂得了“国家兴亡，匹夫有责”。多种形式的抗日宣传，使全县城乡呈现出“有钱出钱、有力出力”和“父送子、妻送夫参军参战”的动人景象。城镇乡村，大街小巷，抗战标语、漫画、墙报到处可见，抗战歌声不绝于耳。当时，在全县城乡流传着这样一首歌谣：“兵学商、庄稼汉，团结起来，干！干！干！干！干！干！不参加抗日不是好汉。干！干！干！国共合作，日伪完蛋。干！干！干！只有闹革命才能把身翻。”这首歌，唱出了广大群众的心声，表达了广大群众的爱国主义精神和抗战热情。

# 第四节　组织武装开展抗日斗争

## 一、组织民间武装开展抗日斗争

1938 年 1 月，西平县护乡运动委员会负责人张国鑫、董一唐、翟华先、胥玉清等人在县城西北 15 里董庄召开会议。全面分析了全国和西平县的抗战形势，研究了护乡运动委员会的行动计划和建立抗日游击队的准备工作，并决定联络县境内的“抗日救国义勇军”共同抗日。

当时，西平境内有两支“抗日救国义勇军”。

一支是城西以张保福、康焕章为首的“抗日救国义勇军。”1937 年 10 月，康庄村康焕章找到吕店后小庄张保福商议成立抗日救国义勇军，二人取得河南省保安处处长冯建飞的信任，张保福被委任为豫南“抗日救国义勇军”第一纵队司令，康焕章为副司令。二人受委任回西平当天就聚集 100 余人，3 天后增至 1000 余人和 1000 多支枪，驻吕店周围，司令部设在杜湾。一周后攻破师灵寨，队伍增至 1500 多人。在师灵驻扎 7 日后，攻芦庙，未克，随即转移西南山区。后来在缸窑山顶石寨与地方武装交火失败，退至洪河南岸的观音寺和孙村。但因部队纪律不严，组织涣散，所到之处抢人财物，遭到民众和地方武装的群起反对，部队士兵大部离队返乡，溃不成军。1938 年 2 月，张率余部 400 人南窜驻马店，接受国民党正规军改编。

一支是城东以王协甫为首的“抗日救国义勇军”。1938 年 1 月 1 日，城东盆尧王协甫以“抗日救国，打富济贫”为口号，聚集乡民，收集民间枪支，成立抗日救国义勇军，数日后即聚集 700 余人，先后驻扎王阁、五沟营。是月 20 日夜，攻陈老庄，未克，退守盆尧。后与驻北王庄地方武装商定，合力攻陈老庄，拟于 26 日会师盆尧。陈老庄地方绅士获悉，急报官府，并厚金请漯河国民党驻军韩团长率部攻打盆尧。是月 26 日上午，韩团长率部抵留册桥，随即命部队围攻盆尧。同时派重兵在南门布置交叉火力网，又派敢死队携手榴弹，在机枪掩护下攻入寨内。王协甫见势不妙，率领几个亲信跃马突围，余部伤亡惨重，许多跟随分粮的贫民也惨遭杀害。

这两支“抗日救国义勇军”刚成立时，张国鑫和胥玉清曾多次派人打入其内部，了解内情。当了解到他们只是借抗日的名义聚众掠夺民财，而非真心抗日时，便立即通知各地护乡运动委员会，停止与他们的联络。两支“抗日救国义勇军”情况突变，使张国鑫、胥玉清等人进一步认识到，抗日救亡斗争要取得最后胜利，必须由共产党领导；离开党的领导，极难成事。遂决定尽快与上级党组织取得联系，在上级党组织的指导下，组织西平人民开展抗日救亡斗争。

当时，中共豫南特委机关和豫南人民抗日独立团已进驻确山县竹沟镇，并根据中共长江局《关于对鄂豫边工作六项决议》，将豫南人民抗日独立团整编为新四军第四支队第八团，团长周俊鸣。设立教导队，为扩大抗日武装建立抗日根据地培训军政干部。张国鑫担任豫中中心县委书记时，周俊鸣时任河南省委书记，曾在漯河搞军运，二人接触甚多。1938 年 3 月，张国鑫从确山到仪封做生意的商人口中得知周俊鸣正在竹沟举办教导大队培训干部，便同董国昌一起，到竹沟找新四军八团团长周俊鸣。因周俊鸣带兵作战不在竹沟，则经过教导队西平籍学员赵瑞云、佟聚森二人介绍，向教导队参谋处汇报了西平的抗日救亡工作情况。参谋处长听取汇报后，对西平人民的抗日热情和护乡运动委员会所做工作十分赞赏：“你们做得很好，当前摆在全国人民面前的任务就是抗日救国，一切都是为了抗战胜利。你们回去后，要抓紧宣传和组织民众开展抗日救亡活动。”并交给他们一份油印的《抗日救国十大纲领》，让回西平后很好地学习和宣传。

张国鑫和董国昌回西平后，立即分头到各地传达竹沟党组织谈话精神，并把《抗日救国十大纲领》抄写了数十份发给各地护乡运动委员会。在党的抗日民族统一战线思想的指导下发表了护乡运动委员会《抗日宣言》：

日寇猖狂，侵我中华，国土沦丧，山河破碎，战火燃遍神州，敌骑践踏家园。烧杀抢劫，横行“三光”政策；奸淫掳掠，灭绝道德人伦。施展中日亲善之阴谋，玩耍共存共荣之诡计。以战养战，野心独霸东亚；以华制华，彻底灭亡中国，野心何其毒也。

吾辈青年，应运而生，为国家之中坚，为民族之先锋。爱国天职，人各有份；救亡图存，匹夫有责。明耻抗战，愤起报国，驱逐日寇于疆土之外，拯救人民于水火之中，才不愧为有血性之革命青年。

炎黄子孙，中华儿女，正当国家生死存亡之际，抗日救国千钧一发之时，响应祖国紧急召唤，刻不容缓；献身疆场，英勇杀敌，义不容辞。凡爱国青年，革命志士，皆应当机立断，投笔从戎，争上前线，共赴国难。横扫日寇汉奸，解放中华民族。多难兴邦，在此一举，奋发图强，众志成城！切勿失误，大显身手；抗日救国之良机也。

《抗日宣言》在全县人民中引起很大的反响，有的青年积极要求参加护乡运动会。有的青年每天五点起床，跑步锻炼身体，习武练剑，准备投笔从戎，杀敌立功。一些农会和红枪会主动向护乡运动会靠拢，准备联手抗日救国，保卫家乡。一些学校还组织学生上街游行，宣传《抗日救国十大纲领》和《抗日宣言》，一个群众性的抗日运动很快在全县兴起。

1938 年夏，日军大举进犯中原，在陆路重兵进攻的同时，对中原各重要城市狂轰滥炸。1938 年 8 月 15 日，两架日军飞机侵入西平上空，投弹炸毁县城东城墙防空洞、大王庙戏楼及民房十余处，炸死居民数十人。日本鬼子的猛轰滥炸，激起了全县人民对日寇的极大仇恨，抗日热情更加高涨，不少人筹资购买枪支，准备与日本侵略者决一死战。

1938 年 8 月 7 日，中共河南省委书记朱理治在竹沟发表题为《论河南游击战争发展情形及当前任务》的重要文章，为河南各级党组织准备与发动游击战争制定了正确的方针和战略。按照文章的精神和要求，中共出山区委立即召开支部书记联席会议，研究在酒店山区建立抗日游击队，开展游击战争的问题。并指示张国鑫、赵乐孔、赵西亭等人，在仪封一带联系人员，筹备枪支并以党员为骨干，以护乡运动会的名义组织抗日游击队，一旦日寇进犯西平，即在西遂边界地区建立根据地，打游击战。

1938 年 10 月初，日军占领武汉后继续沿平汉铁路北犯，1938 年 10 月 12 日，信阳沦陷，河南抗战形势剧变。某夜，豫中特委负责人杨毅在遂平槐树镇小学主持召开西、遂、舞三县党组织联席会议。西平翟云甫、遂平杜松山和舞阳县党组织的一位负责人参加了会议。杨毅在会上指出，信阳陷落后，日本可能沿平汉线北犯。我们应在三县交界一带的山区组织一支统一的武装力量，建立根据地，做打游击和长期抗战的准备。会后，谢华生与王尧民到出山以南的李元沟、嵖岈山等地联络地方武装，商谈三县联合建立抗日武装，以坚持长期抗战，因条件不具备，统一的抗日武装未能组织起来。

1938 年 12 月底，朱理治在竹沟主持召开省委扩大会议，传达中共中央六中全会精神。陈少敏作政治形势报告；王国华作游击战争报告；西平县罗和亭以先进支部书记的身份参加会议。会后，罗和亭向西平党组织传达了省委扩大会议精神。中共西平县工作委员会当即研究了建立抗日武装的方案，并决定加快发展党组织和抗日民族解放先锋队，为在西遂舞边区建立抗日根据地作准备。

翌年 4 月，豫中地委根据西平党组织快速发展的实际，撤销中共西平县工委，批准成立中共西平县委员会。新成立的西平县委根据党的六届六中全会精神，坚决贯彻执行党在统一战线中独立自主的原则，一方面在政治上发动群众，壮大力量，孤立和打击国民党地方顽固势力；另一方面利用党的抗日民族统一战线政策，派共产党员到国民党地方政权机构内部任保长、联保主任和联队副，掌握武装，作好开展抗日游击战争的准备。翌年 8 月，县委利用国民党出山区党部书记范希左和酒店联保主任马绍先等的统战关系，介绍县委军事委员赵世五到国民党西平县政府“军事训练班”学习。结业后，赵世五被委任为尧洞乡联队副，专门管理训练民兵和初检等工作。地方青年除地主老财的孩子上学外，贫苦人家的孩子大多数都受过民兵训练，都是征兵对象。赵世五利用训练民兵之机，向青年进行阶级教育，讲抗战形势，拜把子交朋友，并口授顺口溜：“贫苦青年当壮丁，地主青年当学生；贫苦青年来受苦，地主儿男来享受；要想我们来翻身，还得八路来搭救。”顺口溜在青年中广为传颂。民兵训练，提高阶级觉悟和抗战热情，地方武装力量已发展到 50 多人。中共孙堂支部书记罗和亭，也以同样的方式当上了孙堂保的保丁队副队长，并逐步掌握该保的 10 多支枪。张湾区大刘庄原有一支群众自发组织的剿匪队。1930 年,中共张湾支部成立后,把其改造成了革命游击队。抗日战争爆发后,这支游击队迅速发展到 100 多人,在队长刘萃甫带领下,打了很多胜仗,成为党领导下的一支重要的抗日武装力量。中共党员郑广德在专探、谷河一带联络与党组织失去联系的同志和进步青年,成立了护乡运动委员会。并以护乡运动委员会为基础,成立了专探抗日游击队。焦庄火车站北侧王顶庄村村民于德海和王玉彬把村里的 10 多支枪收集到一起,成立了王顶庄抗日游击队。

活动在西遂边界地区的仪封抗日游击队,也在与当地匪特的斗争中不断发展壮大,拥有队员 60 多人,50 多支枪。主要成员有:原豫中中心县委书记张国鑫、外号“小诸葛”的赵乐孔、外号“神枪手”的郑继元、外号“铁算盘”的赵文一、外号“飞毛腿”的樊付亭、外号“秀密”的王勋臣、外号“好口才”的谢仁山,以及赵西亭、鲁彩亭、赵尊海、赵名清、史现祥、赵茂亭、赵名义等,张国鑫任队长,赵乐孔、郑继元、樊付亭任副队长,赵文一任会计。由于仪封位于西遂交界处,遂平县党组织负责人李海涵、李海峰等也经常参加仪封抗日游击队的行动。

1938 年年初,仪封镇抗日民主联合政府成立,中共党员、原县委军运委员刘协军被推举为仪封镇镇长,各保的保长也都由中共党员和民先队员担任。在刘协军的支持下,仪封镇教师联合会、妇女救国会、农民协会、民族解放先锋队、抗日运动会、儿童团、少年歌咏队等先后成立,全镇抗日救亡气氛十分浓厚,形成了以仪封为中心的西遂边区抗日根据地。

1939 年 9 月,中共西平县委根据仪封、专探、尧洞、孙堂 4 支武装力量的发展情况,决定以此为基础,联合遂平、舞阳党的武装,在 3 县交界处的山区建立西遂舞抗日根据地,准备在日寇来犯时,在山区开展游击战争。赵世五为了配合建立西遂舞抗日根据地的行动,经常组织尧洞联保队的武装人员到各村散发“贫苦大众团结起来,打倒骑在我们头上的剥削者和压迫者”“国共合作,抗日救亡,不当亡国奴”等内容的传单,并在尧洞乡田庄古会上,痛打欺压群众的舞阳县尹集联副史三少和恶霸尹明五等。

1942 年春,权寨镇农民陈兆宇、刘岭把镇上的进步青年组织起来,成立了 46 人的群众抗日武装组织“赶日队”,提出了“打死日本鬼子,誓死保卫权寨”等抗日口号。1942 年农历四月初八下午六点钟左右,驻扎漯河的 100 多名日本鬼子准备攻破寨门进入权寨,赶日队凭借寨墙顽强抵抗,击毙日军 3 人,日军害怕天黑后再遭袭击,当晚撤回漯河。

## 二、西平人民自发的抗日斗争

### (一)伏击日本兵

焦庄乡王顶庄村位于平汉铁路东侧。1944 年春,日军沿平汉铁路南侵时,经常有一股日军在该村驻扎。他们奸淫掳掠,杀人放火。人民群众对其恨之入骨。1944 年 5 月 7 日,该村群众获悉孙张庄有三个日本兵,赶一辆牛车,装运军用物资,准备次日继续南进。大家议论:“鬼子人数少,带一车物资行动不便,是我们杀敌报仇的好时机。”几人商议,把全村的 3 支长枪和 2 支手枪集中起来,以曾任过河南省督军赵倜随军卫士的于德海为首,组成一支 5 人抗日武装,待日军从此路过时一举歼灭。

1944 年 5 月 8 日,于德海率队,埋伏在日军必经之路两旁的麦田里。中午时分,三个日军押着一辆牛车自北向南慢慢驶来。一个日军扛着长枪走在前面,坐在车上的日军双手抱枪,跟在车后的日军腰挂东洋刀。待日军进入伏击地时,于德海一声喊打,仇恨的子弹一起射向三个日军,车前和车上的两个日本兵应声倒下,车后的日本兵身受重伤,窜入麦田潜逃,被王顶庄和小赵庄的群众赶上用乱棍打死。

此次小型伏击战打死日军 3 人,缴获日本国旗 1 面,步枪 3 支,东洋指挥刀 1 把,子弹数千发,军服 3 包。参战者无一人受伤。之后,这支抗日武装又多次在焦庄和金刚一带伏击敌人。

### (二)勒死“日本鬼子”

1944 年 6 月,驻守在高庄的日本侵略军和皇协军除在该村作恶外,还不断到邻村奸淫烧杀,抢劫财物。

一天,日军 3 人窜入权寨北许庄,挨门翻箱倒柜,强奸妇女,激起了村民们的极大愤恨。以许书义为首的 6 名青壮年村民,趁日军分散抢掠之机,突然行动,用绳子将一个日军勒死,迅速背到村西头扔到菜园井里。另两个日军发现伙伴失踪,逃回高庄领来 20 多名全副武装的日军,先放火烧场里的麦秸垛,随后进村逐户搜查。

许庄村民预料日军要来报复,迅速组织村里男男女女皆到村外躲藏。日军在村里找不到人,遂出庄寻查。他们在麦地里抓到6个老年妇女。6位老人在敌人严刑拷打下不说实情。日军逼她们排成一排,跪在村西小庙前,然后用石碓向6位老人的头部一一猛砸。一位老人当场被砸死,其余5人被砸得头破血流,昏倒在地。后因伤势过重,相继绝命。

(三)胡劳子英勇殉难

1944年6月6日上午,一群日军突然窜犯县城西小杨庄。村民纷纷外逃隐蔽。胡劳子出村后,一个人躲在村南麦地里,同村6名妇女也在胡劳子旁边另一块麦地里避难。日本鬼子在村里找不到人,就到村外搜索,在麦地里发现了这6名妇女。鬼子兽性大发,抓住这6名妇女就地强奸。胡劳子目睹鬼子的兽行,义愤填膺,忍无可忍,从麦地里冲出来,大骂鬼子是畜生,舍命与鬼子搏斗,救护几个妇女。由于赤手空拳,寡不敌众,被鬼子用刺刀刺中胸膛,倒在血泊中。

事后,村民们得知6名妇女被强奸,胡劳子被刺死,对日本鬼子无不切齿痛恨,全村人含泪齐为胡劳子送葬。

(四)洪港村人同仇敌忾

1944年8月,一个日本兵外出到城东洪港村骚扰时失踪,怀疑是洪港村人所为。

一天上午,日军和伪警队把洪港村团团围住,把村民集中到村东和村西,日本兵用机枪对准人群威逼、审讯,要老百姓供出杀害日本兵的人。众人回答:“不知道!”鬼子又用木棍逐个殴打审问。群众仍然慷慨回答:“不知道!”鬼子和伪警不死心,最后恶毒地捆走村民康朝选全家和康承生、王继吾等35人。康朝选等人被带到县“维持会”审讯,把他们吊在烈日下暴晒,每人每天只给一碗凉水喝,并逐个审讯,多人在审讯中被打伤、打死,但这35个人都守口如瓶,无一人供出打死日本兵的村民。

## 第五节　竹沟至延安交通线西平段的形成及贡献

竹沟是位于确山县最西部的一个四面环山的集镇，北距西平县出山镇不足 50 公里。1937 年 11 月 27 日，竹沟镇进步青年周庆鸣、杨秀峰等人在鄂豫边区省委的支持下，在竹沟组织武装暴动，处死国民党顽固分子、竹沟联保主任徐景贤，并解除了盘踞竹沟镇的反动武装，成立了共产党领导下的抗日武装。1938 年 1 月 13 日，中共豫南特委机关和豫南人民抗日独立团在王国华和周骏鸣率领下进驻竹沟。1938 年 1 月 14 日，中共长江局作出《关于对鄂豫边区工作六项决议》，要求河南省委以竹沟地区为工作中心，加强党的领导，发展党的组织，设立教导处，培训造就军政干部，扩大边区。豫南人民抗日独立团在竹沟正式宣布整编为新四军第四支队第八团。竹沟成为豫南和中原地区革命的中心。1938 年 3 月 6 日，毛泽东指示从延安派一批干部到竹沟，并从豫南各县挑选一批优秀青年到延安学习。自此至 1939 年 11 月 11 日“竹沟事变”发生，中共中央多次从延安派干部到竹沟；中原局和豫鄂边区党委也多次派干部和优秀青年去延安学习。

当时，因陇海铁路交通中断，共产党便沿伏牛山东麓山区与平原交界地带，开辟了一条延安至竹沟的交通线。位于西平县西部浅山区的出山和酒店，因是中共西平县委所在地，群众基础好，便成为这条交通线上的重要中转站。当时，几乎每个星期都有往返于延安和竹沟的干部和进步青年，从出山和酒店路过或住宿。党组织除了在出山县立五小设立接待站之外，还在出山街、酒店街党员或进步人士家中设立了 10 多个联络站，为路过的革命同志提供情报和食宿，情况紧急时掩护革命同志。

为了保证过往革命同志的安全和发展自己的武装，中共西平县委还利用党的抗日民族统一战线政策，派共产党员到国民党地方政权机构内部任保长、联保主任或联保队队长、副队长，掌握敌情，取得地方武装的领导权。通过多种努力，进步人士范希左任国民党出山区党部书记，马绍先任酒店联保主任，共产党员赵世五任尧洞联保的联队副，共产党员罗和亭任孙堂保的保队副，基本控制了出山、酒店一带的行政和武装领导权，加之出山国立五小校长由进步人士关文汇担任，教师大部分是共产党员，确保了过往革命同志的安全。化名胡服的刘少奇，1939 年 1 月从延安到竹沟，同年 3 月奉中央指示回延安参加会议，同直 9 月又率领徐海东、刘瑞龙等从延安第二次去竹沟，均从出山和酒店经过，中共西平县委组织当地武装沿途护送，保证了中央首长的安全。在那段时间里，出山县立五小作为党的地下联络站，在负责接待过往革命同志的同时，还经常请路过出山欲从竹沟去延安的同志教唱革命歌曲，宣讲国内外形势，有时还请他们和师生一起联欢，鼓舞了学校师生和当地群众的革命斗志，增强了抗战必胜的信心。

“竹沟事变”发生后，中共河南省委移至洛阳，竹沟地委和武装部队南下四望山。但这条红色交通线并没有完全中断，仍时有革命同志经过，出山和酒店继续发挥着中转站的作用。

## 第六节　党和人民同国民党顽固派的斗争

1939 年 10 月，国民党中央政府下达了用武力除掉竹沟留守处的命令，交国民党河南省政府和第一战区司令长官卫立煌督办。卫立煌三次电令驻马店泌阳六十八军军长刘汝明部进攻竹沟。刘汝明拒绝接受命令，卫立煌就将进攻竹沟的任务交给国民党第三十一集团军司令汤恩伯。汤恩伯接到命令后，立即派人到竹沟侦察情况，亲自拟定进攻方案，任命三十一集团军司令部少将参议耿明轩为进攻总指挥。

1939 年 11 月 11 日拂晓，耿明轩指挥确山、泌阳和信阳三县常备队 1800 余人，进攻新四军四支队八团留守处和河南省委、竹沟地委所在地确山县竹沟镇。省委书记刘子久和留守处主任王国华指挥留守处的干部战士奋起反击，坚守两天，打退顽军多次进攻，于 1939 年 11 月 12 日夜突出重围。顽军进占竹沟后，将新四军留守机关、医院全部捣毁，财物抢劫一空，杀害新四军伤病员、抗日军人家属和群众 200 余人，制造了震惊全国的“竹沟惨案”。

“竹沟惨案”发生后，西平的革命形势日趋恶化。豫中地委根据中央“在白色恐怖地区，隐蔽精干，长期埋伏，积蓄力量，以待时机”的指示精神，两次派杨毅到西平，向中共西平县委书记翟云甫传达上级指示，要求中共西平县委对党员进行隐蔽教育，清除异己、投机和动摇分子，严格遵守党的纪律。

1940 年 2 月，国民党西平县党部在出山的代表人物罗亚佛企图诱降翟云甫。翟云甫严词拒绝，并及时向地委作了汇报。地委书记张维桢指示翟云甫，一要立即另建新县委，直接与地委联系；二要注意隐蔽。根据地委指示，翟云甫通过人事关系脱辞五小职位，和李海涛一起到县立师灵三小任教。并于当月在鸡山旗杆窝召集罗和亭、孙雁宾、刘景书、田和春开秘密会议，传达地委书记张维桢的指示，要求党员在目前形势不利的情况下，分散隐蔽，坚持斗争，必要时开展敌后游击战。同时组建新县委，指定罗和亭任中共西平县委书记，孙雁宾任组织委员，刘景书任宣传委员。新县委成立后，在孙堂罗兆峰（宣辰）家设秘密联络点，同豫中地委杨毅联系。县委的主要任务是尽量保存组织，能保留一个就保留一个，坚决洗清动摇分子，党员尽可能分散隐蔽，尽量灰色化。此后，有 7 名党员利用各种关系进入国民党西平县政府常备队。1940 年 5 月，豫中地委根据省委撤退一部分党员干部到陕北、豫皖苏革命根据地工作和学习的指示精神，首次撤退一批党员干部去延安。西平翟云甫、王光震、关立人、彭雪樵、吕海涛、李海涛等奉命先后去延安。

1940 年 10 月，国民党开始发动第二次反共高潮。国民党西平县党部积极执行蒋介石反共反人民的政策，极力破坏党的组织，一些党员被逮捕，少数不坚定分子自首或叛变，西平的革命形势更加严峻。但县委领导成员和多数党员仍然保持隐蔽活动，坚持开展抗日救亡工作。

1941 年 2 月下旬，党中央在延安截获了国民党特务机关一份企图破坏河南地下党组织的情报。党中央采取果断措施，决定由中央组织部部长陈云直接领导，危拱之和王志杰具体负责，组织河南地下党员干部紧急撤退，并决定：区委以上干部全部撤退；撤退路线不经西安办事处和洛阳办事处，建立撤退的秘密关系和交通线；撤退之后，党组织停止一切活动，党员要利用各种关系谋求公开职业，“长期隐蔽”“以待时机”；原做上层统战工作却已暴露身份，有可能被捕的党员，也一律撤退；豫西、豫中的干部撤退到延安、陕甘宁边区，豫南、豫西的干部撤退到豫皖苏边区和豫鄂边区；选派政治交通员立即返豫，分头向省、地负责人传达中央指示，组织领导和具体部署好撤退工作。

豫中地委接到这个决定后，立即组织豫中地区党的干部紧急撤退。杨毅用暗码写信通知中共西平县委书记罗和亭到舞阳火车站会面。由于交通不便，罗和亭接到通知时，比会面时间晚了几天，杨毅早已离开舞阳。1941 年 4 月，省交通员杜征远到舞阳接张维桢、徐耀三、刘艺亭去延安。至此，豫中地委全部撤退。罗和亭得知这个消息后，随即派罗兆峰到洛阳办事处找杨毅，因不知道豫中地委撤退路线而没有找到。西平县党组织在豫中党组织秘密撤退时，区以上干部未能撤退。

中共西平县与上级党组织失去联系后，一方面持续设法与上级党组织联系；一方面继续贯彻执行省委“决定”，隐蔽起来，秘密进行抗日活动。仪封抗日游击队也根据县委指示化整为零，分为 3 个游击小组，在仪封和西遂边界坚持抗日斗争。

1942 年冬，孟宪章任仪封绥靖公署特派员，带有一支全美装备的 12 人小分队。孟宪章上任后，不但积极反共防共，还想方设法诈骗钱财。经常以清查共产党为名，拦截和抢劫过路客商，有钱放人，无钱就当作共产党关进监狱或暗地害死，群众对其恨之入骨。仪封抗日游击队掌握其活动规律后，遂派负责搞特工的副队长赵茂亭去漯河摸他的底细。半个多月后，赵茂亭查清漯河绥靖公署特派员荀汉章是国民党军统局副局长戴笠的学生，因在漯河民愤大，戴笠只得下令调他到仪封绥靖公署任特派员。荀汉章不愿离开漯河，暗示把上级新任特派员干掉，自己原位不动，让姑家表哥孟宪章去仪封代理自己的职务。

张国鑫得知这个情况，立即写报告向上级党组织反映。中共中央接到这个报告，便通知了国民党政府。不到一个月，荀汉章和孟宪章即被逮捕，孟宪章被枪决，荀汉章死于狱中。

1944年5月,刘庄反动地主王国隍胁迫中共党员王经伦叛变,供出县委委员孙雁宾、赵世五和酒店区委书记刘宗宇、党员刘清芳。王国隍随即与国民党出山镇党部联系,以密谋暴动罪将4人逮捕。孙雁宾等被押往西平途经师灵时,遇到被日军追击而仓皇逃命的国民党西平县党部书记龚云甫。龚云甫因自身难保,哪还有心思审理案件,只简单问了几句,便让取保释放,弄得王国隍无话可说。

1944年5月8日,西平沦陷,日军建立县、区、镇日伪政权组织,残酷压迫广大民众。国民党西平政府和国民兵团武装迁逃酒店山区一隅,不仅采取不抵抗政策,而且疯狂地镇压共产党人和革命群众。中共西平县党的组织活动再次陷入低潮。一些未暴露身份的党员和仪封抗日游击队的队员,仍以公开职业为掩护,坚持同日伪和国民党顽固势力作斗争。

## 第七节　抗日将士的铁血忠魂

1941年1月27日傍晚,由信阳北犯的日本侵略军沿郑信公路抵西平县城西南双庙王和谢庄。在此驻守的国民党陆军预备第十一师前卫连官兵奋起抵抗,浴血激战3小时。终因敌众我寡,前卫连官兵伤亡惨重,边打边向县城撤退,最后被日军层层包围在城西杨庄洪河湾处。前卫连官兵在援军受阻未至的情况下,仍斗志不减,与日军血肉相搏,严重挫伤了敌人锐气,但终因孤军无援,包括连长在内的128名官兵全部壮烈牺牲。1941年1月28日,日军占领西平县城。日军盘踞县城6天,烧房子万余间,枪杀居民万修柱等8人,毒打朱遂印等90余人,奸污妇女百余名,并建立了日伪政权"西平县地方治安维持会",会长白玉亭。

1941年2月1日,日军在全县爱国军民的全力抗击下撤离西平县。战后,人民群众眼含热泪,从战场抬回阵亡将士遗体,除连长装殓入棺埋在正中外,其余127名烈士身裹草席,围在连长四周,一起埋于东关宝严寺塔南侧。国民党西平县政府在各界爱国人士的强烈要求下,惩治了汉奸白玉亭,并为陆军预备第十一师抗战阵亡将士在东关宝严寺塔南侧建起了纪念陵园,纪念碑上铭刻128名阵亡官兵的英名。

国民党陆军预备第十一师师长蒋当翊为纪念陵园命名“阵亡将士公墓”。陵园内竖立6座题字碑。国民党一战区副司令长官汤恩伯题字“铁血忠魂”。国民党西平县县长朱国衡题字“浩气长存”。国民党西平县党部书记宋天一题字“民族英雄”。蒋当翊为纪念题写碑文,简要记述了预备第十一师参战官兵英勇抗击日军侵略者的壮烈事迹。碑文全文如下:

**陆军预备第十一师豫南会战阵亡官兵公墓纪念碑**

在民族独立解放战争中,于民国三十年一月二十八日,以遂平为警戒地区、西平为防御地区,与大举北犯之敌激战两昼夜,血肉相搏,山川震眩,我战士精忠为国、前仆后继、壮烈牺牲者百余人,伤五百余,敌则倍之,并毙敌首,一挫其锋锐,获其相当战果。因遂西北决战境内为贯彻我方企图计于初步任务达成后即奉命主力西移击其侧背施行歼灭敌所以奔溃之速者在此。豫南会战阵亡官兵蹈火赴汤、尸填壑沟、血流川渠、杀身舍成战仁而取义也。呜呼!英灵浩荡,正气磅礴,追维壮烈不禁泪下,建公墓皈依忠魂用镌贞珉功垂千古。

中华民国三十年二月□日

陵园竣工后,举行了隆重的悼念活动。各党派代表、国民党驻军、县城各阶层人士、中小学学生和城镇居民2000多人,高唱着抗日战歌汇集陵园,向抗战阵亡将士敬献花圈,致祭,哀悼死难烈士。

# 第四章
# 开辟豫中抗日根据地

1945 年 1 月 4 日，新四军豫南挺进兵团进入西平西部地区，经过数十次大小战斗，并逐步开辟了以酒店寨为中心的豫中抗日根据地。西平县平汉铁路以西地区全部包括在内。

1945 年 5 月 27 日，八路军豫中支队 128 团在团长兼政委李士才、副团长王定烈率领下，一举歼灭了盘踞在五沟营镇（当时属郾城，今属西平）的国民党暂编第八师 800 余人。1945 年 6 月初，又消灭了国民党第十二军二师一部，并先后攻克十多个敌军据点，在五沟营镇建立了郾（城）、上（蔡）、西（华）县抗日民主政府，形成了西至漯河、东到周口、北至逍遥、南到上蔡县城的平汉铁路豫中抗日根据地。其中包括西平县铁路以东所有乡镇。

## 第一节　豫南游击兵团挺进西平

1944 年 7 月，新四军豫南挺进兵团抢渡淮河，胜利挺进到正阳、汝南、驻马店地区。为使新四军五师和南下的八路军早日会师，1944 年 11 月 6 日，党中央和华中局指示豫南挺进兵团争取时间向豫中进发。同月中旬，豫南挺进兵团一、二、三团汇合，夜以继日地行军，突破敌人的封锁线，胜利插到豫中的嵖岈山地区，并向西北部的西平、舞阳山区发展。于 1945 年 1 月 4 日，进入西平西南部山区走马岭、蜘蛛山一带，创立了以嵖岈山、出山、酒店为中心的豫中抗日根据地。

1945 年 1 月 8 日，豫南挺进兵团一部沿走马岭北麓冒雪前进，在西平长岭村受到国民党出山镇镇长莫茂斋率领的地方游击队阻截。兵团将士勇猛攻击，击溃游击队 500 余人，全歼其一个中队。嗣后，莫茂斋慑于新四军声威,率领余部4个中队与新四军合作,接受改编,大部分编入黄霖部。1945年2月6日,黄霖亲率挺进一、四团和三十九团各一部,共千余人,在舞阳、西平交界处的缸窑坡、九头崖、秤锤沟一带围歼河南皇协军独立游击大队史聘侯部300余人。次日,舞阳日伪军出动3000余人,从南、北、西三面围攻新四军豫南挺进兵团,兵团将士奋勇还击,在西平庙沟坡以南的茅叶沟、田百城一带将敌人打得溃不成军,狼狈逃窜。原来史聘侯部被歼灭后,驻守尹集的日伪军不甘心失败,分两路进攻酒店山区的新四军。新四军在黄霖指挥下固守走马岭西南的老君堂山。日军主攻部队50多人在伪军配合下,先用迫击炮向老君堂山猛轰一阵,然后用步兵发起冲锋,至半山腰进入新四军的火力网。严阵以待的新四军机、步枪突然开火,手榴弹飞向敌群,日伪军狼狈逃窜。老君堂阻击战后,日伪军不敢再驻扎尹集,撤到尧沟一带。1945年2月27日,黄霖率豫南挺进兵团进军西平县酒店、出山一带,在谭山击溃屏守酒店的国民党西平县大队冯子乾部,驱逐以高子盘为首的国民党西平县政府,缴获枪支200余支,其中轻机枪4挺,酒店、出山一带遂成为豫中抗日根据地的核心。

1945年4月,豫南挺进兵团及各县武装合并,编为豫中游击兵团,黄霖任司令员,栗在山任政委,冷新华任政治部主任,黄德魁任参谋长。同时,在西平酒店设立豫中工委和军分区,书记冷新华、副书记孙石,军分区司令员黄霖、政委栗在山。黄霖、栗在山、冷新华随司令部住酒店寨。1945年5月,豫中游击兵团、军分区司令员黄霖在权寨召开各县党的负责人会议,报告国内外形势,传达中共中央有关政策。会议决定:在游击区严格执行坚壁清野,摸清敌情详查奸细,严防敌人扫荡,军事行动要先发制敌。在出山牛昌等村开办豫中军分区抗日军政干校,校长黄霖,副校长马沂。干校招收西平、遂平、舞阳等县学员200余名,成立政治、军事两个教导大队,学时为半年。1945年10月这批学员于弥陀寺毕业,干校向学员颁发了油印毕业证书,为根据地培养了一批素质较高的抗日军政干部。

随着豫中工委和军分区在酒店寨成立,以酒店寨为中心的豫中抗日根据地正式形成,直至抗战胜利。

豫中工委和豫中军分区成立后,西平县原来隐蔽下来的中共党员纷纷找工委和新四军干部，要求参加抗日工作和恢复重建党的组织。原县委书记罗和亭、委员赵世五，酒店区委书记刘宗宇，党员赵圣茂等先后与豫中工委书记冷新华等人取得联系，负责提供西平和舞阳一带的军事情报，发动群众支援部队。仪封抗日游击队负责人赵乐孔和张国鑫等在酒店与豫中工委副书记孙石取得联系，受命回仪封与赵茂亭、赵岭、陈道平等一起开展工作，收集枪支，联络同志，积极扩大抗日武装，打击日寇，配合新四军作战，并很快恢复建立了仪封党支部和仪封区委，同时建立了仪封镇抗日民主联合政府。活跃在西平北部地区和郾城南部地区的郾西边区抗日游击队也不断壮大，发展到 19 个中队，2100 多人。后编入新四军豫中游击兵团，为第八团。这支部队在郾（城）、西（平）、舞（阳）边界地区与日伪军作战 70 余次，使豫中抗日根据地不断向北扩展。张湾区大刘庄刘萃甫领导的抗日游击队被改编为豫中游击兵团第八团的第八中队，逐步发展到 200 余人，在根据地创建中发挥了很大作用。

## 第二节　抗日民主联合政府的建立

### 一、西平县抗日民主联合政府建立

在革命形势迅速发展的情况下，1945 年 5 月，西平县第一个抗日民主政权组织——西平县行政委员会在出山镇韩堂村成立。豫中军分区派新四军三十九团政治处主任张子僚（合水人）任行政委员会主任兼政委，副主任莫茂斋、王尧民，秘书王彬初。同时成立行政委员会党支部，支部书记张子僚，委员王彬初、张春泰、李太平。行政委员会始建于韩堂村，后迁至出山镇、谭店、芦庙等地，在芦庙成立"西平县农民运动救国会"（简称"农救会"），罗和亭任主席。

1945 年 6 月，豫中游击兵团第二次攻打合水镇，击溃合水一带守敌日伪绥靖军十六师，占领合水镇。栗在山、冷新华、孙石在县立合水第七小学召开西平县各界人士大会，宣布成立由共产党领导的各界人士参加的"三三制"抗日政权——西平县抗日民主联合政府。莫茂斋任县长，张子僚任政委兼副县长。大会通过了有关民政、教育、组织、宣传、武装、抗日工作等项决议，确定了人民政府的工作方针。

### 二、“郾上西”抗日民主政府的建立

1944年7月，冀鲁豫军区八团在团长兼政委李士才、副团长王定烈的带领下，奉命挺进豫中，打通与新四军五师联系的通道，创建平汉铁路东豫中抗日根据地。八团跨过陇海铁路进入豫东睢杞太地区，改为“128”部队，后称豫中支队128团，归水东军分区统一指挥。

1945年5月14日，128团抢渡新黄河，夜行晓宿，迅速到达郾城、上蔡、西平交界处，于5月27日一举歼灭了盘踞在郾城县五沟营镇（今属西平县）的国民党暂编第八师800余人。1945年6月初，又消灭了国民党第十二军二师一部。经过大小十几次战斗，攻克了五沟营周围10多个敌军据点，遂以五沟营镇为中心建立了郾（城）、上（蔡）、西（平）县委和抗日民主政府，辖郾城东部、上蔡西部和西平平汉铁路以东、西上公路以北地区。县委书记赵舒天、县长侯杰。

平汉铁路东豫中抗日根据地创建后，与平汉铁路以西酒店寨为中心的豫中抗日根据地连成一片，形成广阔的豫中抗日根据地。八路军128团与新四军豫中挺进兵团并肩作战，巩固发展了豫中地区抗日斗争的大好形势，使日伪军在豫中无法立足，逐步撤退到少数城市和县城。

## 第三节　抗日民主政府领导的抗日斗争

1945年5月，西平县行政委员会成立后，相继组建了出山、合水两镇的抗日游击中队。1945年6月，西平县抗日民主联合政府成立，组建了西平县抗日独立团，团长莫茂斋、政委张子僚。郾（城）、上（蔡）、西（平）抗日民主政府组建了县大队，大队长徐本立。这些抗日武装力量在党的领导下同日伪军展开了英勇顽强的斗争。

1945年5月31日，盘踞在西平、舞阳的日军分两路同时向出山一带抗日根据地进犯。出山、合水两镇的抗日武装配合豫中游击兵团特务连，夜袭日军驻地任三楼，歼敌大部，缴获弹药一车。是月，出山、合水游击中队配合豫中游击兵团一部，击垮吕店乡日伪政权，击

毙维持会副会长张耀武。乡维持会中队队长吕建坤被迫接受改编，驻守吕店以北原防地。

1945 年 5 月，仪封镇抗日游击队在吉斗河丁堂村桥头设埋伏，打死仪封伪镇长晁富凯，击毙日本兵 3 人。

1945 年 8 月 13 日，日伪绥靖军第四师师长朱心泽率伪军数百人，自上蔡侵犯五沟营镇。郾（城）、上（蔡）、西（平）抗日游击大队在豫中支队 128 团两个连的协助下踞寨而守，双方相持数小时，128 团一部绕敌背后，出其不意，前后夹击，毙敌 60 余人。敌人仓皇溃逃，又有 20 余人落入寨壕和洪河淹死。

郾（城）、上（蔡）、西（平）抗日民主政府还在各区建立民兵组织，开展武装斗争，摧毁日伪地方顽固势力。华陂区以彭国保为首的 100 余人的民兵队伍，配合豫中支队 128 团开展武装斗争，击败敌人在王桥的维持会和国民党第三师朱春芳的一个连，打死打伤 40 多人，缴获机枪和步枪 150 多支。在围歼驻唐桥的还乡团时，128 团打主攻，民兵打侧击，一举全歼了还乡团，活捉了还乡团团长。五沟营镇的抗日武装多次配合 128 团作战，歼灭了五沟营周围的日伪势力，保护了郾（城）、上（蔡）、西（平）抗日民主政府的安全。

西平县抗日民主政府和郾（城）、上（蔡）、西（平）抗日民主政府建立后，还积极组建乡镇抗日民主政府，领导各乡镇农民开展减租减息和赎地运动，筹备粮款支援前线。西平县抗日民主政府一建立，就首抓乡镇政权建设，先后建立了出山、合水、仪封、吕店、权寨 5 个乡镇民主政府。乡镇长和副乡镇长大多数由原来的地下党员担任，工作人员 200 余名。郾（城）、上（蔡）、西（平）抗日民主政府也建立了 7 个区镇民主政府，其中五沟营区辖西平一部分。民主政府建立后，领导人民开展了赎地和减租减息运动。西平县民众在汤恩伯时期饱受水、旱、蝗、汤之苦，地方豪绅乘机掠夺和贱买农民的土地。抗日民主政府公布了赎地法令后，深受广大群众拥护，仅两个月，大多数农民就赎回了因 1942 年灾荒出卖给地主的土地。贫苦农民还组织起来，打倒了一些地主豪绅，分得了一部分粮食和财物，根据地的农民群众无不欢欣鼓舞，竞相称颂共产党是人们的大救星，新四军是人们的子弟兵。

当时西平流传着这样几首歌谣：

**新四军来到马岭山**

今也盼，明也盼，新四军来到马岭山。
赶走匪军汤恩伯，打倒恶霸免税捐。
火池之中生青莲，拨开云雾见青天。

**莫拿枪刀来吓我**

枪瞄准，我不躲。
刀放脖里挺挺脖，莫拿刀枪来吓我。
想叫老子说实话，除非太阳向东落。
你睁开狗眼看一看，红军老子就是我。

**爱给战士洗衣衫**

妈妈治病没有钱，新四军叔叔解困难。
妈妈病好无礼报，爱给战士洗衣衫。

**打垮匪团冯子乾**[①]

谁说新四军一字坏，群众蜂拥把他怪。
群众生活有困难，新四军添米又拿钱。
军民团结血肉连，打垮匪团冯子乾。

**三八作风**

新四军夜间冰地睡，单身军装无棉被。
群众含泪屋里请，战士坚持不入内。

**偷给战士睡衣添**

夜间北风刺骨寒，群众屋里不成眠。
冻坏亲人如塌天，蒋家狼狗会归还。
均出自己衣和被，偷给战士睡衣添。

**情歌(一)**

太阳出来半天红，我送情哥去当兵。
情哥要学山上松，经过冰霜叶更青。

---

① 冯子乾是西平县国民党兵团团长。

情歌(二)

未婚情哥当红军,含羞带笑送亲人。
但愿情哥永记心,三言两语知心话。
不忘旧爱不忘仇,要作青松万年留。

这些歌谣充分表现了西平人民对子弟兵的拥护和热爱。他们为了支援抗战,积极交纳公粮,踊跃报名参加新四军。1945 年秋,西平解放区农民交纳公粮 400 多万斤,参加新四军的青年农民达 800 多人,为抗战胜利作出了贡献。

## 第四节 抗日根据地的主要斗争

### 一、义亭岗截车

1945 年 4 月 10 日,新四军豫中游击兵团一部 250 余人在周大旺、李明率领下,从出山、酒店一带迅速赶到焦庄火车站北 3 公里处的义亭岗,埋伏在铁路西侧的麦田里,准备截击日寇的一列军用专列。

1945 年 4 月 10 日深夜 11 时许,一列从武汉方向驶来的日寇军用专列驶入西平县境。当列车即将进入新四军地段时,周大旺一声令下,战士们一齐出击,跃上铁路,用事先准备好的撬杠、铁锤等,撬的撬,砸的砸,很快掀翻铁轨 100 余米,当军用列车驶入义亭岗路段时,一阵轰隆轰隆的巨响,16 节满载军用物资的车厢和车头全部翻倒,当场摔死日伪军 10 多人,伤数十人,幸存的日伪军企图抵抗,被我军全部消灭。

这次战斗,不但缴获了一批机枪、步枪、手榴弹和子弹,还获得大米数百吨,军衣、军鞋、军用毛毯 1000 多包。这些物资除部分补充给部队外,大部分留给了当地群众。

### 二、破袭合水镇

合水镇位于西平县城西 50 华里。西、北、东三面洪河环绕,南面是又宽又深的寨壕,四周是一丈多高的寨墙,易守难攻。是西(平)、上(蔡)、遂(平)、舞(阳)四县日伪防卫和进攻抗日根据地的重要据点,常与豫中游击兵团对峙。

1945 年 4 月 12 日下午,豫中游击兵团司令部收到西平地方党组织的情报,掌握了合水镇敌伪的军事部署,并得知这天下午,西平日军军政指导官松木和驻守上蔡的伪二师师长张国威带领少数随从到合水镇检验部队,决定派二团攻打合水镇。二团确定由政委邵敏和作战参谋陈佑铭率领 5 个连围攻合水,团长林国平率部分兵力和地方抗日武装在合水东、南两个方向警戒西平县城和遂平之敌。

1945 年 4 月 13 日凌晨 5 时许,新四军豫中游击兵团二团逼近合水镇。当正对合水镇实行包围时,被寨墙上的敌哨兵发现。在前面指挥作战的陈佑铭随机应变,命令一连迅速突破南门外的石桥向东展开,利用事先准备好的梯子攀墙强攻。

新四军埋伏在护寨壕对面的部队,以密集的火力压住碉堡里敌人的反击。在火力掩护下,新四军战士奋勇登上寨墙,机枪班长用了一梭子弹把冲在前面的几个敌人打倒,后面的敌人抱头鼠窜。攻打东门的战士敏捷地迂回到碉堡后面,扔出几颗手榴弹,只听几声巨响,碉堡被炸开,碉堡里的敌人死的死、降的降。他们随即打开寨门,后续部队潮水般涌进寨子。

陈佑铭指挥五连继续向东扩展,占领左边的碉堡;九连向右攻击,迅速占领了右边的碉堡。团政委邵敏带领的接应部队也已进入镇内,几个连像收网一样包围了镇公所。守卫镇公所的敌人看大势已去,纷纷举手投降,伪二师师长张国威乖乖当了俘虏。

住在镇公所后院的日军指挥官松木和两个随从见新四军来势勇猛,躲进一个草垛里负隅顽抗。这时,日军增援部队已向合水镇扑来,警戒部队正阻击援敌,指挥部命令抓紧搜索,准备撤退。情况万分危急,抓活的已经来不及了。陈佑铭顺手掷出一颗手榴弹,院子里顿时大火熊熊。松木及随从欲翻墙逃走,被新四军击毙,葬身于大火之中。躲在药店里冒充老板的伪保安司令吴春亭,也被查获当了俘虏。黎明时分,在日寇增援部队的炮火中,新四军胜利撤出了合水镇。

合水之战,俘伪二师少将师长张国威和四县联防保安司令吴春亭。全歼一个伪保安大队,3 个中队,1 个警卫队,共 400 多人。日军指导官松木及随从全部被击毙。缴获长枪 300 余支,手枪 10 余支,机枪 8 挺,战马数匹。合水战斗的胜利,震动了中原地区,大长了抗日军民的志气,沉重打击了日伪军的气焰,粉碎了豫中日伪反共的阴谋。

## 三、智除伪镇长

“小满”后的第三天,驻仪封日军中队长田川义雄接上级命令,与驻芦庙和舞阳的日军联合行动,在夏收时抢收农民的小麦。田川义雄立即与仪封镇伪镇长晁富凯商议,让晁富凯和日本小队长小坂带领两个日军和两个伪军,到芦庙和舞阳与日伪驻军商量抢粮日期和路线。

安排在仪封镇担任维持会副会长的孙子厚得知这一消息,立即向仪封抗日游击中队队长张国鑫报告。张国鑫决定在仪封去芦庙的必经之路吉斗河丁堂桥设埋伏,截击抢粮之敌。

吉斗河,河深坡长,两岸是茂密的洋槐树林。第二天一大早,游击队员们就在洋槐树林里潜伏下来,静等这伙敌人到来。上午 10 时许,晁富凯等 5 人骑马下了河坡,只有小队长小坂一个人断后。前面的 5 个人已上了石桥,小坂还在东岸河堤上观看两岸的动静。早已躲藏在河东岸大柿树上的神枪手樊付亭看时机一到,照准小坂的头“啪”的一枪,小坂身亡落马,埋伏在两岸洋槐树林里的游击队员们一齐开枪射击。两个日军还未来得及还击,即中弹身亡。晁富凯见势不妙,弃马跳进水里,两名伪军忙缴枪投降。晁富凯在水里还想顽抗,被游击队员击毙。

这次战斗,不但除掉了作恶多端的仪封伪镇长晁富凯,还打死了三个日本兵,使敌人的抢粮计划落了空。

## 四、吉斗河阻击战

1945 年 5 月 31 日,小麦收割在即。当豫中工委和西平县行政委员会正组织根据地军民准备收获小麦时,盘踞西平、舞阳的日军乘机分为两路,同时向出山一带抗日根据地进犯。西平县行政委员会得知这一情报,一方面向豫中游击兵团报告,一方面调集出山、合水两个区中队200余人加强防卫。

1945年5月31日下午3时许,50余名日军从县城到达芦庙。豫中游击兵团特务连40余人提前到达出山。日军装备精良,为避其锋芒,特务连和两个区中队在田口村东和吉斗河北岸刚与日军接触,即迅速向南撤退,日军依仗火力优势攻过吉斗河,区中队向东南方向撤退2里多路,新四军特务连撤至楼房庄南地,占据有利地形。日军怕中埋伏,不敢追赶。特务连和合水区中队趁机转移到敌后,埋伏于日军归途的必经之地吉斗河两岸。出山中队吹起冲锋号,从西面向敌人发起攻击。敌人发觉腹背受敌,拼命向任三楼撤退,企图渡吉斗河时,被埋伏在这里的新四军特务连和出山、合水区中队突然杀出,仇恨的子弹横扫敌群。日军留下10多具尸体后逃回任三楼。夜幕降临,日军不敢妄动,龟缩在村中的一个院子里。拂晓时分,趁敌人熟睡尚未摸清情况,兵分三路悄无声息地接近敌人住处,发起猛烈攻击,敌人猝不及防,抱头鼠窜。此仗歼敌大部,缴获弹药一牛车。自此,日军龟缩西平县城,不敢贸然行动。

## 五、夜炸九孔桥

平汉路西平火车站北7公里处有一座横跨淤泥河的九孔铁路桥,当地人称之为九孔桥。

1945年6月24日早晨,郾(城)、西(平)边区抗日游击大队大队长蔡永龄根据情报员提供日军专用列车南下的情报,决定派游击中队长杨天祥带领4个班夜炸九孔桥。

杨天祥动员各班作好战斗准备:一班带一挺机枪在人和地段警戒漯河之敌;二班到李庄铺车站南面埋伏,堵截西平城内的援敌。派队员张光灼和闫庆宇分别到附近的武岗村、李庄铺村,通知群众转移,以防炸桥后日军扫荡报复。

1945年6月24日晚上10时许,蔡永龄和杨天祥带领队员们悄悄涉过桥西边的芦苇滩,爬上了九孔桥,把1箱炸药、2颗地雷和8根雷管放在两根铁轨接头处的压板旁。这时,时针已指向10点40分。

1945年6月24日11点多钟,远处传来火车轰隆轰隆的声音,战士们跃下大桥,在铁路旁隐蔽起来,不大一会儿,列车像一条黑长龙从北方驶来。但敌人非常狡猾，离九孔桥还有半里远就减慢了车速。当列车缓慢地爬上大桥时，战士们才发现敌人在车头前面挂了几节空车厢。队员们耐心地等到空车厢过完，当车头刚过桥时，只听“轰隆”一声震天巨响，九孔桥和日军专用列车被拦腰炸断，3 个日军司机被当场炸死，日伪官兵死伤数十人。在铁路东侧埋伏的游击队员们听到爆炸声，机枪、步枪一齐向列车射击。押车的日军见大事不妙，急忙跳下车盲目地向东扫射。队员们边打边退，后半夜两点多钟，当一辆满载日军的装甲车从漯河驶来时，游击队员早已走得无影无踪了。日军得知后，恼羞成怒，纵火烧毁武岗村民房 300 多间。事后，蔡永龄拨粮赈补武岗村民。

## 六、蔡永龄抗日游击队转战郾西边区

蔡永龄，原名寿朋，绰号蔡疤拉，1925 年加入中国共产党，1930 年在吉鸿昌部任政治主任。1944 年漯河和郾城相继沦陷后，蔡永龄组织了一支抗日游击队，在西平和郾城边界地区抗击日军，打击反动势力。在与日伪军的不断作战中，这支抗日游击队日益发展壮大，很快发展到 19 个中队，2100 多人。

1944 年秋，皇协军司令于清泉率部 200 余人到牛寨驻扎，向牛寨、宋集、岳庄、塚张、老洪庄等村要粮派款、掠夺、奸淫，当地人对其恨之入骨。蔡永龄抗日游击队决定消灭这伙汉奸，并根据敌方人多、司令部又设在牛文全家楼上，居高临下，不易强攻的情况，制定了派人打入敌人内部，里应外合的作战计划。遂密令属下一个中队长到敌司令部诈降，自称本中队有 70 多支枪，机枪两挺，愿接受贵部指挥……于清泉信以为真，放松警惕。蔡永龄乘敌不备，于 12 月 16 日半夜，命令中队长杨天祥率 200 余名队员，轻机枪 6 挺，掷弹筒 3 个，迅速将敌巢包围，并发起攻击。敌司令部参谋长岳建亭等人被击毙，7 人被打伤，生俘敌官兵 60 余人，缴获长短枪 70 余支。

1945 年农历正月初二，汉奸杜三联络日伪军近千人，分别从西平、舞阳、郾城、襄县同时出动，围剿蔡永龄游击队指挥中心蔡庄，企图将这支抗日武装一举歼灭。蔡永龄得到情报后，立即让各中队到周围几十个村庄分散行动，在运动中歼灭敌人，指挥部仅留几个人。

下午2时，敌人骤至。留守人员在群众掩护下迅速转移，使敌人扑了个空。1945年3月1日晚，蔡永龄得知杜三去西平袁坡和于庄侦探游击队情况，随命中队长徐敬亭和宋集贤率30余名队员对杜突然袭击，将杜三活捉后击毙。

1945年4月，豫中工委和豫中军分区在西平西部山区的酒店寨成立，挺进到豫中的豫南挺进兵团及各县武装编为豫中游击队兵团。活跃在郾西边区的蔡永龄抗日游击队被改编为豫中游击兵团第八团，仍在洪河以北的郾(城)、西(平)、舞(阳)边区活动，开辟抗日根据地。

纵穿西平的平汉铁路是华中和华北地区的主要运输线。为配合冀鲁豫、豫皖苏和豫鄂边等抗日根据地的斗争，阻止日本军用物资的运输，1945年4月的一天，蔡永龄团长命特工队队长王清漪带7名战士，经宋集到武岗村南九孔桥处，炸毁火车头一个，拆毁铁路约300米。同年6月24日，第二次炸九孔桥，炸毁火车头一个，炸死炸伤日伪军10余人。

1945年5月，日本交警队盘踞于人和车站，寻衅闹事，行凶作恶，方圆10多里内的群众皆受其害。1945年5月16日夜，蔡永龄亲自带领一个中队80余名战士，向驻守人和的日本交警队发起进攻，激战近一个小时，击毙日军3人，俘虏交警队员21人，缴获轻机枪两挺，日造“三八”式长枪24支，短枪3支，弹药6箱。

在1944年夏至1945年秋的这一年多时间里，蔡永龄领导的郾(城)、西(平)边区抗日游击队在郾(城)、西(平)、舞(阳)三县边区作战70余次，给日伪军以沉重打击，在洪河以北、沙澧河以南地区建立了广阔的抗日根据地。

## 第五节　根据地党、政、军和群众抗日组织建设情况

1945年5月，在豫中工委的领导下，西平成立了第一个抗日民主政权组织——西平行政委员会，豫中军分区派新四军三十九团政治处主任张子僚任行政委员会主任兼政委，副主任莫茂斋、王尧民，秘书王彬初。成立行政委员会党支部，支部书记张子僚。行政委员会

始建于韩堂村，后迁到出山、谭店、芦庙等地。在芦庙成立“西平县农民救国会”，罗和亭任主席。

1945年6月，豫中游击兵团第二次攻打合水镇，击溃合水守敌日伪绥靖军十六军，占领合水镇。栗在山、冷新华、孙石在县立合水第七小学主持召开西平县各界人士大会，宣布成立由共产党领导的各界人士的抗日政权——西平县抗日民主联合政府。莫茂斋任县长，张子僚任政委兼副县长。大会通过了有关民政、教育、组织、宣传、武装、抗日等项工作的决议，确定了人民政府的工作方针。

西平县抗日民主政府成立后，又先后成立了出山、合水、仪封、吕店、权寨5个乡镇民主政府，乡长、副乡长大多数由原来的地下党员担任，工作人员200余名。郾(城)、上(蔡)、西(平)抗日民主政府建立了7个区镇民主政府，其中五沟营区辖西平东部200余个村庄。

1945年5月，西平县行政委员会成立后，组建出山、合水两镇的抗日游击队。西平县抗日民主联合政府成立后，又组建了西平县抗日独立团，团长莫茂斋，政委张子僚。新建立的仪封镇、吕店乡、权寨乡也都组建了抗日游击中队。郾(城)、上(蔡)、西(平)抗日民主政府也建立了县大队。与此同时，县、乡、村三级的农救会、妇救会、儿童团等抗日组织也都建立了起来。

## 第六节　根据地内的施政情况

西平县各级抗日民主政府建立后，在领导人民进行抗日斗争的同时，积极领导各乡镇农民开展减租减息和赎地运动。西平县民众在汤恩伯统治河南时期饱受水、旱、蝗、汤之苦，地主豪绅乘机掠夺和贱买农民的土地。抗日民主政府公布了土地法令后，深受广大群众拥护，仅两个月时间，大多数农民就赎回了因1942年灾荒卖给地主的土地。一些贫苦农民还组织了“老翁队”，翁了一些地主豪绅，分得了一部分粮食和财物。

减租减息运动的开展，不但缓解了贫苦农民的生活困难，还调动了农民的生产积极性，农作物播种面积比往年明显扩大，不少荒芜的土地复垦后种上了庄稼。农忙时节，根据地的农民普遍组织起互助组和帮工队，互相帮助发展生产，生活比过去有了改善。

根据地各级政府十分重视教育和文化建设，逢年过节和庆祝胜利，都要组织群众打铜器、扭秧歌、舞狮子、打花棍，丰富和活跃群众文化生活，各级民主政府还积极帮助学校克服办学中的困难，动员贫苦农民的子弟上学，并开办识字班，组织农民学文化。

## 第七节　根据地终结史实

1945 年 8 月 14 日，日本宣布无条件投降，中国取得抗战胜利。豫中游击兵团和西平县抗日独立团坚决执行朱德总司令的命令，向舞阳、遂平、郾城等城镇和平汉铁路沿线日伪军据点进军，消灭了大量敌人。而国民党第五战区司令长官、郑州绥靖公署主任刘峙却秉承蒋介石的命令，以 30 万大军抢占河南诸城镇，并纠集地方反动武装围剿豫中抗日根据地。在此形势下，原与共产党合作的西平县独立团团长莫茂斋、吕店抗日游击中队队长吕建坤，在国民党西平政府和国民党军队策反下，背叛西平县抗日民主联合政府，率所属武装投靠国民党西平县政府，并率部多次偷袭吕店、权寨等乡民主政府，逮捕杀害革命干部和人民群众。

豫中游击兵团和八路军南下的三支部队会合后，整编为豫中军分区，豫中工委改为豫中地委，同时建立豫中专员公署。根据西平斗争形势发展，中共豫中地委决定：撤销西平县抗日民主联合政府，建立中共西平县委和县民主政府。县委书记李茂贵，县长张子僚。

1945 年 10 月 18 日，国民党顽固派向豫中根据地大举进攻。国民党西平县大队占领仪封镇，国民党正规军一部进至吕店，莫茂斋率所属武装逼近芦庙，企图围歼中共西平县委和民主政府。县委、县政府先后由合水迁至谭庄、宋营、任三楼等地。

1945 年 10 月下旬，遵照中共中央、中央军委关于八路军南下支队及河南军区部队分别转移到以桐柏为中心的中原解放区，与新四军五师会合，组成中原军区的指示精神，豫中军分区部队和豫中地委、专署及地方党组织开始向桐柏县转移。西平县委、县政府工作人员和警卫班在张子僚等人率领下，从任三楼撤离，第二天拂晓到达遂平县乡宦庄，与遂平的武装力量会合后南撤至桐柏山区。

1945 年 10 月底，国民党军队合击西（平）、遂（平）、舞（阳）解放区，大肆逮捕和屠杀未来得及撤退的党政工作人员、伤病员、革命群众和进步人士。中共出山中心区委书记任宝贤率领区中队撤退时，在蜘蛛山与敌人遭遇，为了保存力量，区中队分散隐蔽，同隐蔽下来的党员、党政工作人员一起，继续和国民党反动势力作斗争。1946 年底，仪封区中队夜袭仪封伪镇公所，夺枪 30 多支，使自己的力量更加强大。

活跃在郾（城）、西（平）边区的豫中游击兵团因接命令较晚未撤离，各中队以不同形式隐蔽下来，坚持斗争。团长蔡永龄根据上级党委决定，到郾（城）、西（平）交界的大刘店崇义中学担任校长，以此为掩护，领导郾（城）、西（平）边区地下党的活动，为解放豫中积蓄革命力量，并领导各中队和边区人民同国民党反动势力抗争。

1945 年 10 月底至 1947 年 12 月，西平虽然处在国民党统治下，但压迫与反压迫的斗争依然进行得如火如荼。

# 第五章
# 西平县在解放战争中的战略地位与贡献

解放战争时期,西平是中原逐鹿的重要战场。1945 年 10 月中旬,王树声率领八路军河南军区部队、王定烈率领冀鲁豫军区豫中支队 128 团,同新四军五师在西遂边境会师。李先念亲自到酒店山区迎接,并主持召开土山军事会议。会后,三路大军南下桐柏山,同八路军三五九旅南下支队会合,成立中共中央中南局、中原军区,统一指挥中原地区的斗争。1947 年 12 月,在粟裕、陈赓指挥的祝王赛、金刚寺战役中,党组织领导全县人民组织运输队、担架队,抢运物资、营救伤员,全力支持解放军作战,以实际行动谱写了许多可歌可泣的壮丽篇章。西平儿女为全民族的解放和新中国的建立付出了重大牺牲、作出了重要贡献。

## 第一节 抗日战争胜利后的西平形势

1945 年 8 月 8 日苏联对日宣战后,西平境内的新四军、八路军,西平抗日独立团和蔡永龄抗日游击队根据上级指示,向西平及周围地区的日伪军发起了全面进攻,攻据点、炸军用列车,取得一个又一个胜利。1945 年 8 月 15 日,日本帝国主义宣布无条件投降。新四军豫中游击兵团、八路军 128 团和西平县抗日独立团执行朱德总司令关于向日伪盘踞的交通要道和城市进军,限令日伪军向我军投降,收缴日伪军的武器装备,向敌伪收复失地的命令,重点向西平、舞阳、遂平和平汉线日伪点进军。在广大人民群众的支援下,消灭了大量敌人,收缴了日伪军的一部分武器装备,发展壮大了自己的力量。

1945 年 8 月下旬,国民党第五战区司令长官郑州绥靖公署主任

刘峙秉承蒋介石的旨意，以 30 万大军抢占开封、郑州、许昌等重镇。同时，命令驻在豫南的国民党六十八军、三十四军、五十九军、七十七军，先后抢占了信阳、确山、驻马店、遂平、西平、漯河等地；并纠集地方武装“围剿”豫中抗日民主根据地。中共豫中地委和豫中军分区领导根据地军民奋起还击，打退了敌人一次又一次进攻。1945 年 9 月初，驻守西平县城的日军撤至漯河，和驻守漯河、上蔡、郾城等地的日军一起投降。国民党军队接收日军武器装备后，向根据地进攻更加猛烈。在此形势下，原来曾当过土匪，后与共产党合作的西平县抗日民主联合政府县长兼西平县抗日独立团团长莫茂斋、吕店抗日游击中队队长吕建坤，在国民党西平县政府和国民党军队的策动下，背叛了西平县抗日民主联合政府，计划和国民党军队及地方反动势力里应外合，向根据地发动进攻，企图一举消灭西平县抗日民主联合政府和抗日独立团。抗日独立团政委兼西平县抗日民主联合政府副县长张子僚发现后，立即将莫茂斋扣压起来，派人连夜去酒店向豫中地委请示如何处理。当夜，莫茂斋在其亲信帮助下逃脱。莫茂斋的原部下也和他一起投靠了国民党西平县政府。

莫茂斋背叛民主联合政府后，豫中地委当即决定改组西平县民主政府，张子僚任县长，刘雪棠任副县长。同时，建立中共西平县委员会，书记李茂贵，副书记刘雪棠，张子僚为县委委员。

莫茂斋和吕建坤带领所属武装投靠国民党西平县政府后，被编为国民党县大队下属的一个游击中队。莫茂斋率领他的游击中队驻扎芦庙，经常派人跟踪侦察县抗日民主联合政府的人员行动，企图把西平抗日民主联合政府机关围歼在合水和任三楼一带。吕建坤原来就是远近闻名的惯匪。1944 年 5 月 8 日，日寇侵占西平，国民党县政府逃迁酒店山区后，要求各乡成立游击大队，他乘机当上了洪溪乡游击大队队长。1944 年 5 月底，吕店沦陷，日寇纠集民族败类建立伪政权，吕建坤摇身一变成了维持会管辖下的乡自卫中队中队长。1945 年春，新四军豫南挺进兵团奇袭吕店维持会，吕店伪政权垮台。1945 年 6 月，新四军领导下的吕店乡抗日民主联合政府成立，吕建坤和他的乡自卫中队被新四军收编为吕店乡抗日游击中队。被收编后，吕建坤表面上服从抗日民主联合政府领导，背地里经常为国民党西平县党部书记栗陶初和吕店一带的地主豪绅当保镖,并坚持不离原防地。日寇投降后,国民党军队围剿西平抗日民主根据地。他看时机已到,便撕去伪装,公开叛变,纠集土匪武装偷袭吕店、权寨抗日民主联合政府,到处捕杀革命干部和群众,坚持与人民为敌。

## 第二节　三路大军会师西平县酒店山区及土山会议

黄霖领导的新四军河南挺进兵团,从 1944 年 7 月 27 日强渡淮河,到 1945 年 1 月 6 日进入西平西部山区,直到抗日战争胜利,先后作战 100 余次,建立专署 3 个,县级抗日民主政府 10 多个,解放人口 300 多万,消灭日伪军 6000 多人,形成了以遂平县嵖岈山和西平县酒店山区为中心,南自信阳、北至叶县、西起泌阳、东至正阳方圆 10 000 多平方公里的豫中抗日民主根据地。以黄霖为司令员、栗在山为政委的豫中游击兵团也由一年前的 1000 人发展到 6000 多人,地方抗日武装 1 万多人。豫中抗日民主根据地西依绵延八百里的伏牛山,东边是广阔的大平原和纵贯南北的平汉铁路,南连中原战略要地的大别山和桐柏山,北望山高林密的嵩岳山区,进可驰骋,退可隐蔽,具有重要的战略地位。

中共中央、中央军委时刻关注豫中根据地的发展。为了加强中原地区的武装力量,大量牵制国民党军队,进而实现缩毂中原的战略目的,抗日战争还未结束,即开始向这里调兵遣将。

1945 年 3 月,新四军五师十三旅旅长周志坚率三十八团和三十九团到达西平和遂平西部山区,同黄霖兵团会合,并在西平县酒店寨成立了豫中工委和豫中军分区。

1945 年 7 月,豫西八路军司令员王树声、政委戴季英根据中共中央和中央军委指示,派遣陈先瑞支队南下,与新四军豫中游击兵团会合,组成豫中部队和新四军、八路军并肩作战,战斗力大大增强,很快收复了西平、遂平、舞阳大部分地区和叶县、郾城、方城等县部分地区,根据地范围进一步扩大。

1945 年 10 月 5 日,开辟和活动在平汉路东豫中根据地的冀鲁豫军区豫中支队 128 团,执行冀鲁豫军区司令员杨勇、政委宋任穷的命令,撤离五沟营镇,挥师北上,准备渡黄河参加邯郸战役。1945 年 10 月 6 日,在西华县逍遥镇击退了敌四十一军一个师的进攻。天擦黑后,利用夜色掩护,甩开敌人直奔扶沟县城黄河渡口。

扶沟县城位于贾鲁河西岸。1938 年 6 月 9 日,蒋介石下令扒开花园口黄河大堤后,奔腾咆哮的黄河水沿贾鲁河向东南方而下,形成了面积达 40 个县的黄泛区。逍遥镇距扶沟县城虽然只有 40 多公里,但由于是黄泛区,遍地是沼泽和稀泥。128 团第二天晚上即将到达扶沟县城时,才得知国民党五十五军曹福林部已于两个小时以前抢占了扶沟县城封锁了扶沟渡口,从正面切断了 128 团北进之路。此时,敌四十一军也从后面追了上来,形成南北夹击之势。在敌众我寡,渡黄河已不可能的情况下,团长王定烈和政委李世才立即召集营以上干部会议,当机立断,向冀鲁豫军区请示,并同平汉路西豫中抗日根据地黄霖、栗在山联系,改北上为南下,组织部队轻装向西南突围。敌人仍以为 128 团要抢渡黄河北上,便将主力集结在黄河两岸,严守渡口。128 团抓住这一有利时机,突然掉转身直奔许昌方向,把敌人远远甩在了后边。1938 年 6 月 9 日傍晚,在临颍县境内击溃了敌暂编第三师,乘势趟开一条路,拂晓到平汉路东石桥火车站。此时细雨蒙蒙,晨雾弥漫,铁路上荷枪实弹、戒备森严的守敌不敢贸然开枪。等敌人弄明情况时,128 团已经全部越过了平汉铁路。1938 年 6 月 11 日,在没有遇到敌人阻截情况下,顺利渡过水流湍急的北汝河和沙河。在继续南进途中,又打退了驻守舞阳县境内卸甲店敌人的拦截。1938 年 6 月 13 日上午,离开石漫滩向东南方向的西平县酒店山区开进。下午到达酒店寨,与豫中游击兵团会合。

在新四军五师黄霖兵团挺进河南,开辟豫中抗日根据地的同时,在延安中央党校学习的王树声将军由中共中央、中央军委授命,任河南人民抗日军和河南军区司令。1944 年 11 月 19 日,毛泽东亲自为王树声和他率领的部队送行。

1945 年 1 月,王树声率部到达山西省南部黄河北岸的中条山区。在前有大山挡道、后有日伪军追赶的情况下,王树声毫不犹豫地率领部队冒着鹅毛大雪,连夜翻过中条山,来到黄河岸边。

渡口远离县城和集镇,既无村落,又无店铺,只有几个船家搭建的低矮蒿棚,仅有的两只渡船又被冰雪隔留在对岸。看着三面环山和宽阔的黄河,王树声等心急如焚,齐聚黄河滩头谋划渡河良策。正当大家为没有渡船而发愁时,一个神话般的情景出现了:一块巨冰从上游漂流下来,卡在河面较窄的渡口处,在零下十几摄氏度的低温下迅速和上游陆续漂下来的较小冰块冻结在一起,形成了巨大的冰桥,一位老人正踏着冰桥从河南岸走来。这位老者是当地人,听说八路军要过黄河打日寇,便特地来指点迷津。听完老者介绍,王树声司令员喜出望外,立即率领部队踏上了神奇的冰桥。全体指战员踏着冰桥刚到对岸,冰桥就突然断裂顺流而下。后面追来的日伪军只能"望河兴叹"。八路军冰桥渡黄河很快在当地成为美谈。

王树声率领部队冰桥渡河进入豫西山区后,一方面大力宣传我党我军的抗日救国方针,认真执行党的政策和三大纪律八项注意,广泛开展统一战线工作;另一方面迅速发展壮大抗日武装力量,主动向日伪反动势力发动攻击,消灭敌人有生力量。经过 8 个月的浴血奋战,建立了拥有 6 个专署、200 多个县政权,面积达 2 万多平方公里,有 300 多万人口的豫西抗日根据地。

1945 年 10 月上旬,王树声根据中共中央和中央军委指示,率领皮定均、张才千、刘昌毅三个旅南下,1945 年 10 月 14 日到达西平县西部的出山和酒店,驻扎休整。

1945 年 10 月 15 日,特地从鄂豫皖根据地赶来的新四军五师师长李先念,已提前三天到达酒店山区,同豫中军分区部队会合后,在土山、酒店一带迎接王树声和王定烈部,并选定在酒店寨东南 7 公里西(平)、遂(平)两县交界处的土山街为三路大军会师地。为迎接兄弟部队,战士把街道和土山小学大院打扫得干干净净,做好了会师的准备工作。1945 年 10 月 15 日一大早,李先念就和豫中军分区司令员陈先瑞、政委栗在山、副司令员黄霖等一起,带领战士们来到土山、酒店一带,迎接兄弟部队的到来。土山街和附近村庄的群众也敲锣打鼓,扭起秧歌加入欢迎队伍。上午 9 时许,王定烈、李士才率领冀鲁豫军区豫中支队 128 团到达土山。中午时分,一支打着八路军番号的大部队从土山东北方向浩浩荡荡开了过来。原来,河南军区司令员王树声率领的部队已于 14 日上午从舞阳县安寨进入西平,晚上在仪封镇宿营。战士们到仪封后,主动帮老乡挑水、打扫院子,亲如一家。乡亲们烧茶送水,做好吃的,热情欢迎子弟兵。当晚,在仪封坐地演出的新四军豫中游击兵团文工团,正在仪封山陕会馆对面的戏楼演出,让南征北战的指战员们一饱眼福。1945 年 10 月 15 日上午,仪封中学、仪封县立二小的师生和上千名群众排列街道两旁,热烈欢送子弟兵奔赴新的战场。

土山街西侧土山山顶,李先念、陈先瑞、黄霖、栗在山、周志坚、王定烈、李士才等正向东北瞭望,看到八路军的大部队从东北方向向土山开进,立即下山迎接。中午时分,三路大军胜利在土山街会师。口号声、欢呼声、掌声、歌声、锣鼓声此起彼伏,街内街外一片欢腾。在庆祝胜利会师大会上,豫中军分区司令员陈先瑞致欢迎词,新四军五师师长李先念主持大会并发表讲话。他在讲话中指出,嵩岳军区八路军、冀鲁豫军区 128 团指战员,执行党中央、毛泽东的命令,顽强作战,胜利到达豫中根据地,实现三路大军会师。这是中共中央、中央军委"缩毂中原"战略决策的伟大胜利,是毛泽东人民战争思想的胜利。国共双方虽然签订了"双十协定",但国民党反动派从来也没有停止过向人民进攻。我们要团结起来,提高警惕,时刻准备迎接更加艰苦的斗争,为解放全中国而战斗。

会师大会结束后,在土山小学校园内的李家祠堂召开了团以上干部参加的军事会议。会议传达了党中央、中央军委关于三军会师建立中共中央中原局和中原军区的指示精神,研究了会师后南下桐柏山和开辟中原解放区的行动计划。

1945 年 10 月 18 日,会师后的八路军和新四军分批离开土山和酒店山区,开始向河南省南部的桐柏山区进军。1945 年 10 月 24 日到达桐柏山区,与王震、王首道等率领的八路军三五九旅南下支队胜利会师,成立了以郑位三、李先念为首的中共中央中原局和中原军区,统一指挥中原解放区的斗争。中原军区下辖江汉、鄂东、河南三个军区和第一、二两个野战纵队,组成了 6 万余人的中原解放军。

## 第三节　李先念在西平

新四军五师师长李先念为指导豫中抗日根据地的革命斗争曾多次来到西平。1944 年春,李先念以木匠身份几次来到合水一带了解抗战情况,吃住在镇长张隆斋家,宣传党的抗日主张,并与本村木匠结为师友,发展木匠张中灼等人加入中国共产党,介绍木匠张功建、张治功、张功栓等人参加了新四军。抗日战争期间,合水村先后有 80 多名青年参加了新四军,130 多名青年奔赴抗日战场。至今还有当年的抗战老兵健在。

1945 年 10 月,遵照毛泽东和中央军委电令,新四军五师、八路军河南军区部队、冀鲁豫军区 128 团三军会师,集中力量在桐柏山区开创斗争新局面。为迎接王树声、王定烈两支部队的到来,李先念提前来到西平酒店山区。1945 年 10 月 15 日中午时分,三路大军在预定的土山街胜利会师。在庆祝胜利会师大会上,豫中军分区司令员陈先瑞致欢迎词,新四军五师师长李先念主持大会并发表讲话。

会师部队在停留期间,三路大军分别驻扎在土山、酒店、出山一带。一天李先念带领随从人员到新四军所在地出山镇视察,并到镇公所询问地方工作情况。时任镇长文彝勋向李先念汇报工作后,李先念表示嘉许,最后又语重心长地对文彝勋说:“你们不要看日本投降了,中原还不安宁,蒋介石可能要发动内战,你们心里一定要有准备。乡公所是群众的主心骨,要发动群众应对内战,直至全国彻底解放。”说罢,李先念就直奔临近的刘洼村看望伤病员去了。之后,李先念又带领陈先瑞、黄霖、栗在山等多次到酒店慰问官兵,看望伤员;深入农户嘘寒问暖,向当地群众宣讲我军反蒋、反内战的政治主张;帮助老百姓挑水、推碾、担粪、打扫庭院,军民亲如一家。其间,官兵们经常会在晚饭过后围坐在草铺上,听李先念讲国内外形势,讲革命斗争故事。

1945 年 10 月 17 日上午,酒店的老百姓听说李先念的部队第二天就要离开,都急得团团转,乡亲们都想再见见李先念。小孩儿挨家挨户找,青年人到打谷场上寻,老年人到部队住处打听……结果发现李先念、栗在山等官兵在街上正打扫卫生呢。消息传来，老百姓一下子把李先念围了个水泄不通，都想打听个究竟。一时间，凳子上站的，墙头上趴的，树上爬的，男女老少谁也不肯放过这次机会。李先念看到这种情景，放下手中的铁锹，激动地说："父老乡亲们！大家可能知道我们明天就要走了，这是军令，部队必须服从！不过，你们不要担心，这里还有共产党在嘛！……这些天，部队给大家找了不少麻烦。部队官兵永远不会忘记！你们要安心生产，多打粮食，支援前线！军民要团结起来，争取全国早日解放！到那时候，大家的日子好着呢！"首长的一席话，使围观的老百姓含着眼泪笑起来……

1945 年 10 月 18 日清晨，一轮红日从东方喷薄而起，朝霞洒满酒店山山水水，酒店老百姓扶老携幼，列队街道两旁，欢送会师的子弟兵南下桐柏山。

## 第四节　党领导的游击队同国民党反动势力的斗争

在酒店和土山会师的八路军、新四军南撤后，西平县的国民党顽固派势力顿时嚣张起来，立即调集兵力，向尚未南撤的豫中游击兵团发起攻击。国民党西平县县长兼县国民兵团团长栗振簧，调动县国民兵团和莫茂斋游击队、宋光甫游击队、吕建坤游击队、赵幼博游击队等反动武装，配合国民党正规军，向根据地大举进攻。县国民兵团有 4 个自卫中队，700 多人，600 多支枪。莫茂斋背叛革命投靠国民党后，其手下的武装改编为县国民兵团的一个中队，有 100 多人，100 多支枪，活动在西平西部地区。宋光甫为国民党新治乡乡长，手下有 100 多名武装人员，编为一个中队。1947 年秋宋光甫任仪封镇镇长后，遂以仪封镇公所卫队为主体，组织近 200 人的游击队，自任大队长，下辖一个特务队，3 个正规中队，常驻仪封、酒店一带。吕建坤率部投靠国民党西平县政府后，编为县国民兵团下属的一个中队，先后偷袭吕店、权寨等乡民主政权，逮捕杀害共产党干部、新四军战士和革命群众多人。1947 年春，吕建坤升任西平县游击大队长。1948 年 3 月 11 日，伙同国民党十一师某部偷袭驻守西舞边境集镇安寨的解放军，杀害邵正富等指战员及人民群众数十名。此后，又相继在谭店、合水、王寨、师灵等地杀害革命干部和群众100多人。师灵乡牛场村赵幼博与国民党军队十一师师长胡琏拉上关系，赵向胡提供壮丁和马匹，胡向赵提供武器，人换步枪，马换机枪，均为一抵一。赵幼博用这个办法很快组织起一支100多人、100多支枪的武装，被县国民党兵团编为游击大队，分4个中队活动在师灵一带。其粮饷费用均向百姓索取，被百姓称为“麦牛子队”。所到之处，奸淫掳掠，先后枪杀、活埋共产党游击队员和无辜百姓40多人。于全真系国民党“豫南十三县抗日游击司令”于茅昭之子，曾先后在禹县、郾城、临颍等县保安大队任职。因肇事畏惩，逃回出山寨，收编王轮廷、文俊峰两股武装势力，组成游击大队，自称“司令”，活动于出山一带，与人民革命武装对抗。

国民党军队和地方反动武装疯狂地向解放军、共产党游击队和民主政权发动进攻，很多地方豪绅也乘机反扑，掠夺农民田产，迫害贫苦农民，使广大人民重新陷入饥寒交迫之中。1945年8月15日日寇投降后，蒋介石发动内战，向各地大量征壮丁扩充军队。当时，不管有钱人或穷人，都不愿打内战，更不愿到国民党军队当兵。国民党西平县政府就把征壮丁的任务分派到各乡镇和各保。各乡镇和各保为了完成任务，就派乡丁和保丁到各村抓捕青壮年男子，时称“抓壮丁”。一旦抓到壮丁，即绳捆索绑送押当地政府机关，然后上交师管区补充国民党军队兵员。如半路逃跑，即遭毒打，甚至枪杀。1945年至1947年，全县每年抓壮丁4200多名，很多农户的青壮年男子为了不被抓壮丁，经常逃躲外乡，造成田地荒芜，生活更加艰难。

为了反抗国民党反动势力的剥削和压迫，西平各地的共产党员一方面积极发动群众，团结起来以各种形式同地主豪绅作斗争；一方面以共产党员和贫困农民为骨干，组织游击队，同国民党反动势力进行武装斗争，打击他们的反革命气焰。1945年10月下旬，八路军和新四军主力南撤，国民党顽固势力向根据地大举进攻时，各区、乡民主政府领导下的中队均分散隐蔽，组成小型游击队，采取灵活机动的战略战术，巧妙地同敌人周旋，果断机智地打击敌人。

1945年10月，三军会师南下桐柏山后，国民党反动势力向根据地大肆反扑，中共出山中心区中队分散隐蔽，保存了实力。这年底，原中心区委负责人焦文生和王书章把区中队的队员们召集在一起，成立了出山游击队，活跃在出山和酒店一带，多次对莫茂斋和于全真的国民党游击队进行袭击，有力地打击了国民党反动势力的嚣张气焰。

抗日战争时期活跃在仪封一带的共产党抗日游击队，在张国鑫、赵茂亭、赵乐孔、樊付亭等人的领导下，多次打击国民党的正规军和反动游击队，打了很多胜仗。敌人对这支游击队恨之入骨，多次阴谋消灭他们。但由于这支游击队的成员大都是当地人，不但得到广大贫苦农民的支持，一些富户和开明士绅也暗中帮助他们，使这支游击队多次化险为夷，不断发展壮大。同时在仪封南街赵伯仁家建立了秘密联络站。赵伯仁是仪封一带有名的大财主，父亲曾当过仪封镇镇长，其妻陈三妮是仪封北街一个穷苦人家的女儿，思想进步，倾向于革命。1927 年中共仪封党支部建立后，他一直是党的地下交通员。仪封党组织及其领导下的武装力量能在仪封长期坚持斗争，与这个稳固可靠的联络站有一定关系。黄霖率领的河南挺进兵团进军西平，开辟西平抗日根据地后，张国鑫担任了仪封抗日民主联合政府镇长，共产党领导的仪封抗日游击队随即改编为仪封镇抗日游击中队。

1945 年 10 月下旬，国民党西平县国民兵团攻占仪封，抗日民主联合政府停止活动，张国鑫把抗日游击中队改编为游击队，夜聚日散，继续与国民党反动势力作斗争。

1945 年冬季的一天，张国鑫和游击队员们根据安插在国民党仪封镇政府的内线人员赵守志提供的情况，决定夜袭仪封镇政府，夺取镇保安队的枪支，扩充自己的力量。

国民党仪封镇政府在仪封北街路东山陕会馆大院内，大门是仿欧式建筑，大门南侧距离院墙不到一米处，有一根杉木电线杆。当天夜里三更时分，游击队副队长樊付亭顺着电线杆爬到院墙上，敏捷地顺着绳子下翻到院内。他把前院和后院全部侦察一遍，发现镇政府人员已全部入睡，在大门口站岗的哨兵也坐在罗圈椅上睡熟了。他迂回到哨兵背后，用绳子套住哨兵的脖子，用“背死狗”的办法“解决”了哨兵，打开大门，十几名游击队员迅速进入院内，在手电灯的亮光中，十几个黝黑发亮的枪口对准了30多名熟睡的保安队员："不许动！缴枪不杀！""都用手抱着头坐好，谁动打死谁！"被吓蒙了的保安队员们都乖乖地用双手抱着头不敢吭声，游击队员们把枪和子弹取之一空，离开了镇政府大院。当天夜里，队员们从镇西北翻寨墙出镇，到镇西2公里处的韩庄，找几个布袋把枪装好。五更时分，从镇西南翻寨墙返回仪封，把枪藏在赵伯仁家牲口屋的草窝里。在陈三妮的佑护下躲过了保安队的搜查。后来，他们用这批枪装备了一个中队，使仪封游击队的战斗力大大增强。

1946年夏季的一天，人民解放军一个连追击叶县国民党游击队至西平县城北部一带。解放军在西平县城东北7公里处洪河北岸顾庙村设埋伏。敌人进入伏击圈后，该村村民积极配合解放军作战，敌人丢下七八十具尸体后狼狈逃窜。

## 第五节 西平县教育界争取和平民主的斗争

1946年夏，蒋介石发动全面内战，国民党军队在美帝国主义援助下，先后向中原、华东、晋冀鲁豫、晋绥等解放区大举进攻。1946年6月26日，国民党军队20多万人把中原解放军6万人包围在方圆仅200里的狭小地区，企图全部歼灭。1946年6月26日夜，中原解放军按照中共中央、中央军委预先批准的战略转移计划和"立即突围，愈快愈好，不要有任何顾虑，生存第一，胜利第一"的指示，在李先念、郑位三、王树声、王震等率领下，分四路胜利突围，使蒋介石围歼中原解放军的计划落空。

中原解放军突围后，整个豫中南地区全部处于国民党统治之下。在此后的一年多时间里，国民党西平县政府气焰十分嚣张。他们一方面组织反动武装力量围歼共产党领导的游击队，一方面横征暴敛，中饱私囊。县城的警察也以名目繁多的苛捐杂税敲诈勒索，常借查户口之机刁难市民，调戏妇女；在街上吃喝不给钱，买东西不掏钱，群众对其恨之入骨。

当时西平县中学的师生，在地下党组织的教育和熏陶下，大都倾向革命，拥护共产党，对反动政权的倒行逆施义愤填膺。他们在中共党员教师王师韩的指导下，不断利用各种方式同敌人展开斗争。

1946年11月6日是星期六。晚上，西平县中的楚安华、李炳耀、李中学、刘运生等6名学生去戏院看戏，守门的警察在戏院门口耀武扬威，让有身份的豪绅、官吏、地痞流氓从一个敞开的大门过，曲意奉迎，耸肩谄笑。而对普通的学生，只让从一尺来宽的门缝里往里挤，而且还会遭到训斥、责骂。当时，几个同学见此都气愤不过，离开戏院后商定由刘运生到学校通知住校的学生，其余5人留下监视，待机惩治这帮家伙。

刘运生回到学生宿舍，向同学们讲述事情经过后，200多名学生一致响应，摩拳擦掌，手执木棍、砖头拥向东关戏院。经过十字路口、东门时，各留下约50名学生，准备戏院行动时好收拾这里的岗哨。同时防止他们报信和拦截学生回校，其余100多名学生都集中到戏院。

接近戏院时，楚安华迎了上来，讲了行动计划并开始行动。演出快结束时，楚安华上前抓住看守的警察，并高声说："你刚才骂谁?"同学们听到信号，有的在外边动手，有的拥进戏院，里外一齐行动。一霎时，戏院内外乱成一团。几个学生围着一个警察，边拉边骂边痛打。群众一看打的是警察，边跑边喊"打得好"，守在十字街口和东门的学生也动了手。这帮平时耀武扬威的警察被同学们打得抱头鼠窜。

当三处学生在十字街汇合时，有人提出："到警察局去，找警察局长去!"同学们一致同意。200多名学生直奔警察局，冲进警察局后发现警察局院内无人，警察们已收到风声，逃走躲避。

回校后，同学们进一步组织起来，楚安华和几个班干部商量后，提出要政府惩办欺辱学生的凶手，如不惩办就罢课。第三天，县教育科派人到学校处理这一问题，他们不但不替学生作主，反而批评学生闹事。同学们当即宣布罢课，并集会游行揭露警察局的种种丑行。罢课持续一周后，校方派教务主任王宾初三次去动员复课，都被同学们拒绝。直到最后，张一华校长向同学们讲：县政府已经批评了警察局，并暗示不久就要撤换局长，同学们才同意复课。

这次斗争打击了国民党反动势力的嚣张气焰，平时作恶多端的警察，不敢再明目张胆地为非作歹了。事后，戏院里的弹压席取消了。群众反映说:是县中的学生替咱们出了这口窝囊气。

1947 年 3 月 8 日下午,西平县女子中学为纪念国际妇女节,准备在国民党西平县政府院内举行文艺演出。

国民党西平县政府害怕演出宣传影响扩大,危及政府安全,就安排县国民兵团干扰群众前来观看。县国民兵团按照上级指示,派兵将县政府院内的所有通道都堵了起来,禁止外来人员路过。演出刚开始,他们便全副武装站在高凳上,把演出场地可供观看的三面堵成一道人墙。人墙内,除了演员外,仅有先到的少数妇女观众。后到的群众无法近前观看。

下午 2 时许,县立中学的几个男学生因此与县政府兵团的士兵发生争执,后来发展到大打出手。县中学刘运生等人也正好从这儿路过,立即跑到学校向同学们报告了这个情况。同学们一听,非常气愤,立即就有上百名学生响应,手拿砖头、棍棒一齐向国民党县政府院拥去。国民兵团的士兵被迫松开被打的学生,但却用手枪和长凳将学生阻拦在门外,并朝天鸣枪警告。学生们和国民兵团的士兵对抗了一阵子后回到了学校,当天就宣布罢课,抗议国民兵团士兵打人,要求惩办打人凶手。

这次学生冲击国民党县政府大院,在群众中反响很大,有的人说:“县中学生厉害,敢冲撞县政府大院,和国民兵团斗。”有的人说:“国民兵团的人太欺负人了,就得这样同他们干!”

## 第六节　陈谢兵团首次解放西平县城

1947 年下半年,全国解放战争由战略防御转入战略进攻。1947 年 6 月 30 日夜,刘伯承、邓小平指挥晋冀鲁豫野战军主力 4 个纵队,一举突破国民党军队的黄河防线,进入鲁西南,连续歼灭 5.6 万人。1947 年 8 月 7 日夜,13 个旅分三路秘密南下,跨越陇海路,穿过遍地淤泥、积水没膝的黄泛区,在上蔡和西平东部地区渡过淮河的主要支流洪河。刘邓大军渡过洪河后,蒋介石明白了刘邓大军千里跃进大别山的意图,便派重兵防守汝河和淮河。1947 年 8 月下旬,刘邓大军在汝南强渡汝河,在正阳突破国民党的淮河防线,于 1947 年 8 月 27

日进入大别山区。至1947年11月下旬，即建立了33个县的民主政权。

为了配合刘邓大军解放中原，1947年8月22日，陈赓、谢富治率领晋冀鲁豫野战军10个旅由晋南垣曲突破黄河防线挺进豫西。陈谢兵团进入豫西山区后，以“牵牛战术”牵动分散并疲惫敌人。到1947年11月底，已先后攻克了6座县城，在鲁山县成立了豫陕鄂边区行政公署和豫陕鄂军区，组成了8个军分区，创建了包括叶县、舞阳在内的豫陕鄂解放区。

1947年9月26日，陈毅、粟裕率领的华东野战军分五路越过陇海铁路，南下豫皖苏大平原。到1947年10月下旬，已解放了洪泽湖以西、平汉路以东、陇海路以南、淮河以北广大地区。1947年11月下旬，又发起了对陇海路的破击战，发展了豫皖苏解放区。

刘邓、陈粟、陈谢三路大军驰骋中原，在江淮汉之间形成“品”字阵势，像三把尖刀插入国民党统治的心脏地区，打破了国民党军队的中原防御体系，直接威胁国民党统治的中心南京和武汉。蒋介石为了夺回大别山战略要地，1947年11月27日，集中14个整编师33个旅的优势兵力，开始对大别山进行全面围攻，妄图摧毁大别山革命根据地。根据毛泽东关于南线三军必须内外线互相配合，刘邓大军坚持大别山斗争，华野和陈谢兵团向平汉、陇海铁路展开大规模破击战，斩断敌人在中原的南北动脉，寻机歼敌，调动、分散大别山敌人，彻底粉碎敌人围攻的计划，华东野战军和陈谢兵团于1947年12月13日开始，用了三昼夜，联合破击陇海、平汉铁路840里。西平沿铁路线的群众早就受够了国民党统治的祸害，期盼解放军打胜仗，早日得解放。破击战一打响，他们就主动协助部队拆铁轨、烧枕木、挖路基、割电线，破坏县境内铁路70余里。

参加平汉路破击战的陈谢兵团某部，根据上级命令，在完成平汉路破击任务后于1947年12月18日傍晚，突然向西平县城发起攻击。守城敌军凭借城墙和坚固的工事企图负隅顽抗。解放军集中火力从东、南、北三面攻城，不到一个时辰，先头部队即攻入城内。国民党西平县党部、县政府和城防守敌狼狈溃逃。午夜时分，解放军全部占领西平县城，鸣号集合宿于县政府大院，百姓无扰。第二天，县城居民敲锣打鼓，庆祝县城解放。县城学生还列队走上街头游行，和解放军一起庆祝破击平汉路的胜利。

在西平首次获得解放的同时，参加平汉路破击战的陈谢兵团4纵10旅，于1947年12月18日深夜向漯河守敌发起攻击，猛烈的炮火很快摧毁了敌军阵地。经3小时激烈战斗，于1947年12月19日拂晓占领漯河，消灭和俘虏敌人2400余人，缴获敌后方兵站全部物资，并就势包围了郾城守敌13旅和交警17总队两个大队共计8000多人。当时，漯河、西平之解放，有"漯河一炮，西平一号"之趣谈。

## 第七节　祝王寨、金刚寺战役

### 一、战前局势

1947年10月中旬到11月初，陈赓、谢富治兵团在开辟豫陕鄂根据地的同时，集中兵力准备攻打洛阳，国民党第五兵团整编陆军和三师被调到洛阳附近对付解放军。后来陈谢兵团改变作战计划，命令围城各纵队先后撤出阵地。集中兵力以解放县城为主开辟豫西根据地。解放军二十旅沿伏牛山东麓南撤后，国民党第五兵团司令李铁军亲自率领整三师尾追其后，想把二十旅一口吞掉。二十旅采取"牵牛"战术，牵着整三师这头肥牛先到宛西，后又到平汉铁路线上的明港地区。两个月的急行军，整三师被拖得疲惫不堪，军心不振，士气低落。恰在这时，人民解放军一夜之间解放了西平和漯河，并把敌军8000多人包围在郾城。

1947年12月19日，国民党第五兵团司令李铁军接国民党陆军总部郑州指挥部急电，命令其率领整三师和二十师星夜兼程沿平汉路北上，以解郾城之围。李铁军奉命，随即率领第五兵团团部和整三师孤军北上。1947年12月21日，由明港抵达驻马店。1947年12月22日凌晨3时，整三师先头部队沿平汉铁路和郑信公路向遂平急速前进。当晚，整三师和第五兵团全部进驻遂平，其先头部队继续北进。1947年12月23日晨，整三师和第五兵团团部进入西遂两县交界地区，而国民党第二十师还远在信阳，要赶上整三师还需3至4天的路程。此时,华东野战军和陈谢兵团对平汉路和陇海路的破击任务已胜利完成,唯有调动大别山之敌的目的尚未达到,敌人仍未改变其对大别山的作战计划。陈谢兵团认真分析了当时的情况:整三师因远道驰援,一直被十一旅牵来牵去,已被拖得疲惫不堪。加之解放军已控制了遂平、西平、漯河之间的广大地区,形势对我军十分有利。为了直接有效地配合刘邓部队作战,陈赓、谢富治决定与华东野战军协同作战,围歼整三师和国民党第五兵团团部。

为了保证战役的胜利,陈谢兵团在漯河与华野第三纵队会师,制订了协同作战计划。1947 年 12 月 22 日,陈谢兵团二十六旅七十七团以移动防御手段消耗敌人,争取时间,创造战机,将敌人阻挡在西平二十里铺以南地区。敌人因正面进攻受阻,另以一个团的兵力,重点向陈谢兵团焦店阵地连续进攻,也被我军击退。这时,陈赓指挥所属部队主力迅速向西平谭店一线集结,准备在敌人抢渡洪河时对其发起攻击。华东野战军第三纵队也由纵队司令员何以祥率领从漯河向南急进。李铁军发现形势对他们极端不利,开始向东南方向溃退,1947 年 12 月 24 日晚猬集于西平和遂平之间的祝王寨、金刚寺地区。

## 二、布防歼敌

祝王寨、金刚寺是位于西平、遂平之间平汉路东西两侧相距五六华里的两个较大的集镇,四周有寨墙和寨门。敌第五兵团部与整三师部驻祝王寨;整三师第三旅驻祝王寨外围;敌二十旅据守金刚寺。陈赓兵团与华野三纵队就势将敌包围。1947 年 12 月 25 日拂晓,陈谢兵团第十旅进至祝王寨西南的蔡寨地区;第十三旅及二十二旅进至祝王寨以南及东南地区;第二十六旅进至祝王寨西北地区;第十一旅坚守遂平堵敌退路,防止敌人南逃北援;华野三纵队七、八、九三个师进至金刚寺以北地区,对敌构成严密包围。陈谢兵团主力负责围歼以祝王寨为中心的敌人;华野三纵队和陈谢兵团第三十旅负责围歼以金刚寺为中心的敌人。

1947 年 12 月 25 日下午 7 时,进攻金刚寺外围据点的战斗打响了。华野三纵第七师首先攻占了毛寨、白庄两个村庄后又向南猛攻,一举歼灭了王楼、前李庄之敌。九师分两路,一路是二十五团,攻击姚庄守敌,一举突入,连续打退敌人的两次反捕,敌不支溃乱,被全部歼灭;另一路二十七团向东南猛插,经胡坡迂回至金刚寺背后。陈谢兵团十三旅开始出击后,连续攻占金刚寺以南的韩庄、沈庄、大王庄、后李庄和金刚寺以东的王湾,配合华野三纵队截断了敌人的通路,切断了国民党二十旅与整三师师部的联系。

华野三纵队第八师担任主攻。从武海直捣金刚寺,接连肃清董庄、刘庄等外围据点。二十二团向东门突击,二十四团向北门猛突。各自占据有利地形,进入攻击阵地。将敌二十旅团团包围在金刚寺寨内。

1947 年 12 月 26 日凌晨 2 时,总攻开始。七师、八师山炮连和纵队炮兵团的野炮连,集中火力轰击金刚寺,摧毁了敌人西门的工事,打乱了敌人的指挥。二十四团由战斗英雄“郭德胜连”担任突破任务,将金刚寺寨北门炸开了七八米长的缺口,全团突入寨内开展纵深战斗。二十二团九连主攻东门,五连在东北角佯攻,也将东门炸开一个缺口,突入寨内,在金刚寺寨内穿插分割敌人。经 4 小时激战,金刚寺守敌国民党整三师二十旅全部被歼灭。从寨西南隅向西突围的 200 多名敌人也被华野三纵队七师、八师和陈谢兵团十三旅全部俘获。

1947 年 12 月 25 日 19 时,在金刚寺战斗胜利展开的同时,陈谢兵团向祝王寨外围的整三师第三旅发动进攻。陈谢兵团第十旅首先围歼祝王寨东南于海、小刘庄、双庙、分金庙等村的敌人,全歼整三师第三旅第七团和旅直两个营。经一夜激战,攻占了罗庄、魏庄、小王庄等敌人的据点。至 1947 年 12 月 26 日晨,除枣刺营外,祝王寨外围各村的敌人被全部消灭。

### 三、枣刺营受降

1947 年 12 月 26 日,是祝王寨、金刚寺战役打响后的第二天。经过一天一夜的战斗,陈谢兵团第二十六旅已经攻占了祝王寨外围的罗庄、魏庄、小王庄等敌人的据点,国民党整三师第三旅主力第八团驻守的枣刺营村,被陈谢兵团二十六旅七十九团围困,已成瓮中之鳖。

喧腾了一夜的枪炮声到早晨逐渐停了下来，代之而起的是一片喊话声。村内的小土堆上，几幅写在门板上的大字标语在风雪中耸立着，上书："缴枪不杀，回头是岸！""顽抗到底只有死路一条！"在敌我距离较近的地方，无数的白色圆球从解放军堑壕飞向敌军阵地。那不是炸弹，而是比炸弹威力更大的包着传单的雪团。

从解放军三营占领的小院子里，传出了七十九团政治委员田耕同志的喊话声，寒风把他那浑宏有力的声音传播得很远。

"蒋军官兵们注意……你们第五兵团已经面临全军覆没的危险了。解放军在陇海、平汉两条铁路线上，发动了强大的攻势。现在，从郑州东到商丘、南到信阳，到处都是解放军，赶快放下武器吧！……"

敌人阵地上悄然无声，似乎所有的生物都已死灭。只有地头一座被炮弹击中的房子还在冒着黑烟。

田政委继续喊着，在村外那座孤立的小学校外边，出现了几个晃动的人头，随即有十几个敌人，个个帽檐向后，倒提着枪，弓着腰，拼命跑了过来，一边挥舞着手中的白布，一边喊："解放军弟兄们，不要打枪……不要打枪……"

伏在团长任应身旁的机枪手陈二虎拉了拉团长的衣襟，高兴地说："团长，瞧，'客人'来啦！"就在这时，侧翼敌人的一挺机枪，忽然发疯似的向他们射击起来。

二虎马上向对方射了一梭子子弹，把那挺机枪都打哑了。最终那群投降的蒋军士兵安全地进入了我军阵地。

任应团长回到团指挥所时，田政委已经在和刚投降过来的人员谈话。一个穿着美式军服、瘦得像只猴似的少尉排长坐在他对面，操着浓重的安徽口音说："我知道你们的政策。去年大阳湖战斗中我就被俘过，受了一个月训，又把我放了。刚才我给弟兄们说，咱们过去吧！到那边一定受优待，大伙就跟着来啦。全排活着的十七个，一个不少。"

"你能带领弟兄们弃暗投明，我们非常欢迎！"政委说，"应该让他们知道，放下武器，投向人民，是他们的，也是所有蒋军官兵们的唯一出路。"

之后，前沿的“攻心战”又出现了一个高潮。那个少尉带着几个士兵参加了喊话。他一个个喊着对面军队里连长、排长的名字，以自己的经历说明我军的宽大政策。政委抓把雪填进嘴里，润润喉咙，凑到墙孔边，继续和大家一起喊话。

中午时分，一个戴钢盔的士兵从雪野上跑过来送信。

政委接过一张四指宽的纸条，只见上面写着：

共军长官先生：

战祸连年，生灵涂炭。为民生计，余顿悟大义，愿即谈判谋和。祈复。

整三师三旅八团　团长陈德华

十二月二十六日

任团长和田政委研究了一下，立刻回了个条子：“欢迎走向光明，请即派代表来谈判。”并把这些情况向旅长作了报告。

下午三点多钟，敌方代表——陈德华的副官来了，就在三营指挥所的院子里开始谈判。副官穿一身美式人字呢制服，面颊消瘦，颧骨突起，鹰钩鼻子上架一副近视眼镜。他斜眼瞟了院子外边解放军严整的阵地，摊开笔记本，像小孩背书似的念道：“奉长官训示，谈判要求如下：①保证官兵生命安全，妥善安置生活；②移交时间延于今晚七时；③移交地点在村外；④……”

任团长和田政委平心静气地听完了他们的谈判条件。知道敌人虽然失去了抵抗的信心，但仍想拖延时间，等待救援。这时，电台的同志还报告：陈德华仍在声嘶力竭地向确山的敌人求援。田政委不紧不慢，用他那洪亮的嗓音说：“我们是老相识了。一年来，从焦作打到伊河边，又从伊河边打到枣刺营。再打，前途是什么你们是明白的。我们欢迎你们这一明智、及时的抉择。至于条件，第一条是我们一贯的政策，你们尽可放心，但是以下各条，就得由我们决定了。”

副官愣了一下，仍故作镇静地说：“长官不要误会，我们决然无其他谋划。时间问题上，我们确有苦衷：祝王寨离这里很近，如果我们白天活动,师部的野炮就会打过来,于双方诸多不便。乞望明察。”

听了此人诡辩,任团长觉得又好气又好笑,把笔记本一合说:“副官先生,既然要谈判,就应该有诚意,如果你们想等确山增援,你们就等好了。不过,我们不会让你们等到的。”

副官见底被揭穿了,窘得满脸通红,急忙说:“不会,不会,我们决无其他谋划,决无……”

这时,电话铃响了。张显杨副旅长在电话上指示说,配合我们的华野炮兵已经进入阵地,总攻的一切准备都已完成。敌人要投降,必须在一小时内放下武器,否则立即开炮,彻底消灭!

任团长回到院子里,当着副官的面,毫无隐讳地向田政委转述了张副旅长的指示,又向那副官说:“现在摆在眼前的是两条路,你们自己选择吧!”

副官无可奈何,只有答应在五点钟以前缴械,人员在村西集中,听候处理。

任团长立刻抽了两个连进村受降。村东敌人的一个连企图趁机逃跑,被解放军以武力消灭了,其余的只得乖乖地放下武器。

天黑前,陈德华,这个飞扬跋扈的“少壮派”团长、整三师的行锋、李铁军的宠将,终于像一只斗败了的公鸡,在二虎和其他几个战士的押送下,带着他的一千多名部属,耷拉着头,走出枣刺营。

这时,祝王寨那边,传来了天崩地裂般的隆隆声。兵团主力与华野部队配合,最后歼灭敌人整三师师部的战斗打响了。

1947 年 12 月 26 日 19 时,祝王寨的敌人慌忙夺路向西、南两个方向逃窜。陈赓兵团第二十六旅立即发起冲击,一举突入祝王寨内,迅速将残敌肃清。攻坚战立刻变成了捕捉逃敌的捕捉战。陈谢兵团第十旅当即全力出动捕捉,追截逃敌。第二十八团经袁庄向西截击;第三十团两个营和第二十九团尾敌追击,战斗到 20 时,除李铁军率少数残敌逃跑外,其余敌人被全歼。

在祝王寨、金刚寺战斗中,陈谢兵团和华野三纵指战员协同作战,奋勇杀敌,歼灭了国民党第五兵团团部和整三师正规军两个旅。敌第三旅旅长雷自修、二十旅旅长谭嘉范被击毙;生俘第五兵团参谋长李英才、副参谋长邹炎、整三师副师长路可贞、第三旅参谋长饶亚伯、第二十旅参谋长沈炳宏及下属官兵8296名。缴获化学炮3门，迫击炮4门，六〇炮84门，各种机枪550挺、冲锋枪59支，子弹33万发，电台9部及大批军用物资。

国民党第五兵团参谋长李英才被俘后说："贵军用兵真是神出鬼没，我们以为你主力向东，结果是主力在西，我们被你们牵着走了一个大圈子，肥牛拖成了瘦牛，最后杀掉。"他在谈到祝王寨、金刚寺战斗时说："战斗双方力量的悬殊是明显的，就说祝王寨外围战斗吧！在祝王寨东南，我们的守军是一个团和旅直，你们不过2000人，枪刚一响，我们的一个团就垮了，只剩下不足百人逃进寨来。你们进攻金刚寺二十旅的时候，我曾去电报要他们向我们靠拢，可是还没等到回电，金刚寺已解决战斗，逃回的只有几个人。"

在这次战役中，西平人民与邻县人民密切配合，组织担架队、运输队1500多人，大车900多辆，帮助解放军运弹药、运粮食、抬担架，为解放军带路、报信，有力地支援了前线。为营救伤员，舞阳尹集镇设立后防医院，西平仪封镇设立伤员移送站。两站配合，及时接送、营救，为金刚战役的全面胜利作出了极大贡献。

此次战役，共牺牲122名战士，战后被安葬在遂平张店街南二里处，形成张店无名革命烈士墓群。另有一名排长和一名战士，在追击敌军时受伤，被转送到西平仪封镇伤员"移送站"抢救，终因伤势过重牺牲，被安葬在镇西万泉河东岸。

祝王寨、金刚寺战役的胜利，迫使敌人由大别山抽调了十三个旅的兵力回援平汉线，有效配合了刘邓野战主力在大别山的反围攻斗争，打乱了国民党在中原的整个部署，从此，中原的战局进入了一个新阶段。当时西平流传一首歌谣："1947年，来到黄河南；攻陷开封市，来至郾城县；漯河到西平，东西用不完。祝王寨打一仗，李铁军全完蛋。"

在祝王寨、金刚寺战役正在紧张进行之时，豫陕鄂解放区桐柏军区八十九团，由泌阳经遂平远袭西平县城，搞掉国民党西平县银行，获得许多钱财，解决了开辟新区缺乏经费和军队过冬缺少棉衣的问题。

## 第八节　解放战争中的主要战事

### 一、老刘庄之战

1948年农历五月二十五日，人民解放军陈赓兵团某部，在师灵镇老刘庄村，与国民党军队第十师展开了一场激烈的战斗。敌第十师死伤惨重，解放军以少胜多，取得了重大胜利。

1948年5月25日早晨，解放军某部200多人进驻师灵镇。把兵力部署在从朱庄到老刘庄一线，东西长达2公里。师灵街有内壕外壕，老刘庄地处师灵南冈东坡，村南百十米处有一条东西流向的排水沟，村东头和西头又有两条南北走向的干沟，便于隐蔽，解放军确定在这里决战。

战士们一大早就开展在师灵南外壕挖掘掩体，在东北角筑一大型碉堡，壕沟延伸到寨内，在西南角寨外一块名叫谷城的高地上布下一挺机枪。重点工事筑在老刘庄村南，沿东西沟挖很多单人掩体，在天坑、苇子坑、赵家老坟筑起轻重机枪阵地。这道工事有一里多长。

上午10点多，解放军以少数兵力诱惑敌第十师从谭店乡桂河村向西北方向行进。一路上停停打打，枪声不断，敌第十师尾追其后，很快进入解放军阵地以南。下午2点多，敌一部分兵力从阎岗村向范楼、马洼前进，一部分向聂河、郑楼进军，企图从东、西两面围攻师灵。解放军及时组织老百姓向西北方向转移。敌第十师三十团二营在郑楼村作短暂停留，然后继续北进，刚走出村不远，就遇到解放军炮火的猛烈射击，敌人仓促应战，顿时乱成一团，大喊："上当了！中埋伏了！"边喊边向后退。

下午三四点钟，敌人从郑楼向北发起进攻。旗子插在村边，电话安在北菜地小屋里，号兵躺在地上吹着攻击号，一连人气势汹汹地冲了过来。

那年大旱，麦子长得低，敌人不能借此隐蔽，就采用人海战术，并排向前推进，整个目标都暴露在解放军的枪口之下。当他们接近解放军阵地时，天坑、苇子坑、赵家老坟的轻重机关枪及阵地的步枪、冲锋枪一齐向敌人射击,枪声响成一片。经过一阵激战,绝大部分敌军被击毙,剩下少数敌兵逃了回去。敌人不肯罢休,第一个连进攻失败了,第二个连又上去进攻。解放军勇敢沉着,把师灵东北角的重机枪调入谷城,在老刘庄前一里多地的阵地上集中三挺机枪向敌人扫射,战斗更加激烈,凶恶的敌人被打得寸步难行,死伤大半,剩余者又退了回去。之后,敌军指挥官改变战术,派出三个排,一个排去夺解放军的一挺机枪,结果被全部消灭在附近的小沟里。六点来钟,又一连敌兵疯狂攻了过来。解放军英勇顽强,杀声震天,与敌人展开了肉搏战,杀得敌兵血肉横飞,死伤惨重。敌师长见屡攻不下,气急败坏,又派一个连继续攻击。

与此同时,敌军布置在马洼学校后边的排击炮和在村西头的大炮,从师灵北门排着向北王庄打,大约 50 米一炮,在方圆一二里的范围内轰击一遍,轰得尘土飞扬,打死群众 3 人。最后,敌军从南李庄抓到个名叫李玉章的村民,他个大,当过兵,地理熟悉。敌师长交给他一挺轻机枪,并对他说:“你能攻进老刘庄阵地给你个营长干干。”李玉章官迷心窍,就带领敌五连绕道攻入老刘庄。此时已是夜晚九点多,人民解放军向空中打了一颗照明弹,顺利撤出老刘庄和朱庄阵地,沿沟向北安全撤退。敌人进入师灵寨时,解放军已走得无影无踪了。

这次战斗虽然只有几个小时,但由于解放军计划周密,指挥得力,战士们齐心协力,英勇善战,获得了歼敌 1300 多人的重大胜利。

## 二、潘庄阻击战

1948 年上半年,中原野战军和华东野战军在中原战场协同作战,攻克了开封、洛阳、许昌等许多重要城市和县城,国民党苦心经营的中原防御体系被彻底粉碎。

为诱敌深入,寻机大量歼灭敌军,1948 年 6 月底,人民解放军某连在芦庙乡潘庄村打了一场阻击战,阻挡了国民党军第二十八师的追击,掩护人民解放军某部顺利西撤。

1948 年 6 月 29 日,人民解放军某部牵引着国民党军队第二十八师从上蔡县境内向出山方向行进。当天晚上,解放军某部在芦庙乡东部的八里庄、王希孟庄、小张庄、吕店、康庄、铁耙庄、潘庄等村驻扎。敌二十八师尾追其后,驻扎在仪封、戚楼等村。两军相距三四里。隔吉斗河,形成双方对峙、一触即发之势。

1948 年 6 月 30 日,住在潘庄的解放军某连,在吉斗河沿岸,挖掘掩体,构筑工事,部署力量,设下防线,等待着国民党军队二十八师的到来。敌二十八师指挥部设在仪封,前沿部队驻扎在戚楼村。面对解放军某连的布防,敌指挥部令前沿部队发起攻势。从戚楼出来的敌军向潘庄方向冲来,迫击炮、机枪、步枪、冲锋枪疯狂向解放军阵地射击。解放军战士坚守阵地,沿岸阻击,两军激战一昼夜,击退敌军数次进攻,毙敌 200 余人,一军官毙命,伤者不计其数。此时,解放军主力部队已在该连掩护下顺利西撤。

敌二十八师正面攻击受阻,伤亡惨重。1948 年 7 月 1 日,敌军又分兵两路,向潘庄围攻。一路从安庄西吉斗河东岸,沿着一块东西高粱地进攻,当攻进吉斗河岸边时,正遇上对岸解放军阵地机枪火力点,敌人几次进攻,都被解放军火力击退。敌军死亡七十多人,急忙向后撤退。另一路在一个副营长的指挥下,从侧面高槐树村迂回过河,穿过半个店,攻向潘庄村。1948 年 7 月 1 日上午 10 时许,敌军攻占了潘庄东北隅。顿时,村上成了一片火海,浓烟滚滚,杀声震天。解放军数十人在白连长率领下,以院墙和房屋作为隐蔽,奋勇阻击,伤亡数人。中午时分,解放军撤至村西南隅,与敌军展开了肉搏战。白连长虽腿部受伤,仍顽强抗敌,接连杀敌 3 人,最后壮烈牺牲。经短暂战斗后,解放军急撤,在吉斗河岸留下一挺轻机枪,阻击敌人,一直坚持到天将黄昏。敌二十八师某营夜里不敢进攻,从半个店退到高槐树村,战斗才算结束。

1948 年 7 月 2 日,敌军退至戚楼和仪封。午饭后继续西进。行至同心寨时,发现受解放军牵引,恐受包围,当晚疾速向神沟庙、上蔡方向撤去。

### 三、焦之纲惨案

1947 年 12 月下旬,西平县首次获得解放。1948 年 2 月,西遂民主县政府成立。当时正处于国共两党“拉锯战”阶段,政权尚不巩固。

在县大队武装保卫下，民主县政府活动在酒店、出山一带，进行武装斗争，开展革命工作。1948 年春，国民党于全真游击队经常活动在出山寨及其周围，与人民革命武装相对抗，发生过数次战斗。

1948 年 7 月 28 日夜，中共西遂县委、县民主政府及其武装第一连，在中共西平县委书记宋亚民、遂平县委书记张西峰、县长李良田及县大队长李海鹏、何参谋等率领下，由出山常楼村移往焦之纲。该村共 40 多户人家，虽系平原地带，但村东、南、北有青铜河环抱，村西有条小溪，青铜河与常楼贯通，易守难攻。中共西遂县委和县民主政府及第一连进驻后，为了互相配合，有利支援，第二连留驻常楼，作为南北呼应，出山区中队驻焦之纲对岸的柏树王村，作为焦之纲的前卫。进驻焦之纲的第一连共 100 多人，进驻到焦之纲后，第一排战士住在村东南角民房内，大部分县委、政府领导及第二排战士住在村东头靠中间，村东北角由第三排战士驻守。何参谋和警卫员张克明等住在村前街中间。深夜，除少数哨兵值勤外，其他人员均休息。

当晚，在我军政人员移驻焦之纲途中，被一个敌对分子发现，随即向国民党游击队头子于全真告密。于全真又勾结国民党十一师便衣队，共 200 多人，连夜扑向焦之纲。分两路进攻，形成合击之势。

事发深夜，鸡叫头遍，村民张长根起床去磨面，走到外面遇到村民张启，二人说话间向村外张望，看到村东北地里黑压压的一片人，正向焦之纲摸过来。他俩感觉不妙，赶紧跑回家，把熟睡的战士叫醒，大喊："快、快！有敌情，赶紧疏散，再晚就来不及了！"随着枪声报警，我方武装人员仓促应战，奋力抵抗。第一排一班班长提着机枪，光着臂膀，跑到大门外，背靠一棵大树，向东猛烈射击，打得敌人被迫停止前进。这时，班长又跑回屋内，喊着战士们："快跟我走。"这班人且战且退，顺着大堰往东下了青铜河，沿河撤到常楼村。就在第一排突围时，县委书记宋亚民在警卫员邵德茂的保卫下，也突围出去，其他大部分领导从村东头突出了包围圈。何参谋在警卫员张克明的保卫下，与敌人奋力激战，刚出大门，不幸被机枪打中。何参谋和他的通讯员、马夫牺牲后，张克明带着冲锋枪单人冲到焦之纲东头焦家祠堂前，与二排战士紧密配合，从村东头的高粱地向北冲去。刚到村北就遇上了敌人，二排机枪手端起枪就向敌人射击，敌人死的死、伤的伤。这时,周围的敌人一齐向二排围了过来,机枪手不幸中弹,张克明立即接过机枪,向敌人猛射起来,暂时压住了敌人的火力,打开了缺口,突破了包围,往前下了青铜河,向常楼村撤去。唯有三排战士从村北突围,正遇上敌人的包围圈,因此伤亡较重。

此次战斗,约两个小时,因天太黑不了解敌情且敌众我寡,加之与外部失掉关系,第二连和区中队无法接应,致使我军政人员牺牲 20 多人,被俘 27 人。被俘人员除年仅 15 岁的张文道同志外,均被杀害。

战斗结束后,天已大亮,国民党十一师和于全真游击队以搜查我军政人员为名,到各家各户翻箱倒柜,将群众所有较好的财物抢劫一空,拉走民夫 30 多人,耕牛 2 头,打伤群众数十人,但民夫们受不了敌人的折磨,四五天后就纷纷逃回。

战后,出山区中队人员到焦之纲村安慰了群众,把英雄的遗体装棺,埋葬在焦之纲村南地,定名为烈士墓。为纪念革命先烈,教育后人,每年清明节,出山和焦之纲的学生都去为烈士们扫墓。

## 四、炮打潘家楼

1948 年秋,解放军新一旅某团会同中共西平县大队,在芦庙乡柳行村,向国民党地方游击队发动了一次激烈的进攻,人称“炮打潘家楼”。

潘家楼位于芦庙西南一个偏僻的小村庄——柳行村的西南角,是明朝遗留下来的一栋破楼。楼前有东西屋两所草房,组成小院。前院空旷,大门外东侧有株合抱的古槐,南面是桃园和柿园。

当时,西(平)、遂(平)、舞(阳)三县边区属游击拉锯区。在这一带,人民军队同国民党军队、地方游击队不断地发生战斗。

1948 年农历八月二十五日傍晚,土匪头子于全真带领 100 多人的国民党游击队突然进驻柳行村,驻扎在大槐树下,到各家翻箱倒柜,捉鸡子,收鸡蛋,找被子,命令老百姓烧水做饭,闹得鸡犬不宁。

夜幕降临时,敌游击队除岗哨外,都龟缩在大槐树下的桃园边。

中共西遂民主政府县大队发现敌情,立即派家在柳行村的侦察员潘奎一摸回村庄,弄清敌情后,连夜赶到出山西袁庄,向县大队队长李海清和新一旅何政委详细汇报了敌情。经精心策划,决定当晚包围潘家楼，消灭游击队，活捉于全真，为民除害。

县大队和新一旅经过一个多小时的急行军，赶到了敌人驻地柳行村。新一旅从楼前进攻，县大队从楼后包剿，临时指挥所设在楼前的一个高地上，由何政委统一指挥战斗。

夜里 1 点多，战斗开始。新一旅照着桃园上空放了两枪，敌人闻声乱了手脚，驻守在槐树下的敌军拼命地往楼院跑。新一旅跟踪追赶，敌人跑到楼前破门而入，一拥而进。新一旅战士就追到楼院二门外，以枪射击。楼上这家人除了老掌柜在外炕烟，其余的人都在楼内，他们见势不妙，争着往外跑。敌人对他们拳打脚踢，大骂不止。霎时，枪声大作。各种武器一齐向楼房射击。步枪、机关枪的嘎嘎声，手榴弹的爆炸声，指挥员的哨子声，战士们的呼喊声响成一片。在激烈的炮火声中，战士们猛听到老汉声嘶力竭的哭喊声："同志们啊！请您行行好吧，不要再打了，我一家八口人都在楼上，请您停一停，让我把他们拉出来吧！"一听到屋内有老百姓，战士们都自动停止射击，让老汉回家。谁知老汉刚进院，可恶的敌人便骂道："老家伙！别做梦！快滚！不滚打死你！"说着朝他虚打一枪，老汉吓得连滚带爬地出了楼院。

战士们看到这种情况，犹如火上加油。顿时，枪炮齐发，枪声、炮声响成一片。两个战士率先登上西屋顶，准备照楼花门瞄准射击敌人。狡猾的敌人缩在楼上垂死挣扎，向屋顶的两个战士开枪，两个战士从屋顶上滚了下来，他们的鲜血染红了屋顶，被抬到指挥所时，已停止了呼吸。

复仇的烈火在燃烧，战士们义愤填膺，要为死难的兄弟报仇！何政委紧锁双眉，看看牺牲的战友，斩钉截铁地说："打！给我打！步枪、机枪、手榴弹作掩护，小迫击炮打楼顶，工兵从西院窜到楼西墙根，挖洞埋炸药，急速把楼攻占下来！"

战士们依照何政委的命令布置好了，眼看再有一炮，楼就要土崩瓦解，敌人即可全歼灭了。紧急关头，这家老汉和村中的几位老乡找到了指挥所，他们拉着何政委的手跪在地上，苦苦哀求，声泪俱下："长官啊！不要再打了，救救我一家人的活命吧。""长官，请别打了，你们打死敌人我们解恨，可这一家人的性命也全完了！不能再打了!”

何政委看看身边的几位老乡,又看看遇难的两位阶级弟兄,再瞧瞧眼前的战机,十分为难。停了停,他两眼泪下,轻轻地说:“殉难的兄弟安息吧! 老乡们,请回去吧!”于是下令:“停止炮击,扒回炸药,撤退! 为了老百姓,放虎归山吧!”

新一旅、人民县大队撤走了。老乡们流出了激动的泪水,望着他们的背影,赞叹地说:“好! 好! 好! 共产党、毛泽东领导的军队真好! 他们真是人民的子弟兵,与人民共患难。”

## 第九节　中共西平县委和县民主政府的建立

### 一、西遂军政办事处的建立

祝王寨、金刚寺战役的胜利,解放了西平县洪河以南的部分乡村,形成了东起平汉路、西至酒店、北起洪河、南到嵖岈山的解放区。为了发动解放区的群众打击土豪劣绅,支援前线,陈谢兵团十一旅派二野情报处在西平和遂平一带从事情报工作的李海涵留在西遂边区,从事革命政权建设工作。李海涵是遂平人,从事情报工作期间长期住在仪封,是仪封抗日游击队领导者之一,多次和仪封抗日游击队一起同日伪和国民党势力作斗争,熟悉西遂边区情况。

1948 年 1 月,李海涵经豫陕鄂七地委刘丰、宋川批准,在遂平土山南小张庄成立西遂军政办事处,主任李海涵,秘书李振东。西遂军政办事处以新四军五师突围时掉队的干部、战士为骨干,组建了一支 200 多人的地方武装——县大队,大队长钟策、副大队长李海鹏。西遂军政办事处公开活动在遂平槐树和西平的出山、酒店、芦庙、仪封一带,发动群众,没收枪支,打击土豪劣绅。

是时,桐柏二地委派宋亚民、杨鹿、张西峰等去遂平开展工作,在遂平县嵖岈山建立遂平县爱国民主政府,带领地方武装向北发展,同国民党顽固势力进行武装斗争,其活动范围涉及西平南部地区。

## 二、中共西遂县委和爱国民主政府建立

1947年9月—12月，刘邓、陈粟、陈谢三路大军在中原地区配合作战，粉碎了国民党军队对大别山区的“清剿”，歼灭敌人19.5万人，解放县城近百个，创建了新的中原解放区。西平和遂平西部地区为中原解放区的一部分。

1948年2月，根据豫陕鄂区党委的指示，原属桐柏二地委管辖的遂平划归豫陕鄂七地委。管辖范围调整后，七地委在遂平县土山街召集西遂军政办事处和遂平县爱国民主政府负责人会议，会议讨论分析了西遂两县的革命斗争形势，根据斗争需要，决定西遂军政办事处与遂平县爱国民主政府合并，成立中共西遂县委、县民主政府、县大队。县委书记宋亚民，委员李海涵、韩庭武、张西峰、杨鹿、袁营长；县长杨鹿、副县长李海涵；政府秘书李振东，县大队长韩庭武，副大队长李海鹏、袁荣升，教导员王书全；公安局局长张西峰。

中共西遂县委成立后，活动在西（平）、遂（平）、舞（阳）边区一带，领导地方武装配合豫陕鄂军分区部队，同西遂反动势力进行了不屈不挠的斗争，先后在西平出山、吕店、仪封、合水建立了四个区党委和区政府。

当时，西平境内除有国民党正规军十一师和二十八师经常驻扎外，还有地方反动武装和西平县国民兵团，县长李明德任团长，下设4个自卫队，拥有近700人、600多支步枪、8挺轻机枪。刚过完春节，国民党西平县党部书记栗陶初、县长李明德等县政府、县党部要员及地方反动武装，驻扎在沿郑（州）信（阳）公路的新治乡衡坡村，征粮派款，准备为过往的国民党部队提供给养。豫陕鄂第七军分区部队获悉后，于1948年2月18日晚，派一个营兵力从舞阳县尧沟出发，与西遂县大队汇合后，取道遂平县北部的沈寨、神沟庙，至西平冯张庄折向西北，直奔衡坡。次日拂晓，突然包围衡坡。经2个小时激战，除李明德、栗陶初率一部分武装突围外，其余守敌、国民党西平县党政要员及下属兵吏几乎全部被俘，押送至方城县大尉庙解放队学习。

1948年4月9日和1948年5月6日，乘国民党正规军调离西平之机，西（平）、遂（平）县大队配合豫陕鄂第七军分区部队，又先后两

次击溃国民党西平县国民兵团，解放西平县城，与国民党反动势力形成拉锯状态。1948 年 6 月 30 日，国民党第二十八师向出山解放区进犯，行至仪封北戚楼村时，豫陕鄂七分区某连在芦庙乡潘庄东吉斗河布防阻击，两军激战一昼夜，击退二十八师数次进攻，毙敌 200 余人。1948 年 7 月 1 日，国民党二十八师迂回渡河攻占潘庄东北隅，七分区部队浴血阻击，伤亡数人，撤至村西南隅，经短时战斗后紧急撤退。1948 年 7 月 2 日，国民党第二十八师恐陷入包围，疾向上蔡方向撤退。这年夏季，仪封革命游击队两次配合解放军在洪河杨集桥截击国民党军队，击败敌人两个团，给敌人以沉重打击。

其间，国民党西平县当局和土豪劣绅、反动游击队相互勾结，向革命人民疯狂反扑。仅上半年，革命干部、战士、积极分子和分粮群众 500 余人被杀害。1948 年 6 月份，匪首吕建坤带领国民党游击队先后偷袭合水、王寨、谭店等地，杀害革命干部、战士和贫苦农民 70 余人。

1948 年 7 月 28 日，国民党游击队长于全真勾结国民党十一师便衣队 200 余人，夜袭西遂县委驻地出山寨西焦之纲村，县委、政府机关干部战士奋勇抗击，巷战肉搏，从午夜战至拂晓，部分干部和战士冲出敌人包围，与前来救援的县政府武装在焦之纲南会合转移。敌人的突然袭击，使干部战士牺牲 20 余人，被俘 27 人。被俘人员除一名小同志外，皆被杀害。

## 三、中共西平县委和县民主政府的建立

1948 年 4 月下旬，刘邓野战军领导机关由大别山转战至豫西，随着战局的胜利发展，1948 年 6 月 1 日，中共豫西区委豫西行政公署在鲁山成立，豫陕鄂七地委、七专署、七分区改为豫西二地委、二专署、二分区。遂平县划归桐柏区，西平县归豫西二地委、二专署、二分区管辖。西遂必须分县建制。1948 年 8 月，西遂县委和民主县政府在西平县李元沟召开会议。经过民主协商，西（平）、遂（平）两县党政机关分设，成立中共西平县委、县民主政府、县大队和农民协会。县委书记宋亚民，副书记邓自力，委员韩庭武、李海涵；县长丛建，副县长李海涵。1948 年 9 月，李海涵调舞阳，马华村任副县长；县大队长韩

庭武，副大队长李海鹏，财粮科长王松，秘书李振东，西平县农民协会主席高静山。

西平县委、县民主政府成立后，主要活动在仪封和仪封以西地区。遵照毛泽东提出的“集中打击敌人，分散发动群众”的方针，率领县、区武装配合豫西二分区新一旅，同国民党残余势力开展了英勇的斗争。1948 年 8 月某夜，西(平)、遂(平)、舞(阳)三县剿共司令于全真率游击队 100 余人至芦庙南柳行村，新一旅和县大队在何团长及县大队长韩庭武指挥下，集中兵力，迅速包围其驻地，双方激战一夜，歼敌数十名，于全真率余部突围南逃，离开西平县境。

1948 年 8 月 14 日(农历)，合水街逢集。合水区区长潘魁一和副区长吴香亭带领区中队，一大早就进入合水街，利用逢集人多的机会，在集市上开会宣传党的方针政策和解放战争的大好形势。中午时，国民党十一师便衣队和吕建坤游击队从北门进入合水街。潘魁一区长发现情况严重，立即带领区中队向南门撤退。这时，敌人已占领南门，从寨墙上向区中队射击，区中队战士王大毛、杨占清中弹牺牲，区工作人员和区中队边打边撤出南门，迅速向西南方向转移。县委、县政府和人民武装在同国民党军队和土匪进行武装斗争的同时，每到一处，首先开仓放粮，或向地方借粮，救济吃糠咽菜、食不果腹的贫苦农民。并向他们讲党的政策，讲“三大纪律，八项注意”，讲人民解放战争取得的胜利，发动贫苦农民同国民党残余势力作斗争，使敌人陷入孤立无援的境地。

# 第六章 西平县解放与剿匪反霸斗争

## 第一节 西平的最后解放

1948年秋，由于人民解放军在一年多的战略进攻中大量歼灭敌人，敌我力量对比发生了很大变化，人民解放军不仅从数量上增至280多万，而且经过战斗的严峻考验，部队素质大大提高，战斗力明显增强。这时敌军数量已减至365万。虽然在数量上和装备上还占优势，但战斗力已大大削弱，被迫放弃“全面防御”，实行“重点防御”，分别龟缩在西北、中原、华北一些地区。同时，国统区的政治经济危机日益严重，蒋介石完全处于被动地位。全国决战的时机已经成熟。党中央统观全局，掌握时机，及时作出与国民党决战的英明决策，连续发起了震惊世界的辽沈、淮海、平津三大战役，歼灭了国民党的大批有生力量。

1948年9月，淮海战役打响后，屯集在平汉线上信阳地区的黄维兵团向东抽调，驻守大别山的桂系主力部队多被调往武汉周围固守城防，留守在大别山区的敌兵大为减少。豫中、豫西地区已成为淮海战役的大后方。当时属于豫西区所辖的西平县境经常有解放军部队过往或驻防，已无国民党正规军。失去靠山的西平县国民党残余势力不敢据守西平县城，由西平县党部书记栗陶初率领组成防剿队活动在县城附近乡村，与新生的民主政权对抗。中共西平县委和民主政府一方面积极动员群众开展支前工作，一方面领导县大队配合豫西军分区新一旅，纵横驰骋，寻机歼敌。1948年10月，栗陶初见大势已去，与土匪头子卢虎臣、县防剿主任谢子慎等率众南逃。吕建坤、宋光甫两支游击队在人民革命武装追剿中，南逃到驻马店五里铺。赵幼搏游击队在人民革命武装的威慑下，自相残杀，而后溃散。1948年10月23日，西平县城回到了人民手中。1948年11月15日，中共西平县委和民主政府从李元沟迁入西平县城，领导全县人民和人民武装开展人民政权建设、剿匪、反霸、减租减息和支前等项工作，迎接解放战争的最后胜利。

## 第二节 基层人民政权的建立

中共西平县委和县政府进城后，立即组织区、乡工作队深入全县广大农村，宣传发动群众，开展基层政权建设。至1949年2月，在全县建立健全了7个区委、区政府和人民武装区中队。出山区，书记高静山，区长吴明德；金刚区，书记梁雪亭，区长任智英；盆尧区，书记张惠敏，区长周玉春；仪封区，书记李若农（后魏芳亭），区长潘魁一；城关区，书记赵勇军，区长王克明；权寨区，书记杜五魁，区长李玉贞；合水区，书记周敏，区长职美录。

1949年4月，区以下废除保甲制，设立联村临时行政体制。县委根据各地情况采取措施，对局面已打开的地区，建立乡政权和农协会、妇联会、民兵和儿童团等群众组织。对尚未打开局面的地区，则以区武装工作队的形式在乡村活动，暂时利用保甲人员开展支前工作，逐步建立人民政权。

1949年6月，县委设立组织部和宣传部，组织部长高静山，宣传部长任华光。县民主政府设立民政、保卫、财粮3个科和公安局，公安局局长荀子明。

为了满足各级政权建设对干部的需要，1948年年底，县委在县城东关私立柏城高中创办行政干部学校，先后培训两批学员120人，派往各区、乡工作。同时，县委还以“大批培养地方干部，使党就地生根、开花、结果”为宗旨和对知识分子实行团结、改造、使用的政策，从本地工人、农民和知识分子中选拔干部450余名。这批干部年轻、有一定的文化，熟悉当地情况，工作热情高，在政权建设中发挥了很大作用。至1949年9月，全县区以下建立和健全了749个乡人民政权和农协会，县大队、区中队武装发展到1000余人，拥有步枪800余支、机枪18挺、迫击炮3门。

## 第三节　洪河县革命政权建置始末

中共洪河县委、县民主政府建立于1948年10月，辖上蔡、西平、郾城、西华边界地。

抗日战争时期，八路军豫中支队128团曾在这一地区开辟郾（城）、上（蔡）、西（平）抗日根据地，并建立了郾（城）、上（蔡）、西（平）抗日民主政府。1945年8月5日，日军投降。蒋介石为争夺胜利果实，派一一一师和一一二师对郾（城）、上（蔡）、西（平）抗日民主根据地进行疯狂反扑，欲置新生革命政权于死地。中共郾（城）、上（蔡）、西（平）县委和民主政府为免遭破坏，按照中央指示，于1945年10月随八路军豫中支队128团转移。

1947年下半年和1948年上半年，豫皖苏军区部队借刘邓大军南下之威，神速出击，一举解放了豫南、皖西许多县城。国民党上蔡县县长兼国民兵团团长李云不甘心失败，纠集上蔡、项城国民兵团及地方武装2000多人，于1948年6月的一天夜里，袭击驻蔡沟的中共上蔡县委和县政府，县委书记苗九锐组织全体工作人员和警卫排奋勇抗击。豫皖苏解放区七分区骑兵团闻讯火速增援，将敌人击溃。李云率残敌逃离上蔡。1948年8月至9月，上蔡全境和郾（城）、上（蔡）、西（平）、商边界地区的国民党部队和县国民兵团基本被消灭，只有小股土匪仍在活动。1948年10月，中共豫皖苏七地委和七专署决定，在沿洪河的郾（城）、上（蔡）、西（平）、商边界地区建立洪河县委和县民主政府。张仁任县委书记，张策任副书记，王伯重任县长，江铭任副县长。同时，成立了有300多支枪的县大队。由于洪河县地处几个县边沿地区，斗争形势十分复杂。县委、县政府活动仍属游击形式，常常昼伏夜出，辗转周旋。县委机关驻地无固定地点，曾一夜之间转移数处，主要活动在北至万金、南到西洪、东至朱里、西到五沟营一带。1948年11月，洪河县大队配合解放军攻克五沟营，并相继开辟了朱里、华陂、百尺、无量寺、盆尧5个新区。

五沟营镇位于郾城、上蔡、西平三县交界处，是洪河航运的一个重要港口，原有居民近万人。抗日战争爆发，日军攻占许昌、漯河、周口、西平后，很多商人和大户人家纷纷迁到五沟营经商和避难，镇区人口猛增至3万以上，号称“小上海”和“水旱码头”。

1945年，解放军配合洪河县大队攻占五沟营后，中共洪河县委和县民主政府机关迁入五沟营镇。五沟营随即成为豫中解放区的中心。

中共洪河县委和县民主政府机关迁至五沟营后，为了巩固和扩大解放区，主要开展了以下几个方面的工作：

第一，改造保甲制度，建立区乡政权。洪河县原有旧乡10个，184个保，人口约22万。县委、县政府成立后，建立5个新区，每区设1至2个乡。为发展地方武装，每乡还成立了10至20人的乡队。至1949年11月份，全县已发展乡队队员175人，乡队人员均经严格审查。乡队配合县区武装，开展政治攻势，对敌斗争采取“政治瓦解为主，军事清剿为辅”的方针。斗争形势日趋好转，我方军事力量逐步壮大。一部分顽匪武装被摧垮，一部分反动武装头子见势不妙乘机南窜驻马店。分化瓦解了敌人，稳定了社会秩序，团结了各阶层人员，巩固了区、乡政权。

第二，宣传兵役政策，搞好扩军工作。春节前夕，县委召开区书记、区长以上干部会议，区、乡召开干部群众会议，分配扩军数目，发放春节优抚军粮。各区乡动员群众自愿拿出白菜、萝卜、粉条、猪肉慰劳军属，在广大群众中利用各种会议广泛宣传兵役政策，宣传淮海战役及平津战役的胜利消息，使广大群众认识到“穷人要翻身，参加解放军”，“一人参军，全村光荣，全家光荣”。通过宣传发动，为34团6纵队1分区输送新兵138名。

第三，办好学校教育，培养干部队伍。洪河县委、县政府为适应形势发展，举办了短期干部培训班，吸收当地知识分子参加，并确定以8个中小学的学生为基础。为办好学校，县里在财力不足的情况下积极筹措办学资金，克服办学困难，提高教学质量，为培养地方干部作了大量工作。

第四，广泛发动群众，组织农民协会。通过向广大群众进行“共产党能让穷人翻身”和“团结起来力量大”的教育，动员群众，组织农民协会，仅天良一个区就组织起农会15个，会员300余人。农民协会是农民自己的组织，替农民说话，为农民办事，群众打心眼儿里拥护。

1949年，上蔡全境解放。经中共汝南地委批准，洪河县与上蔡县合并为上蔡县。张仁任中共上蔡县委书记，张策任县委副书记，王伯重任上蔡县县长，李汝生任副县长。

洪河县委、县民主政府从建立到撤销，虽然只存在了半年多时间，但为后来革命政权的建立奠定了基础。

## 第四节　开展反匪反霸斗争　巩固人民政权

新中国成立前夕，由于自然灾害频繁和连年战乱，西平县土匪蜂起，恶霸横行，盗贼如毛。在33万人口的县境内，仅明股土匪就有30余起。土匪以国民党政权为靠山，奸淫烧杀，抢劫偷盗，绑票讹诈，无恶不作，百姓深受其害。一些大股土匪公开与人民政权为敌，袭击革命干部和人民武装，帮助土豪劣绅向人民反攻倒算。

西平县的解放，彻底结束了国民党的反动统治，土匪、恶霸失去了政治靠山，但其不甘心退出历史舞台。有的分散隐蔽，进行特务活动或串联组织暴动；有的潜逃外地，伺机卷土重来；有的制造谣言，蛊惑人心。有的组织假农会，篡夺村、闾领导权。桂李村地主保长李洪伦，1949年春当上的村长，继续向群众勒派粮、款自肥。四区小武庄恶霸武茂林组织假农会，强迫农会会员焚香发誓不与工作组人员接近。有些股匪还在边沿地带骚扰，暗地捕杀革命政权工作人员和群众。为巩固新的人民政权，稳定社会秩序，县委决定在进行基层政权建设的同时，开展剿匪、反霸斗争。

根据当时斗争形势，西平县剿匪反霸工作分两个阶段进行。

1948年11月至1949年8月，是全面剿匪、重点反霸阶段。县委根据上级关于剿匪工作的指示精神，决定采取以先剿股匪，后剿散匪；先剿明匪，后剿暗匪；先打匪首后台，再打中小匪首的办法，逐步打击，全部歼灭。为了分化瓦解敌人，减少剿匪阻力，县委、县民主政府一面组织县大队、区中队配合解放军追剿股匪，一面宣传“首恶必办，胁从不问，立功赎罪，立大功受奖”和“坦白从宽，抗拒从严，自首缴械者从宽处理”等党的有关政策，号召群众检举揭发，全县很快掀起剿匪活动高潮。到1949年春，吕建刊、宋光甫、于全真、莫茂斋、赵幼博、冯子乾、申庚飏等大股官匪被全部歼灭。其他小股匪徒也先后被歼灭或被迫潜散。对较为隐蔽的散匪活动，1949年6月间，县委、县民主政府宣传贯彻剿匪政策，发动群众，实行“十户连坐”，土匪恶霸被孤立。匪霸有的乘机潜逃，有的自首缴械，死硬分子也先后被检举出来。仅8月一个月，4个区群众就检举散匪1200多名，收缴枪支600多支，子弹6000余发。县、区政府对抓获的土匪恶霸，在其住处或主要活动地区召开公审大会，公开审理，公开宣判。对罪大恶极、民愤极大者当场处决。对罪行较轻者，则分别进行关押或交给群众进行管制。通过召开公审大会，将土匪、恶霸杀一批、关一批、管一批，使穷苦农民和受害者有苦的诉了苦，有冤的申了冤，有仇的报了仇，使过去为非作歹、祸害百姓的土匪、恶霸受到了应得的惩罚。广大人民群众精神振奋，革命热情空前高涨，纷纷检举揭发土匪恶霸犯下的罪行，向人民政府和人民武装提供情报，主动给县大队、区中队带路，抓捕作恶多端的土匪恶霸。有的人还自动带着干粮到外地调查土匪活动情况，抓捕在外地躲藏者。仅半年时间，群众就自发捕获土匪恶霸30多名。

在近10个月的剿匪反霸斗争中，全县共逮捕匪首、惯匪472名，破获特务组织和暴动案33起。缴获长、短枪1120支，子弹13 280发；扣押不法退伍国民党军官、地主、反动会道首603名；管制各种匪霸分子1727人。解决了匪患，稳定了社会秩序。群众反映说：“过去土匪横行，闹得鸡犬不宁，民不聊生，现在晚上都能开门睡觉，多亏共产党的好领导啊！”

1949年8月，由全面剿匪、重点反霸转向全面反霸清算阶段。剿匪运动全面开展后，广大群众亲眼看到土匪、恶霸是一脉相通的。土匪以恶霸为后台，恶霸以土匪为爪牙，共同坑害人民。在剿匪的同时，群众就有打倒恶霸的迫切要求。但是反霸与剿匪不同，它比剿匪更复杂，更需要深入地发动群众，需要苦主出头露面作斗争，要求各级党委、政府工作人员必须做艰苦细致的工作。反霸斗争一开始，县委书记宋亚民、宣传部长任华光等就带领工作组分别在桂李、金刚开展反霸斗争试点，总结经验，指导全县的反霸斗争。当时《豫南报》刊登了金刚试点的消息。

在反霸斗争中，县委始终贯彻“从群众中来到群众中去”的工作方法和“由点到面，点面结合，波浪式的发展”的方针，坚持执行“依靠贫雇佣，团结中农，中立富农与小地主，孤立打击大地主”的政策。具体做法是：①访贫问苦，扎根串连，通过贯彻政策，诉苦申冤，成立贫雇农小组，确定斗争对象。②收集、对证恶霸罪行，扩大进步群众队伍，开展对敌斗争。斗争中坚持说理讲法，提出人证、物证，使恶霸理屈词穷，低头认罪。人民法庭积极配合，斗争后随时判罪或处死刑，或交群众管制。③建立和扩大农协会、妇联会、儿童团、民兵等群众组织。全县发展农会会员 119 358 人，妇联会会员 53 621 人，民兵 5 571人。④分配斗争果实。分配的办法是本着对苦主和贫苦农民的眼前生活两方面同时照顾的原则，被恶霸霸占的土地、家具一般退还原主，粮食、衣物则着重照顾当时的困难户。

通过反霸斗争，斗倒了恶霸地主，砸烂了禁锢贫苦农民的反动枷锁。全县召开反霸斗争会 842 次，斗争恶霸地主 729 人，判处死刑 37 人，判处有期徒刑 213 人，其余交群众管制。有 4 万户苦主申了冤，6 万多人诉了苦。在反霸斗争中，全县共没收和分给贫苦农民粮食 316 176斤，房子 3 906 间，农具 4 231 件，牲口 338 头，衣服 77 005 件，使广大农民在政治上和经济上初步得到了翻身。桂李村斗倒 3 个恶霸后，收回土地 66.7 亩，粮食 2 445 斤和一些农具、衣物，有 66 户贫苦农民分得了斗争果实，参加斗争的 10 户中农也分得了部分粮食。

通过开展剿匪、反霸斗争，基本扑灭了县域内的匪患，沉重打击了恶霸地主的嚣张气焰，巩固了人民政权。全县 144 个乡，全部建立了人民政权和农民协会，参加农会的农民达 119 358 人。在此基础上，选出农民协会代表，召开县、区农民协会代表大会，选举产生了县、区农民协会。同时，建立了妇女协会、儿童团和民兵组织。农民有了自己的组织和武装，成为农村社会改革的组织者。

剿匪、反霸的胜利，提高了群众觉悟，锻炼了干部能力，恢复了生产生活，巩固了人民政权。

## 第五节　支援解放大军南下渡江作战

1949 年春，中国人民解放军胜利结束了辽沈战役、淮海战役、平津战役，消灭了国民党大量的精锐部队，解放了长江以北大片土地。遵照毛泽东“将革命进行到底”的指示精神，中国人民解放军百万雄师乘胜南下，渡过长江解放江南半壁河山。在全国即将解放之际，为支援人民子弟兵解放全中国，中共西平县委、县政府明确提出了以建政、剿匪为重点，以发动群众搞好支前为中心的工作方针，在工作中统筹兼顾，突出中心。

为了加强对支援渡江战役的领导，县委、县政府于 1949 年 2 月成立了西平县支前司令部，县长丛健任司令员，县委书记宋亚民任政治委员。下设支前供应科，科长刘振东。各区成立支前委员会，下设支前工作组。并在县境内沿郑信公路的城关、王司庄、焦店、范坡设立 4 个支前物资供应站，全县上下形成了一个支前工作网，从组织上为支援大军南下做好了准备。

为了提高各级支前工作人员对支援渡江战役重大意义的认识，县委和县政府于 1949 年 3 月下旬召开了县、区、乡、站支前干部参加的支前工作会议，传达中原临时人民政府《关于支援南下大军供应工作的决定》，学习和讨论了上级对支前工作人员提出的“五要”“五反对”等工作纪律。“五要”即：一要坚决执行命令，不讲价钱；二要事先请示，事后报告；三要认真负责，争取及时完成任务；四要主动与部队联系，解决部队的困难；五要关心群众疾苦。“五反对”即：一反对马虎敷衍；二反对贪污浪费；三反对强调困难不完成任务；四反对无组织纪律；五反对为个人和本单位打算。通过学习讨论，广大支前工作人员提高了对支前工作的认识，增强了纪律观念和完成任务的信心。利用各种方法广泛发动群众，宣传渡江战役的重大意义，迅速开展起轰轰烈烈的支前工作。

刚获得解放的西平人民，对解放大军渡江作战解放全中国，人人热烈拥护，个个欣喜若狂，积极交纳支前公粮。他们说：“大军在前方打仗，我们保证物资供应紧跟上。”凡是政府分配的支前物资都很快如数收齐,并以区为单位按规定分别集中到4个物资供应站。范坡站在南下大军到来之前就集存小米、白面1万余斤,香油700余斤,食盐800斤,柴草近45万斤,马料3000余斤。为了确保物资供应站的安全,县政府还在各站配备1个班的武装负责保卫工作。

为了保证前方的粮食供应,西平人民还先后把100万斤粮食分别送往信阳和驻马店站。1949年3月中旬,县支前司令部接到上级“南运20万斤粮食到信阳兵站”的命令后,迅速从各区派大车200余辆,由董国林、范威远、五志等人带领送往信阳兵站。为了早日将粮食运往前方,运粮民工们日夜兼程,饿了啃干馍,渴了喝白水,按时完成了运粮任务。1949年4月上旬,上级又交给西平将80万斤粮食运往驻马店兵站的任务,全县上下总动员,各种车辆齐出动,仅用3天时间就完成了任务。

在抗日战争和解放战争中,西平境内铁路、公路和桥梁损坏严重。解放军准备南下渡江作战时,平汉铁路还未完全修复,平汉铁路沿线县市向南运送支前物资主要靠郑信公路。当时的郑信公路还是泥土路,因多年失修,路面坑洼不平,桥梁也大多损坏。为了保证南下大军交通运输畅通无阻,县委、县政府动员近5万人抢修郑信公路,不到10天时间,抢修郑信公路35公里,修复和新建桥梁35座,并对县内其他大道也进行了维修。

1949年4月—5月,浩浩荡荡的解放大军过境南下,西平人民的支前工作随着南下大军过境形成了高潮。每逢部队过境或宿营,广大干部和群众都热情慰问,从各方面为人民子弟兵提供方便。在公路沿线设立许多大大小小的茶水供应站,为过路大军烧水供茶。各学校学生还组织了慰问队,到供应站和解放军驻地慰问干部战士。

渡江后开辟新区需要大批干部,西平县根据上级指示,迅速抽调干部600余名随军南下,参加新区开辟工作,为解放大军渡江作战、解放全中国作出了贡献。

## 第六节　热烈庆祝新中国诞生

正当西平人民取得剿匪、反霸斗争的胜利,千军万马踊跃支前之际,全国各大战场捷报频传。1949 年 4 月 20 日深夜,国民党高层最后拒绝在国共两党代表团达成的《国内和平协定》最后修正案上签字。1949 年 4 月 21 日,毛泽东主席、朱德总司令向中国人民解放军发布向全国进军的命令。等候在长江北岸的解放军百万雄师,从江苏江阴到江西湖口五百多公里的战线上,迎着敌人的炮火,横渡长江。国民党军队的长江防线顷刻土崩瓦解。1949 年 4 月 23 日,解放军占领南京。接着,人民解放军向全国进军,以秋风扫落叶之势横扫国民党残余部队。1949 年 9 月下旬,新疆获得和平解放。在中国大陆全部解放已成定局的形势下,1949 年 9 月,中国人民政治协商会议第一次全体会议在北京隆重举行,中国共产党、各民主党派、各人民团体等各阶层代表会集在一起,共同商讨成立新中国的问题。1949 年 9 月 30 日,选出以毛泽东为主席的中华人民共和国中央人民政府委员会,作好了建国的各项准备。1949 年 10 月 1 日,首都北京 30 万人隆重举行中华人民共和国开国大典。毛泽东在天安门城楼上向世界庄严宣告:中华人民共和国成立了! 中国人民从此站起来了! 中华人民共和国的成立,标志着中国新民主主义革命的胜利,帝国主义、封建主义、官僚资本主义在中国的统治宣告结束。

喜讯传来,西平人民欢欣鼓舞,沉浸在欢乐的气氛之中。全县城乡张灯结彩,锣鼓喧天,一片欢腾。县城各界人士上万人在东关广场举行庆祝大会,隆重庆祝中华人民共和国成立。县委书记宋亚民在庆祝大会上发表讲话。他在讲话中回顾了党领导下的人民军队在抗日战争和解放战争中取得的伟大胜利,讲了当时国内和西平的革命形势及新中国成立的伟大意义,号召全县人民团结起来,在中国共产党的领导下共同建设幸福美好的新中国。工人、农民、解放军、商户、妇女、学生等各方面的代表先后在庆祝大会上发言,表达自己对新中国成立的喜悦心情。整个会场气氛热烈,欢声雷动,“中国共产党万岁!”“中华人民共和国万岁!”“毛主席万岁!”的口号声此起彼伏。庆祝大会结束后,西平人民举行了声势浩大的游行,许多商店店员和进城办事的乡下人,也自动地加入到游行队伍之中。

1949 年 10 月 2 日和 3 日,全县各区、镇、乡和各学校也分别召开了上千人和数千人参加的庆祝大会。各会场和街寨入口处,搭起插满柏枝和鲜花的彩门，并把辖区内的大铜器、民舞队、秧歌队全部调到会场，纵情地打，纵情地扭，纵情地欢呼，纵情地乐，热烈庆祝新中国的成立，庆祝劳苦大众翻身得解放，欢呼在中国共产党的领导下中国人民取得的伟大胜利。革命老区仪封镇的人民，在东、西、南、北四门、镇政府大门前、庆祝大会会场前和仪封中学、仪封完小等处用木料、柏枝和鲜花搭建了8个高大的彩门，出动了20多班大铜器和民舞队、秧歌队，召开了有近万人参加的庆祝大会。会后在南北大街、东后街、西后街进行游行，游行到下午人们才逐渐散去。在召开庆祝大会的同时，由申凤梅、毛爱莲、李运亭、冯秀峰、陈金英等组成的仪封醒民剧社，在大街上搭台子义演三天，和全镇人民一起庆祝中华人民共和国成立。

在新民主主义革命时期，西平老区人民在中国共产党领导下，为推翻帝国主义、官僚资本主义、封建主义三座大山，前仆后继，英勇奋斗，抛头颅，洒热血，为革命作出了重大贡献，用生命和奋斗谱写了不朽的篇章，在中国革命史册上留下了光辉的一页。中华人民共和国的诞生，使全国人民翻身得解放，成了国家的主人。西平人民在党的方针政策指引下，走上了建设社会主义的康庄大道。

# 第七章
# 社会主义革命和社会主义建设时期的西平

1949 年 10 月 1 日中华人民共和国成立，我国进入社会主义革命和建设时期。

这一时期，中共西平县委和县人民政府领导全县人民先后走过了土地改革、镇压反革命、抗美援朝、“三反”、“五反”、农业合作化、工商业社会主义改造、“肃反”、“审干”、“整风”等一系列社会主义改革运动，逐步实现了从新民主主义到社会主义的转变，巩固了人民政权，建立了社会主义制度，恢复和发展了国民经济。之后，又走过了“大跃进”、人民公社化、反对“右倾”机会主义、民主补课、三年暂时困难、“四清”运动、“文化大革命”等曲折历程。在这潮起潮落、风云激荡的岁月里，全县广大党员和干部群众坚信党的领导，坚定地走社会主义道路，积累了经验，增长了才干，为社会主义现代化建设奠定了基础。

## 第一节　继续完成民主革命各项任务

### 一、加强党的建设和政权建设

#### （一）党的建设

1948 年 8 月，西遂爱国民主政府撤销，西平、遂平两县分设，在出山镇李元沟村召开中共西平县委成立会议，县委成员仅有 3 人。1949 年 6 月，县委设组织部、宣传部和保卫委员。县委书记宋亚民、组织部长高静山、宣传部长任华光、保卫委员荀子明。1949 年 11 月，建立县直机关党总支委员会，王松任书记。是年底，丛健增补为县委委员。

1951年7月,先后建立了县委办公室和县委党校。1952年2月,设立中共西平县委统战部。1954年7月增设农村工作部和纪律检查委员会。1955年5月,县委增设财贸部。1955年10月10日,县委做出《关于对农村党员进行教育训练的决定》,指出,由于对党员缺乏教育,不少党员思想停留在民主革命时期,甚至抵制合作化运动和统购统销政策,决定自1955年12月至1956年2月,对农村党员普遍进行一次教育,以适应农业合作化运动高潮的到来。

1956年5月30日至1956年6月4日,党代表大会召开,选举产生中共西平县第一届委员会和监察委员会。县委由21人组成,常委7人,姜升堂任书记,赵昕江任副书记;监察委员会由8人组成,王彬任书记。这次代表大会,对于加强县委和各级党组织建设,促进西平经济和各项事业的发展具有重要意义。

1958年7月,成立15个人民公社党委。1958年12月5日,成立中共西平县委书记处,第一书记姜升堂,书记处书记赵昕江、徐庚杰、崔树森、郭华、刘振东。1962年8月,县委根据中央关于"精兵简政、增产节约、以整顿为中心"的方针,撤销县委农工部、财贸部、工业部、文教部,保留办公室、组织部、宣传部、统战部、党校、县直党委。1963年2月,省委、地委派126名干部组成的工作队,到西平县搞重新登记党员试点,亦称高标准整党。县委配合工作组制定《关于重新登记党员试点工作方案》,确定二郎、盆尧、专探、城郊4个公社49个党支部和县直24个支部为试点,试点结束后,对全县党员进行了重新登记。

1965年6月16日,中共驻马店地委成立,西平县委由信阳地委领导划归驻马店地委领导。

1966年5月"文化大革命"开始。1966年12月21日,县委在重渠公社召开县委各部、室,县政府各局、委和公社主要领导人参加的"通气会"。1967年12月,县、公社、大队革命委员会相继成立,行使党政职权。1970年2月,成立中共西平县革委核心小组,行使县委职能,为恢复西平县各级党组织起到了过渡的作用。1970年10月,中共西平县第三次代表大会召开,选举产生中共西平县第三届委员会,西平县各级党的组织得到恢复,为社会主义革命和全面开展社会主义建设提供了组织保证。

（二）政权建设

西平县民主政府从出山李元沟村迁入西平县城后，即开始在全县建立各区、乡政权。1949 年 4 月，在全县范围废除区、保甲制，建立新的区、乡、闾临时行政机构。1949 年 12 月上旬，在县城召开西平县第一届各界人民代表大会，出席正式代表 313 人，列席代表 15 人，选举产生各界人民代表大会常务委员会。1950 年 10 月 9 日，奉中南军政委员会指示，改区、乡公所为区、乡政府。同时，将洪河、盆尧、二郎、仪封、权寨、合水、出山区，依次改为一至七区。

1951 年 6 月 26 日—29 日，召开西平县第二届各界人民代表大会。大会代行人民代表大会职权，选举高静山为县长，王松、谢珍如为副县长，王克明等当选为政府委员。1951 年 11 月 1 日，建立西平县人民检察署，检察长贾秋生。1954 年 12 月 28 日改为西平县人民检察院。1951 年 12 月，从七区划出 3 个乡，六区划出 14 个乡在吕店组建第八区。同时，对三区、四区辖区作了部分调整。1952 年 4 月，县长高静山调动，杨进贤任县长。1952 年 7 月 15 日，成立西平县禁烟、禁毒委员会，县长杨进贤任主任，抽调 48 名干部，配合公安局在全县进行查禁贩卖、吸食毒品工作，使种植罂粟、贩毒吸毒、卖淫等现象在县城内消失。1952 年 10 月，全县职工、干部由供给制改为工资津贴和工分制，党政机关、团体和事业单位实行公费医疗。

1953 年 12 月，省政府决定将原属郾城县的人和、宋集、五沟营等 14 个乡 83 个村庄划归西平。1954 年 3 月，同一区划出的 6 个乡建立第九区。

1955 年 12 月，西平县人民政府易名为西平县人民委员会。1956 年 4 月，撤销区，改建为 81 个乡，其中中心乡 25 个，一般乡 56 个。1957 年 3 月，将全县 82 个乡镇调整合并为 33 个乡镇。1958 年 7 月下旬，全县 25 个乡镇和所辖 396 个农业合作社，按地域并为 15 个乡，随之成立 15 个人民公社。

（三）军事和群团组织

1949 年 10 月，西平县农民协会成立，主席郭华。农会在县委领导下，组织全县农民向地主恶霸、土豪劣绅开展斗争，在剿匪反霸、减租减息、土地改革运动中发挥了重大作用。根据形势发展,县农会于1952 年撤销。

1949 年 11 月,成立全县民主妇女联合会。并于 1950 年 5 月召开第一届全县妇女代表大会,选举产生西平县民主妇女联合会,主任乔聚芳,副主任陈凤兰。县民主妇女联合会在党的领导下,发动和带领全县妇女积极参加革命斗争和宣传贯彻《婚姻法》、学文化、大生产等活动,发挥了半边天作用。

1949 年 11 月,成立西平县青年工作委员会,书记赵庆林、副书记郝瑞环。1950 年 8 月,召开西平县第一次团代会,选举产生中国新民主主义青年团西平县委员会。会后各区、乡均召开团代会,选举产生区、乡团的领导机构。

1950 年 5 月,县委设武装科,科长刘振东,主管全县民兵工作。时有民兵 5571 人,枪 533 支。1951 年 2 月,县委武装科撤销,设立西平县民兵支队。1952 年 5 月,县民兵支队改为中国人民解放军西平县人民武装部,为负责征兵和训练管理民兵的军事机关。1954 年 10 月,县人民武装部改为兵役局。1954 年 11 月,国家实行义务兵役制,开始按新制征兵,全县适龄青年踊跃报名参军,当年圆满完成征兵任务。1959 年 1 月,西平县兵役局改为中国人民解放军西平县人民武装部。1964 年 9 月 13 日,成立西平县民兵师,县长冯万堂任师长,要求健全民兵组织,进一步搞好民兵工作"三落实",实行劳武结合,带头搞好农副业生产。

1950 年 10 月,在县城城隍庙召开全县第一次职工代表会,出席工会代表 53 人,列席代表 3 人,代表 534 名会员,选举产生西平县工会第一届执行委员会,委员 9 人,县总工会主席赵勇军。会后,全县各级工会普遍建立起来。

1950 年 12 月,召开第一届工商业联合代表会,审议《西平县工商业联合会章程》,并作出在仪封、权寨、出山、合水等 10 个集镇设工商业联合分会的决议。至 1951 年 5 月,仪封、合水、出山等较大集镇均建立了工商业联合会,城市开始领导乡村。

## 二、"土地改革"运动

土地改革分为以下四步：

第一步，训练骨干，学习政策，发动群众。1950 年 3 月，县委以土改研究会的形式，用 22 天时间，分两批培训农村干部 497 人。组成土改工作队，到各乡组织贫雇农学习党的土改政策，整顿农民协会，并通过诉苦、算剥削账的办法，启发贫雇农的阶级觉悟。在此基础上，发动群众多方收集地主、富农剥削穷人的证据，摸清他们各种财产的数量，充分做好斗地主、分田地的各种准备。

第二步，划分阶级，没收征收。这是打土改仗的激战阶段，是决定胜负的关键。为保证土改运动的顺利进行，土改工作队和农民协会普遍发动群众，大讲土改政策，做到家喻户晓，人人拥护，自动控制地主，防止他们进行破坏活动。在提高群众觉悟、增强战斗力的基础上搜集证据，划分阶级。具体步骤是先划地主，再划富农；中、贫农自报公议，群众通过后，报区农协批准即可。土改中的阶级政策是：坚决依靠贫雇农，团结中农，保留富农经济，消灭地主剥削制度。在开会斗争地主和给其划阶级时，让所有的雇工、佃户、借债户全部在场作证，逐项落实收入，算清剥削账。对罪大恶极的死硬派，配合人民法庭，当场判罪，打击敌人气焰，增强人民斗志。在地主接受地主帽子后，遂按当场承认的剥削账，偿还穷人债务，并宣布没收其土地、牲畜、农具和多余房屋及粮食。

第三步，分配果实。根据已确定的阶级成分，凡被划为地主者，其土地、牲畜、农具、多余的粮食及在农村中多余的房屋全部没收，其余浮财和底财一律不动；凡被划为富农者，其超过普通中农水平的土地、耕畜、农具、粮食和房屋予以征收；地主、富农兼营之工商业及所有与工商业相连的土地、房屋均不予以没收，以保护工商业；学田、族田、祠堂、寺庙、教堂及其他公共社团所有的土地一律没收分配。具体分配政策是：以乡为单位，对差别大的村作适当调剂，按照"中间不动两头平"的原则，保证使征收的财产分配到无地或少地的贫雇农手里。同时，让地主保留与贫雇农同等数量的土地，富农留足相当于普通中农的土地。中农财产坚决保护，完全不准动。一般的乡村工人、无业游民、乡村自由职业者及其家属,分给与贫农同样的土地;家居乡村的烈士、人民解放军指战员、人民政府及人民团体工作人员及其家属,分给与农民同样的土地与生产资料;外出还乡的地主、富农及敌伪人员愿意从事农业劳动的,均分给与农民同样的土地与生产资料;已经人民政府依法判决或通缉在案的汉奸、卖国贼及战争罪犯,其本人不得分给土地及生产资料。对于只有一口或两口人贫苦能劳动的农民,分给等于两口或三口人的土地,以便于耕种。山地、池塘、芦苇地及其他可分的土地,按普通土地的标准进行分配。分配土地和生产资料,必须经过乡民大会讨论,乡农代会决议,做到基本公平合理。

土地改革运动既是经济斗争,又是政治斗争,是一场深刻的革命。不少地主、富农对土改持敌视态度,表面拥护,暗地搞破坏或隐藏、转移财产。各乡在对恶霸地主加强管制和监督,强迫其劳动改造的同时,要求其做到“四要,六不准”,即要立功赎罪、重新做人,要老实劳动生产,要遵守政府法令,要服从群众管制;不准造谣破坏,不准参加反革命组织,不准破坏政府法令,不准倒算反攻,不准有越轨行事,不准私自非法集会。

在为期40天的土地改革运动中,全县参加土地改革运动者近20万人,召开大型斗争会1482次,斗倒恶霸地主1019个,判处死刑219人,逮捕判刑121人,管制953人,没收和征收地主、富农土地254 184亩,牲畜3254头,农具31 844件,房屋34 640间,粮食754 444斤。贫下中农61 702户,336 338人,共分得土地250 840亩,牲畜3204头,农具31 129件,房屋33 166间,粮食750 450斤,使广大贫下中农的生产条件有了很大改善,生活水平有了很大提高,在经济上翻了身。

第四步,土地复查。1951年10月,中共西平县委和县政府根据上级指示和广大群众的要求,在全县范围内结合第一批民主运动开展了土改复查与反破坏、反倒算斗争。首先开展“三查”,即查思想,克服麻痹轻敌和松劲退坡思想;查漏洞,认识土改遗留问题的危害性和土改复查的重要性;查敌情,揭发敌人反攻倒算的行为,认识敌人破坏的严重性。通过“三查”,贯彻复查政策,武装干部头脑,提高阶级觉悟,坚定阶级立场,增强执行党的政策的自觉性。在“三查”的基础上,开展“三追”“三反”,即追谣言、追旧欠、追红契;反破坏、反倒算、反黑地。对有破坏罪行的地主、富农和匪霸,开会斗争,严厉打击;对有严重反攻倒算行为罪大恶极的反动地主、富农,配合人民法庭,随斗随判,坚决镇压。在这段时间里,各区共召开斗争会196次,斗争不法地主、富农285人,匪霸42人,打击了敌人的气焰,鼓舞了人民的斗志。查执行政策、查土改漏网、查积压浪费、查分配不公,处理土改遗留问题,重新丈量土地。凡漏网的地主富农,坚决重划阶级,进行没收和征收;有不服者,同土改一样,组织群众进行斗争;对错划的中、贫农,坚决纠正,赔偿其损失,并退回错没收的土地和财产,对分配不公,干部多占者,立即纠正和退回。在复查中征收、没收的土地、财产及土改时没有分配的物资,全部分配给群众。进行民主建设,纯洁组织,改选乡政权。

经过为时5个月的土改复查,全县清查出漏网地主85户,漏网富农201户;复查中没收土地758亩,牲口161头,农具396件,追回土改时欠粮984 565斤,进一步孤立、打击和分化了敌人。同时,纠正了错划阶级和侵犯中农利益的现象,把原来错划的41户富农改为中农,错划的16户地主改为富农;并清洗了乡政权和农会中的不纯分子,改进了干部作风。

在土改复查处理土改遗留问题的基础上,各区、乡开始组织忠诚老实的积极分子丈量土地和填发土地证。全县共颁发土地证15万余张,土地面积1 121 220.4亩,其中熟耕地1 053 537亩。土地改革彻底废除了延续数千年的封建剥削土地制度,过去无地或少地的贫苦农民成了土地的主人,在政治上、经济上翻了身。土改后,全县广大农民个个兴高采烈,人人干劲十足,家家订计划,户户夺丰收。1951年,全县农业获得大丰收,除完成1827万斤的公粮任务外,还出售余粮2873万斤。入校学生由1949年的6925人增至19 279人。全县还办起扫盲夜校852所,33 785名青壮年农民成了夜校的学员。

### 三、镇压反革命分子运动

为了巩固人民民主专政,保卫人民革命的胜利成果,维护人民的根本利益,保障国民经济的顺利发展,中共中央和中央人民政府于

1950年3月,开展了全国范围内大规模的镇压反革命运动。1951年2月,中央人民政府公布《中华人民共和国惩治反革命条例》,给出了法律依据和量刑标准,对运动起了重要指导作用。

西平县从1950年3月开始镇压反革命工作。1950年6月下旬,县委、县政府召开区、乡主要负责人会议,传达学习信阳地委《关于加强治安、防止匪特暴动的决定》。各区、乡对干部群众开展锄奸防特教育,建立民兵组织,培训治安员,建立健全了情报网,做到公开有管制,秘密有情报,及时掌握匪特活动情况。同时,认真做好对匪特会道门及反动党团组织内部的分化瓦解工作,以达到争取、分化、孤立反动、镇压首要的目的。

1951年12月,县委、县政府遵照中央和省、地委指示,动员全县党员和群众,掀起了声势浩大的群众性镇压反革命运动。各区、乡一边召开动员大会,动员群众,武装骨干;一边组织大批干部深入群众调查匪情,发动群众揭发反革命分子及其活动,勇敢地同反革命分子作斗争。坚决贯彻三条原则:实行"党委领导,全党动员,群众动员"的群众路线,打破关门主义、神秘主义,使群众斗争同专门机关的工作相结合。实行镇压与宽大相结合的政策,即"首恶者必办,胁从者不问,立功者受奖",集中力量打击那些罪大恶极、怙恶不悛、为人民十分痛恨的反革命分子;对于罪恶不十分严重又愿意悔改的反革命分子,给予宽大处理。领导机关严肃认真,谨慎细致,注重调查和证据,不搞逼供信,贯彻"既不放过一个反革命分子,又不冤枉一个好人"的精神,注意"打得稳,打得准,打得狠"。1952年春,全县镇压反革命运动形成高潮。各区、乡在广泛发动群众,深入调查,掌握证据的基础上,抓获了一大批残余土匪、恶霸、特务、反革命党团骨干和反动会道门头子等反革命分子。为了加速而又审慎地处理已捕捉的反革命案犯,县委根据上级指示精神,成立了以县委书记为主任,公安局长、司法科长、县大队政委为成员的西平县审查案犯委员会,组织公安司法人员按照《中华人民共和国惩治反革命条例》,准确掌握政策,认真审查,严格手续,尽快作出判决。1952年3月8日—9日,全县各区分别召开宣判大会,惩处了一批在历史上有重大罪恶又有现行反革命活动的国民党地下军、特务、惯匪、恶霸、反动会道门头子和杀人犯，全县人民拍手称快。

在镇压反革命运动中，西平县委于1951年5月成立了镇压反革命分子宣传委员会，开展镇反宣传攻势。并按照地委社会部制定的《结合破案取缔反动会道门办法（草案）》，结合镇反，有计划、有步骤地取缔了县境内的一贯道、九宫道、西华堂、牛头会、红学等反动会道门。各区取缔反动会道委员会积极配合公安部门，捕捉反动会道首，分化瓦解会道众，基本摧毁了全县的反动会道组织。1951年6月下旬和7月初，又根据省委指示结合镇压反革命运动，在城关、仪封、合水、出山、权寨等城镇开展了反对封建文化运动。依靠城镇的工人阶级，团结工人家属、手工业者、劳动妇女、贫民、小商贩，组成广泛的统一战线，以公安部门为主体，充分发动群众，横扫城镇中的封建文化势力及各种恶风败俗，繁荣城镇经济。经过半年多时间的反对封建文化运动，基本上扫除和杜绝了贩毒、吸毒、卖淫、嫖娼、赌博、迷信等种种污秽行为。加上《中华人民共和国婚姻法》的宣传、贯彻和实施，全县的社会风气焕然一新。

至1952年年底，镇反工作基本结束。全县共逮捕特务匪首311名，惯匪161名，反动会道门头子、伪军官、不法地主及其他现行反革命分子603名，共计1075名。根据“镇压与宽大相结合”的政策，经过政法部门认真审查和地区批准，判处死刑58名，群众斗争后管制112名，宽大处理446名。

这次镇压反革命运动历时近两年，声势大、量刑准，且惩治与改造相结合，给反革命势力以毁灭性的打击，提高了党和政府的威信，提高了人民群众的政治觉悟，加强和巩固了人民民主专政，保障了抗美援朝、土地改革各项社会改革运动和国民经济恢复工作的顺利进行。

## 四、“抗美援朝”运动

美帝国主义打着“联合国军”的旗号侵略朝鲜，并用飞机轰炸中国边境城市，激起了全中国人民的极大义愤，西平县的干部职工和学生走上街头示威游行，声讨美帝国主义侵略朝鲜的罪行。1950年11月19日，中共西平县委召开抗美援朝扩大会议，成立抗美援朝分会。

各区、乡也同时成立了抗美援朝委员会，并组织644名报告员，巡回各机关、学校、街道、乡村宣讲国际形势和抗美援朝的重要性及必要性。同时，组织机关、学校的全体干部、师生每天进行两个小时的时事学习，了解朝鲜战局各个时期的变化与和平力量的强大，揭穿美帝国主义侵略朝鲜的阴谋、野心及其“纸老虎”真相。组织近万人的宣传大军，利用集会、演讲、街头宣传、广播筒、黑板报、漫画等多种形式，宣传抗美援朝的重大意义，使抗美援朝成为全县人民的舆论中心和自觉行动。

在广泛宣传的基础上，全县各单位和各区、乡召开群众控诉会达1466次，参会者达17万人，占全县总人口的43%。“五一”劳动节，全县各区、乡普遍举行抗美援朝示威游行，参加游行者达24.75万人，占全县总人口的60%。之后，户户订立爱国公约，参军参战，捐款捐物，从人力、物力、财力等方面进行支援，援朝抗战成了全县人民的自觉行动。

积极投入和平签名运动。1950年下半年至1951年年初，全国开展反对美帝国主义侵略政策，制止世界大战发生的和平签名运动。全县干部、群众和学生踊跃签名，不识字者找别人代签，全县签名者达20.65万人。1955年初，全国开展以反对使用原子武器，反对美帝国主义武装西德、日本为中心的签名运动，西平县有22.44万人签名，充分表达了西平人民反对战争、维护和平的决心。

踊跃捐款购飞机大炮，以实际行动支持抗美援朝。西平县委、县政府根据上级指示，1951年年初提出了捐献一架飞机和一门大炮的目标。由于还未进行土地改革，全县大部分人生活还十分贫困。全县人民满怀爱国热情，节衣缩食，踊跃捐献。半年时间，捐款15亿元（旧人民币1万元折新人民币1元，这里的15亿元折新人民币15万元），超额完成了一架飞机的捐款任务。后又捐款3亿多元，提前完成了购买一门大炮的任务。

参军参战，拥军优属。1950年冬，全县计划动员志愿军70名，报名者达373人。经体检和政审，有196人合格，超额完成了兵役动员任务。各机关、学校的干部、学生也争先恐后地报名参军，其中有263人参加了政治大队，走上保卫祖国的前线。1951年后，参军的热潮更高，妻送夫、父母送子、兄弟争先参军的动人事迹比比皆是。全县年年超额完成征兵任务。拥军优属工作广泛开展，全县缺乏劳力的1774户烈军属的15 442 亩耕地，全部由村民自动代耕。各区、乡团组织和各学校师生还纷纷制慰问袋、写慰问信，鼓励志愿军英勇杀敌，保家卫国。全县给入朝作战的人民志愿军寄送慰问袋3007 个，慰问信24 570 封。

爱国增产，爱国纳粮。全县人民把抗美援朝作为动力，努力做好各项工作。1951 年，农业生产战胜严重旱灾和虫灾，粮食总产达到2.68亿斤，比1950 年提高近一倍。全县1973 万斤的公粮任务，不到10 天就顺利完成。

## 五、“三反”“五反”运动

“三反”是指在党政机关内部开展的反贪污、反浪费、反官僚主义的运动，也叫反“三害”。“五反”是指在资本主义工商业者中进行的反对行贿、反对偷税漏税、反对盗骗国家财产、反对偷工减料和反对盗窃国家经济情报这五种违法行为的运动，也叫反“五毒”。

“三反”“五反”运动，是中国共产党在国民经济恢复时期，领导工人阶级打退资产阶级进攻的一场激烈的阶级斗争。新中国成立以后，政府采取保护私营工商业的合法经营和发展的政策，使私营工商业得到迅速发展。但有些不法资本家不满足于正常经营获得利润，反对国营经济的领导和人民政府的限制政策，趁市场商品供应紧张之机抬高物价，以非法手段攫取暴利。并行贿国家干部、偷税漏税、偷工减料、盗骗国家财产、盗窃国家经济情报，“五毒”横行。

南京市大伦营造厂承建西平车站仓库3 幢库房时，在施工中偷工减料，非法牟利2 亿多元。私营大兴烟厂行贿税务局驻厂员136 万元，从中偷漏税4000 多万元。城关镇一个私营工商业者以美人计拉拢国家税务干部，一年时间偷漏税2000 多万元。一个鞋铺奸商通过拉拢腐蚀干部，打入县粮食局当采购员，不但骗取公款，大肆挥霍，还盗窃国家财产价值3100 多万元。县城东关一个粮行老板以请客和行贿的办法拉拢腐蚀县粮食局干部、窃取经济情报，在市场上以高价抢购粮食，并大量套购国家粮食，囤积居奇，制造粮食紧张局面，从中牟取暴利。此外，全县还有不少较大的私营工商业者，千方百计窃取经济情报，哄抬物价，捣乱市场，与年轻的国营经济竞争，使经济领域邪气上升，国家在经济上遭受严重损失，老百姓也深受其害。

在资本主义思想影响下，一部分干部沾染了资产阶级恶习，忘记了党的艰苦奋斗的优良传统和廉洁奉公的工作作风、蜕化变质、争名誉、争地位、讲排场、摆阔气、贪图贿赂、出卖情报、使国家财产遭受不应有的损失。一部分干部被胜利冲昏了头脑，居功自傲，在和平环境中迷失了方向，认敌为友，丧失了阶级立场，在敌人的糖衣炮弹面前打了败仗，当了俘虏。有的则产生特权思想、官僚主义和命令主义作风，以至违法乱纪，脱离群众，造成党在群众中的不良影响和国家在经济上不应有的损失。

还有个别干部作风恶劣，道德败坏，打人骂人，调戏妇女，不经组织批准扣压群众等。权寨区一乡干部本是一个背负 5 条人命的反革命分子，混入革命队伍后，先后包庇 5 户地主和 1 户富农、1 个惯匪。县城一资本家伪装进步，篡夺了县工商联主席职务，又当选为副镇长。在任期间与资产阶级里应外合向人民政权进攻，并勾结特务组织大肆破坏，影响了政府形象和工作，群众对其恨之入骨。

西平县的“三反”运动从 1952 年春开始。第一步是召开党员会、团员会、干部会、骨干会等会议学习文件，提高思想认识。第二步是领导带头检讨自己，带动一般干部和群众作检查。在掌握了证据材料和政策的基础上，采取重点分析批判和领导谈话相结合的办法，促使严重贪污分子把问题交待出来。组织人员进行检查对证，做到不冤不漏。第三步是检查深挖自己犯错误的思想根源，召开会议进行批判，与资产阶级划清界限。第四步是总结鉴定，评选模范，建党建团，提拔干部。

在对有“三害”行为干部的处理上，采取改造与惩治相结合，宽大与严肃相结合的方针，即坦白从宽，抗拒从严，过去从宽，今后从严，多数从宽，少数从严的方针。对查出的贪污分子，凡贪污超过 100 万元，不满 1000 万元之贪污分子，只要情节不严重恶劣，彻底承认错误，保证永不再犯，一律不予刑事处分，但给予适当行政处分，并酌退赃款赃物；凡贪污超过 1000 万元的贪污分子，依其情节轻重，坦白程度，退赃和检举立功表现等,适当给予刑事处分,或免刑只给行政处分;对查出的浪费问题,一般铺张性超支和无经验造成的浪费与损失,给予批评,深刻检讨;对挥霍性的超支,腐化性的享受,因接近贪污性质,应交出多余物资,立即改正,酌情给予行政处分,情节特别严重者,可专案议处;对严重官僚主义和失职造成的浪费损失,给予适当行政处分,情节严重、给国家造成重大损失者,酌情给予刑事处分;对于犯有严重官僚主义的干部,给予批评,特别严重者,给予行政处分。根据上述原则,全县宣布处分63人,占犯错误干部总数的3.96%,其中受刑事处分、判机关管制的2人,受行政处分的61人,受党纪处分的12人,受团纪处分的17人。

1952年年初,在大中城市"五反"运动的影响下,西平县城和集镇的工商业者普遍情绪不稳,惧怕"五反",由大量的偷税漏税变为由大化小、瞒资囤货,或闭门停业,暗中经营。1952年3月,为开展"五反",县委组织机关干部学习大队,在县委统战部和县政府工商科组织指导下,每天晚上组织工商业者学习"五反"文件两小时。通过学习,工商业者认清"五毒"的危害,增强和"五毒"作斗争的自觉性。西平的工商业主要集中在县城和仪封、出山、合水、权寨、盆尧等几个大的集镇上,共有3067户,除几家私营烟厂外,基本无工业,较大的商店和手工业也只有三五百万元的资本,非法牟利的主要手段是隐瞒资本和营业额,从中偷税漏税,或贿赂税务干部,拖欠税款。在学习"五反"文件、提高思想认识的基础上,1952年6月县委宣布全县停止"五反"运动,只开展反偷税漏税斗争,号召工商业者积极开展经营业务,面向农村,大力支援工农业生产。

## 六、农村民主运动

1952年下半年开始的民主运动,是党领导下的农村群众对反革命与封建残余势力的政治斗争。这场政治斗争既是社会改革的补课,又是一场系统的民主建设运动,同时也是一种政治改造。整个运动分以下四步:

第一步,以批评和自我批评的方法开展民主检查,以查贪污腐化、查丧失立场、查强迫命令为主,结合完成整党、整团、重点解决干群关系问题,实现人民内部大团结。对于少数贫雇农不占优势的乡,坚决依靠贫雇农,发动群众打倒地主当权派,消灭封建残余势力,树立贫雇农领导优势,强化对敌专政。于营乡清洗了混进村政权的不纯分子12名。寇袁乡清洗了包庇敌人的乡长、民兵队长和混进乡政府机关的漏网富农团支书,群众高兴得吃喜面条。朱杨乡清除了混进农会并担任组长的伪团长。据八个区统计,共清洗乡政府主席13人,乡政府委员89人,组长199人,停职反省乡干部61人,撤职4人,使乡、村政权进一步巩固,干群关系进一步密切。同时,进行整党整团,在查思想、查立场、查工作、查作风的基础上,把全县804名党员、2895名团员分成好、较好、差三类,本着提高、教育、改造的方针,提高一类,教育二类,改造三类,最后对三类党团员和阶级异己分子分别进行了严肃认真的处理。共处理党员29人,其中开除党籍的13人,取消预备期的6人,判刑2人,撤职清洗3人,留党察看3人,警告和劝告各1人。在充分发扬民主的情况下,评选出模范党员125人,模范团员2510人;发展党员487名,发展团员1155名,壮大了党组织和团组织的力量。在整党整团的基础上,整顿干部队伍,采取面对面开展民主检查与背靠背小组酝酿提意见相结合的方法,进一步摸清了干部情况,对有历史问题和立场不稳包庇敌人的干部进行了处理。

第二步,依靠贫雇农,打倒地主当权派,消灭封建残余,树立贫雇农领导优势,强化对敌专政。首先召开贫雇农代表大会,进行宣传发动,解决依靠贫雇农和"巩固团结中农"的问题。自上而下的贯彻政策,自下而上的扎根串联,干部深入群众搞"三同"。其次是开展"三查",以回忆过去、对比现在的方法查专政,结合个别串联查翻身,在回忆过去受苦的基础上,查今天的地主是否老实了?该管制的是否管制了?该斗争的是否斗争了?贫雇农在经济上是否得到合理合法的一份土地财产,在政治上是否当家作主?对查出的问题,结合本乡和本村情况,在民主运动中逐项解决。对不老实的地主严加管制,该斗争的组织群众进行斗争。对土改中的遗留问题,本着"填坑补缺,有利生产"的原则,根据群众意见进行解决。

为了巩固胜利,强化专政,在解决土改遗留问题的同时,以乡为单位召开群众大会,面对面地对地主进行排队过关。排队结果,全县地主4421户，守法的3034户，半守法半违法的999户，严重违法的388户。最后宣布处理结果，被群众管制的违法户及其他反革命分子271人，被公安机关逮捕法办的29人。县委还本着“严格控制，可划可不划的户坚决不划”的原则，正确解决错划成分的问题。对各区所请示划为地主的171户，经慎重研究，属于可划的仅批准28户，纠正过去划错成分而进行适当赔偿的12户。

第三步，巩固运动成果，进行各种组织建设，民主选举乡政府，代表大会制度化。各乡镇相继建立、健全了党、团、民兵、妇女组织。乡政府下设六个委员会，分工明确，制度健全。

第四步，总结成绩，评比表彰工作模范和生产模范，制订生产计划，开展爱国增产节约运动。各乡、各村、各互助组纷纷制订计划，开展比爱国、比互助、比生产、比技术、比庄稼、比收成、比积肥的“七比”活动。乡与乡比，村与村比，组与组比，户与户比，人与人比，促使爱国增产节约运动不断深入开展。这次历时6个月的民主运动，尽管有一些偏颇的意识和不当的做法，但在当时特殊的社会背景下，对提高干部的政治觉悟，转变干部作风，打击敌人的颠覆活动，纯洁基层组织，巩固人民政权，促进生产发展等方面仍起到了重要作用。

## 第二节　完成社会主义改造

### 一、对农业进行社会主义改造

#### （一）建立农业生产互助组

土地改革后，分得了土地和牲畜农具的贫苦农民户户欢喜，人人高兴，劳动生产积极性空前高涨。土改后第一年即获得全县平均粮食亩产164斤的好收成。但也暴露出分散经营的小农经济的种种弱点，少牲畜、缺农具、劳力不足、顾此失彼、耽误农时、影响产量。农民迫切要求组织起来，发展生产，改善生活。县委、县政府根据党中央关于“组织起来，发展生产”的指示和“依靠贫农（包括下中农），巩固联合中农，逐步发展互助合作，限制富农经济剥削”的阶级政策，引导全县农民成立农业生产互助组和帮工组,走互助合作道路。在广泛宣传的同时,县委派两个工作组,到三里湾和刘渡口搞试点,在自愿两利的基础上,帮助农户组建互助组。各区、乡也都试办了互助组,用典型指导面上的工作。广大贫农、下中农看到成立互助组后,大家可以互相帮助,把庄稼种得更好,都纷纷自愿结合,组织互助组。原来三户两户之间的旧式合犋,迅速发展成了10户左右的互助组织。

一些贫农组成的互助组,因牲畜和农具少,生产上仍有不少困难。1951年春,县委、县政府采取两条措施:向全部由贫农组成的“光蛋组”发放一批农业生产和生活贷款,在经济上进行扶持。对已组织起来的互助组进行初步整顿,依照“自愿、两利、民主管理”三项原则和“依靠贫雇,团结中农”的阶级政策,批判了排斥贫农的倾向,树立了贫农的优势,调动了广大贫下中农走互助合作道路的积极性。到1953年年底,全县的互助组已发展到7979个44 414户,占总农户的45.1%,其中参加常年互助组的农户占参加临时互助组总户数的50%以上。1954年春,盆尧、洪河、仪封、合水等区开始出现牲畜合槽互助组。合作化生产已呈明显趋势。

互助组普遍建立后,各乡利用互助组集体的力量,全面开展了打井挖渠、抗旱排涝、防治病虫灾害等工作,增强了抗御自然灾害的能力。1953年,在水、旱、虫灾连袭的情况下,全县仍获得较好收成,粮食总产23 409万斤,比1952年增产3167万斤。农民已在实践中看到了走合作化道路的勃勃生机。

(二)建立初级农业生产合作社

1953年冬,西平县在广大干部群众中宣传贯彻党在过渡时期的总路线,并根据党中央“关于发展农业生产合作社的决议”,在全县农村大张旗鼓地宣传党中央的决议和合作化的优越性,向农民明确地指出:小农经济是站在十字路口的经济,它的自发倾向是两极分化。并以土改后出现的买卖土地、放高利贷、雇工、出租等事例教育群众,使他们认识到,要想堵死贫富分化的资本主义道路,必须在共产党的领导下,走社会主义道路。提高广大群众的社会主义觉悟,组织农业生产合作社,走合作化道路。

县委因势利导，号召全县的常年互助组积极创造条件向农业合作社转变。派副县长李星午和团县委副书记罗耀宇带领两个县委工作组，分别在洪河区邵庄乡和盆尧区于营乡搞合作社试点。各区选派得力干部建立区委试点。

1953 年 10 月 10 日，在县委工作组帮助下，邵庄乡第一农业社和于营乡第一农业社同时建立。各区委的试点社也先后于冬季建立。仪封区在陈守仁互助组和张大毛互助组的基础上，同时建立了两个农业合作社。1954 年春，全县又建立 14 个初级合作社。为美好的社会主义远景所鼓舞，走合作化道路的热情很高，纷纷要求转社。为加强党对农业合作化运动的领导，县委于春季设立了农村工作部，并抽调人员组成了互助办公室。麦收后即举办互助合作培训班，对准备转社的互助组骨干进行培训。认真贯彻执行"书记动手、副书记专责，全党办社"的方针和党在农村的阶级政策，切实加强领导，确保办一个成一个。及时发放贫农互助合作基金贷款 34 542 元，在经济上对 171 个新合作社进行扶持，帮助贫农解决摊兑股金的困难，推动了合作化运动的发展。至 1955 年秋，全县初级农业生产合作社发展到 2021 个，入社 77 366 户，占全县农户总数的 78.9%，全县基本实现初级农业合作化。

（三）建立高级农业生产合作化

全县在 1955 年冬季基本实现初级合作化的基础上，1956 年春季，高级合作化高潮便接踵而至。

高级农业合作社的规模一般 200 户左右，1000 多口人，耕地 2000～4000 亩。组织结构以社员大会或社员代表大会为最高权力机构；社管理委员会为行政领导机构。设社长 1 人，副社长 1～5 人。其中有 1 名女副社长，会计 1 人，出纳兼保管 1 人。高级社下设生产队，一般每个队 25 户左右，设有队长、副队长、会计、记工员。由于高级社规模较大，社内建立党支部和团支部，所有社、队干部全部通过社员大会或社员代表大会民主选举产生。

高级社的组织机构、干部职权、任免时间、社员大会和社员代表大会及其职权范围，社的性质、各项生产、财务制度、分配制度等，均在社章中作详尽规定。

1956 年春，全县高级农业合作社发展到 402 个 94 976 户，占农户总数的 97% 。

建立高级农业合作社后，土地面积广，水利规划的区域限制小，给挖渠和修筑塘堰坝提供了有利条件。1956 年各区、乡迅速掀起了水利建设高潮。全县投入水利建设的劳力达 7 万多人。一个冬春，打成砖、石、竹井 10 324 眼，并建成了一批塘、渠、堰、坝和小水库，增强了抗御自然灾害的能力。

建立高级农业合作社，是中国共产党领导 5 亿农民进行的又一次深刻社会变革，这种生产关系的根本转变，对于确立社会主义制度，逐步改变农村贫穷落后面貌至关重要。

（四）人民公社化运动

1958 年 5 月，西平县根据上级小社并大社的指示，将 1957 年 3 月合并后的 33 个乡并为 25 个乡、镇。1958 年 7 月又将 25 个乡镇合并成立 15 个人民公社，人民公社下设生产大队和生产小队。

初建时期的人民公社，在经济管理上是用行政手段“一平二调”：各农业社的积累和财产均无代价上调归公社所有，社员的自留地收归集体，实行统一种植、统一核算、统一分配。在生产生活方面实行“四化”，即组织军事化、生产战斗化、管理民主化、生活集体化。也就是按军事编制组织劳动力。在生产上实行统一指挥，大兵团作战。在生活上，基本是一个自然村建一个公共大食堂。所有社员均在食堂凭票领饭吃，不准立小灶。在分配上，改合作社时期的二次预分一次决算的分配制度为“基本工资加奖励”和“粮食供给制”。在福利事业方面，各人民公社都建立了“幸福院”“妇产院”“幼儿园”和“托儿所”。对老人和儿童集中管理，生活免费。在文化教育方面，各公社都办起“红专大学”，免费吸收具有初小以上文化程度的青年参加学习。对文盲社员，则由大队或生产队举办扫盲班，在夜晚或农闲时开展扫盲活动。同时，人民公社的各级干部还号召社员人人写诗，并经常举办赛诗会，活跃文化生活。

1958 年 10 月至 1959 年 3 月，西平县的人民公社由公社核算改变为公社、大队两级核算。

1959年3月，县委根据中共中央《关于人民公社若干问题的决议》和河南省六级干部会议精神，决定逐步实行公社、大队、生产队三级核算，各计盈亏，实行集中领导，集中经营，分级管理制度，划分了公社、大队和生产队管理范围和职权，大队对生产队实行包工包产、超产奖励制度。

1960年11月，中共中央《关于农村人民公社当前政策问题》的指示下发后，县委立即贯彻执行，开始纠正"一平二调"，允许社员经营少量自留地和小规模家庭副业。在生活上取消公共食堂，恢复社员家庭锅灶。在分配上，取消"工资制"和"供给制"，实行评工记分，按人头和工分额分配，其他脱离实际的福利、教育、生产方式也相继取消。

1961年3月，中共中央制定的《农村人民公社工作条例（草案）》，即"农业六十条"下发后，县委领导全县人民开展了反五风运动，即反共产风、浮夸风、命令风、干部特殊风和生产瞎指挥风，认真解决了人民公社"一平二调"的问题。全县共清出平调财物折合人民币3628万元，并进行了退赔，同时解决了部分人民公社的财物管理问题，进一步完善健全了经济管理制度并允许生产队把一部分土地预借给农民自己耕种，以渡难关。1961年12月至1962年，县委根据上级指示，分三批落实人民公社"三级核算、队为基础"的政策，确立以生产队为基本核算单位，生产队直接组织农业生产，独立核算收益和分配。人民公社和生产大队一律不得无偿调用生产队的土地、大牲畜、农具、劳动力等。生产大队在需要组织协调大生产时，对生产队实行"三包一奖"，即包工、包产、包成本、超产奖励制度。县委为解决人民公社规模偏大问题，于1962年3月撤销了老王坡人民公社，建立了李庄杨、人和、五沟营三个人民公社；从出山划出酒店、芦庙两个公社。1962年5月，设立杨庄水库迁安办事处党委。1962年10月，又将城关公社分为城关镇和城关公社。至此，全县辖18个人民公社。

经过采取上述措施，纠正了人民公社初期的错误，在许多方面使人民公社退回到高级农业社或初级农业社水平上来，完善巩固了人民公社体制。

1983年10月，县委根据中央《关于实行政社分开建立乡政府的通知》精神，先后对全县各人民公社体制进行了改革，取消了人民公社建制，建立了人民政府和乡人民代表大会制度。原人民公社下设的生产大队和生产小队也同时更名为村民委员会和村民小组。

## 二、对民族工商业进行社会主义改造

### （一）对私营商业的改造

新中国成立之初，农民不愿再受私营商业高利盘剥，迫切要求组织适合新形势，能满足自己要求的商业经济组织合作社。1950年10月，县政府设立合作科，发动群众入股，筹建供销合作社。至1952年年底，全县共成立供销合作社11个，门市部和零售网点97个。并成立消费合作社、缝纫合作社和铁业生产社各1个，共有社员85 908人，股金117 357元，入社费8318元，32个集镇中有28个建立了合作社组织。供销合作社在吸收社员入股的同时，还吸收一些私营工商业者参加生产和经营，增强了合作社的生产、经营能力和竞争力。至1953年年底，供销合作社发展到9个基层社32个分销点、168个门市部。其中零售门市部106个，收购门市部38个，批发门市部18个。

在大力发展供销合作社的同时，在县城逐步发展国营商业。1950年成立烟酒专卖合作社，1952年成立食盐批发站，1953年8月成立煤建公司，1954年成立纺织品公司，1955年4月成立石油公司；后又成立食品公司，自供销合作社分出粮油公司、贸易公司等。

供销合作社和各国营公司成立后，对大宗商品分别进行专营，打破了资本主义工商业的垄断经营，加强了对资本主义工商业的改造。在此基础上，开展批发和零售业务，与私营工商业展开激烈的竞争，逐步占领和控制市场，掌握物价，消除中间剥削，在保证物资供应的同时，保护消费者利益。粮油公司、食品公司和供销社收购站，开展粮、油、猪、牛、羊、蛋等农副产品的收购工作，制止了私商的投机倒把，增加了群众收入。

国家对粮、棉、油等农产品实行统购统销后，部分私商仍暗地非法经营。国合商业随即成立了31个粮食、棉花服务部，以公平的交易和优质的服务占领了粮油和棉花交易市场，制止了私商的黑市交易及高利贷的盘剥。县、乡成立市场管理委员会，由国营商业和供销合作社分别负责县城和农村初级市场的改造工作，使私营商业逐步纳入国家计划轨道。

在对私营商业进行改造中，为发挥私商在活跃经济中的作用，国合商业正确贯彻执行国家关于对私营商业“利用、限制、改造”的政策，供销社调整与撤销门市部 11 个，交还烟厂 1 个，交出商品 9 种，调整 120 种价格，解雇职工 30 人。贸易公司撤销了出山、合水两个门市部。国合商业作出让步，调动了私营商业的积极性，挖掘了不少资金，扩大了商品流转，有利于国计民生。

1955 年，县委在积极领导农业合作化运动的同时，贯彻执行中央关于“从整个农村市场供销需要出发，本着统筹兼顾，全面安排，积极改造”的方针，成立改造资本主义工商业办公室，加强对私商的改造工作。按照“全面规划，加强领导，全面发动，一次改造”的办法，先在合水进行试点，取得经验后在全县推广。至 1956 年年底，全面完成对资本主义工商业的改造任务。全县 1363 名私营商贩，分别纳入各种改造形式的有 1317 人，其中公私合营 6 个，组建合作商店、饭店共 65 个社会主义改造完成后，为加强对私商的政治思想教育，县供销社连续举办了 5 期培训班，培训公私合营和合作商业组长、会计、骨干分子 876 人，并根据业务需要，吸收 68 名优秀积极分子过渡为国合商业职工。

（二）对工业和手工业的改造

新中国成立后，党中央号召手工业者组织起来，走共同富裕的道路。1951 年初，县委、县政府在筹办供销合作社的同时，开始搞改造手工业试点，先后在城关建立益民手工业铁业社和利民缝纫社，在出山建立了供销社星火手工业加工厂，入社社员 34 名。手工业合作社集体劳动，明确分工，统一购料，统一销售，实行按劳取酬的工资制，合理积累，既发挥了组织起来力量大、技术强的优势，又调动了每一个社员的积极性。至年底，3 个合作社规模均比建社初扩大了一倍，社员也增加到 72 人。

1953年,党的过渡时期的总路线提出后,对工业和手工业的社会主义改造进入一个新的时期。县委研究成立工业行政管理机构和手工业联合社筹委会,加强对工业和手工业社会主义改造的领导。根据第四次全国手工业生产会议提出的"全面安排,积极领导,稳步前进"的方针,在全县手工业者中开展总路线教育,并召开全县手工业者代表会议,学习贯彻总路线,研究部署对手工业的改造工作。参会代表积极宣传,带头组织手工业合作社,全县新成立49个手工业合作社和手工业生产组,社员580多人,占全县手工业总人数的31%。县委、县政府组织12个工作组,深入12个工厂调查了解他们的设备、人员、资金、产品和经营情况,在对厂主和工人进行社会主义教育、提高思想觉悟的基础上,采取公私合营的方式,对县内的小工厂全部进行社会主义改造,并发放大量贷款进行扶持,促进了工业企业的发展。

1956年1月,在全国工商业社会主义改造高潮推动下,全县手工业劳动者纷纷要求组织起来,形成了手工业合作化高潮。至1956年3月底,全县有1208人组织到24个手工业合作社中,个体手工业者由1954年的1436人下降到24人,占手工业总人数的1.2%。年底,在对手工业社组建整顿巩固的基础上,根据生产需要,将一部分手工业社交给当地农业社和商业部门领导。部分社由于生产性质不同,而分成单一行业的手工业社。一部分手工业者则转为以种田为主的农民。至1956年年底,全县有手工业合作社19个,社员1203人。1956年、1957年,全县出现全民动手大办工业热潮,相继办起一批新工厂。原益民手工业合作社和星火手工业合作社转为地方国营第一、二机械厂,原利民社、新民社、华民社、窑厂、白铁社、印刷社、建筑服务社以及公私合营的大兴烟厂转为地方国营缝纫厂、砖瓦厂、修配厂、竹木厂、印刷厂、建筑工程队、大兴烟厂等9个企业,促进了全县工业的发展。

## 三、整顿党的组织纯洁干部职工队伍

### (一)"肃反"运动

根据中央提出的"既能肃清一切暗藏的反革命分子,又能保证各项任务完成”原则，中共西平县委结合本县具体情况，提出“全县肃反运动应该紧密结合各项中心工作，有计划、有步骤、有领导、有准备地分批开展”的工作要求，1955 年 4 月，经地委批准，成立“肃反”5 人领导小组，组长为县委副书记徐庚杰，副组长韦克斌、王彬。在“肃反”小组领导下，成立了 9 人组成的“肃反”办公室。西平的“肃反”工作分 3 批进行。

第一批始于 1956 年 12 月 15 日。参加集中学习的 1122 人，其中党员 383 人，团员 355 人，一般干部和中学、完小教师 484 人。按级别分，县级干部 7 人，区级干部 85 人，乡级干部和中学、完小教师 1 037 人。经过 11 天的集中学习和猛烈的政治攻势，使暗藏的反革命分子防线崩溃，主动交代了自己的历史问题。

第二批“肃反”始于 1958 年 1 月。参加单位 292 个，参加人员 6054人，包括乡干部、初小教师、商业系统和公私合营企业干部职工、剧团演职员、手工业者和船民等，这批肃反，群众发动充分，运动进展顺利。

第三批始于 1958 年 11 月，1959 年 3 月止。参加“肃反”新扩建单位 44 个，总人数 21 520 人。鉴于参加这批“肃反”的都是新扩建单位和新人，多数无历史档案资料，且人员众多，在运动中结合建立个人档案，采取了十查的方法，即：查出身、查成分、查籍贯、查年龄、查经历、查社会关系、查经常接触哪些人、查在历次运动中的表现、查整风运动鸣放材料，等等。通过此法将掌握的材料分类排队，找出问题，确定“肃反”对象。

整个“肃反”运动共参加 30 375 人，清查出反革命分子和坏分子 374 人。其中特务 20 人，土匪 39 人，汉奸 3 人，反动党团骨干 44 人，伪军政警宪 173 人，反动会道首 10 人，坏分子 39 人，阶级敌对中的反革命 24 人，现行反革命 6 人，刑事犯罪分子 12 人，其他 4 人。县政法机关在掌握确凿事实的基础上，对清查出的反革命分子和坏分子依法进行了处理。其中判处死缓 1 人，判处有期徒刑 44 人，社会管制 129 人，管制劳教 16 人，管制留用 40 人，捕送当地处理 3 人，开除劳教 22 人，开除回家 96 人，受开除留用察看等处分的 23 人。通过开展群众性的肃反斗争，不仅挖出了一批暗藏的敌人，彻底铲除了残余反革命势力,纯洁了革命队伍,也使广大干部群众受到了一次深刻的阶级教育,学会了对敌斗争的本领,擦亮了眼睛,划清了阶级界限,使政权更巩固,社会更安定。

(二)“审干”运动

根据中央和省地委指示,1955 年 8 月,西平县开始对干部进行审查。县委成立审干委员会,设立审干办公室。审干工作几乎是和肃反、农业合作化、工商业社会主义改造等同时进行,工作多而复杂,各级干部既是各项工作的领导和动力,又是被审查的对象。县委抽调 16 名干部,组成两个审干试点工作组,于 1955 年 8 月 8 日分别到县政府、银行进行试点工作,年底结束。两个试点共有干部 160 人,经审查,有问题的 58 人,其中列入“肃反”对象 8 人;结论为一般历史问题的 50 人。在试点工作取得一定经验的基础上,1956 年 1 月 10 日,县委制定了《关于审查干部工作规划意见(草案)》,决定分三批对全县干部进行审查。

第一批,1956 年 1 月开始,共开展 8 个单位,干部 789 名,其中属地委管理的 47 人,一般区级干部 149 人,区级以下干部 593 人。县审干办公室抽调专干 47 人,经过培训后,分别派到 8 个单位,采取走访群众、查档、到外地调查等方法,直接审查区级和助理员以下干部,到 1956 年 6 月份结束。

在第一批审干工作顺利结束的基础上,第二批“审干”工作随即开始。根据上级重点审查骨干干部、停止审查一般干部的指示,这批只对 98 名助理员级干部进行了审查。

第一批和第二批共审查干部 887 人。经审查,有问题的 187 人,根据其问题性质、情节轻重、态度好坏,处理 36 人。其中,开除党籍 1 人,留党察看 3 人,撤销职务 3 人,严重警告 4 人,警告 5 人;行政处分:撤销 4 人,记过 6 人,警告 1 人。其余 9 人受轻微处分。第二批审干即将结束时,根据党中央“不错不漏”的审干方针,对试点和前两批审干工作进行了全面、深入、细致的复查,对查出的 51 起问题重新作了调查和结论处理。

第三批审干是在“整风”“肃反”、反右派斗争基本结束后,于

1958 年 3 月开始。共列入审查范围 2886 人。其中教育系统 1350 人,卫生系统 55 人,商贸系统 354 人,乡干部 478 人,公私合营私方管理人员 2 人,其他单位尚未审查的干部 18 人。经过 3 个月的审查,查出国民党员、三青团员、敌伪军政警宪人员、特务、保长或相当级别以上人员、反动会道门一般成员、一贯道三才以上骨干等有问题人员 297 人。其中,有重大问题交给肃反的 8 人,不审不结的 79 人,保留问题的 8 人,其余人员酌情给予了党纪、政纪处分。

1960 年 7 月,又对社直、大队、生产队、工厂干部全面进行了审查,年底结束。

这次审干,摸清了每个干部的政治面貌,为健全人事制度、正确管理干部打下了可靠的基础。

## 第三节　全面开展社会主义建设

新中国成立后,广大人民群众迫切要求改变贫穷落后面貌,在生产建设中发挥高度的社会主义创造精神,艰苦奋斗,发愤图强,各方面的工作开始出现跃进局面。

### 一、大力兴修水利,提高抵御灾害的能力

西平地势是西高东低,西部为浅山区,有大小山峰十余座,汛期山洪横泻。东部平原地带有号称“八大坡”的洼地。新中国成立前多处还是“夏季水汪汪,冬季白茫茫,春季水草生,年年闹粮荒”。为改变这种状况,西平在党的领导下,自力更生,艰苦奋斗,大兴水利,改天换地。从 1951 年起,全县兴建的主要防汛排涝工程有:老王坡滞洪区,蓄水量 2.1 亿立方米,建中、小水库 9 座,总库容量 5097 万立方米;对洪河、淤泥河和柳堰河等拓宽疏浚,裁弯取直,扩大河槽断面,提高过水能力,使洪河过水量由原来的 90 立方米/秒增大到 240 立方米/秒。在治理骨干河道的同时,兴修田间干沟、支沟、斗沟、农沟、毛沟 6 288 条,共计 5664 公里,形成较完整的排水系统。在兴办除涝工程的同时,全县还兴修了灌溉工程,扩大了灌溉面积。其中打机井 10 129眼,机电灌站 69 处,自流灌区 7 处,喷灌机组 441 部。从 20 世

纪50年代到20世纪80年代初，全县人民在各项水利工程建设中累计完成土、石和混凝土1.18亿立方米。国家投资3253万元，群众自筹1.5亿元，解除涝灾面积38.9万亩，占全县原有低洼易涝面积的85.3%；灌溉面积发展到38.46万亩，占全县耕地面积的37.87%。如此浩大的工程，只有在中国共产党的领导下，充分发挥社会主义制度的优越性才能完成。

### 二、大力发展工业，巩固壮大集体经济

新中国成立后，县政府大力扶助手工业及私营工业，并开始建立国营工业。1951年建立劳改面粉厂，为县内第一家国营工厂。1953年有国营工厂3个，1958年大办工业，成立县工业局。年底有国营工厂19个，职工2420人，工业总产值296万元。1969年后，陆续建立规模较大的农机修造厂、砖瓦厂、水泥厂、化肥厂、电器厂、中药厂。1969年11月，县机械厂转为轴承厂，专业生产轴承，该厂通过添置先进设备，加强技术攻关，试制成功“乘风牌”合金光球板，质量达国内先进水平，后生产的“古塔牌”204轴承远销泰国、新加坡、菲律宾、印度尼西亚、意大利等国和香港地区。1970年建起的中药厂，其主导产品冬凌草片属全国首家生产。后经中国土畜产进出口总公司河南省分公司批准正式出口。易名“哦喉宁片”远销香港地区和新加坡、马来西亚等国，被当地报纸誉为“河南省四大特效成药”之一、“中国最新特效中成药”。

### 三、树典型，学先进，掀起农业生产新高潮

1964年，西平县广大干部群众开始学习大寨人自力更生、艰苦奋斗、战天斗地的精神，大搞农田水利基础建设，努力提高抗御自然灾害的能力。全县中部和东部公社的农民积极平整土地、挖沟修渠、打机井；西部山区的农民则修水库、造梯田。在火热的生产高潮中，涌现出师灵公社朱庄、盆尧公社于营、专探公社朱庄等一批先进典型。1969年1月16日—22日，县革委组织全县生产队以上的干部参观朱庄的农田水利建设、科学种田和社队企业。朱庄大队党支部书记冀桂昕在会上介绍了经验，师灵公社朱庄、杨环，盆尧公社于营，专探公

社朱庄4个大队向全县发出“学大寨、赶朱庄”的倡议。会议上，县革委作出《关于在全县进一步学大寨、赶朱庄的决议》。驻马店地区革命委员会和河南省革命委员会先后作出决定，号召全地区和全省学大寨、赶朱庄。朱庄成为全省和全国学大寨的先进典型。在以后的几年内，省内外到朱庄参观学习者络绎不绝。朱庄大队党支部书记冀桂昕先后被提拔和任命为师灵公社党委书记、县委副书记、县委书记，并在中共第十届全国代表大会上当选为中央候补委员。

西平县由于持续开展学先进、赶先进运动，农业生产条件得到了改善，粮食产量逐年提高，工业生产也有一定的发展，各项工作步入豫南各县前列。

# 第八章

# “75·8”洪灾记略

## 第一节　洪灾简况

1975年8月,洪汝河流域普降大雨和暴雨,致使山洪暴发,河水猛涨,造成堤坝溃决,洪水泛滥成灾(简称“75·8”洪灾)。西平县除西部浅山丘陵区外,平原坡地一片汪洋,皆成泽国,暴雨袭击、洪水横流之处,房倒屋塌,田禾淹没,交通断绝,电讯中断,国家、集体和个人财产均遭受极大损失。群众生命安全受到严重威胁,所受洪灾范围之广,程度之重,是新中国建立以来所未有,也为历史所罕见。

引发这场大洪水的暴雨,是三号台风形成的低气压深入到洪汝河流域后,停滞少动而造成的稀遇特大暴雨。1975年8月4日至8日,连续降雨5天。尤其是8月5日至7日,日降雨量均在200毫米以上,3天降雨量占这次降雨总量的95%。根据西平、舞阳、遂平3县6个雨量站的记录,8月5日至7日的雨量分别是:谭山654.2毫米,杨庄811.8毫米,西平845.6毫米,陈坡寨749.4毫米,石漫滩818.2毫米,神沟庙822.7毫米。

此次县内降雨量8.58亿立方米,上游县外来水量23.65亿立方米,使西平在“75·8”特大暴雨洪水期间承受的洪水总量达32.23亿立方米。且下游泄洪不及,洪水在县内停留达半个多月之久。洪水沿洪河、淤泥河和柳堰河两岸,自西向东漫流而下,决河堤,翻铁路,横扫县境17个社、镇。洪水所到之处,淹没田园,冲走财物,群众饱受水灾之苦。县境内洪河北岸南北水面宽达10公里。洪水最大时,地面平均水深1.5米。吕店与观音寺之间,西出路两侧,玉米天缨被淹,

高粱仅露出穗,水深在2~2.5米。

杨庄废水库入水达13.35亿立方米,高程达71米,库区西半部地面积水深2~3米,东部3~4米。董坑、马楼等大队水深4.5米。

老王坡蓄洪区入水达20亿立方米之多。8月8日14时蓄洪水位涨至最大高程,达59.21米,相应容量为4.54亿立方米,为设计蓄洪量的2倍多。区内水深2米以上,其中老王坡农场二站与三站之间淤泥河两侧水深4.5米。同期,京广铁路由于阻水,路西水位较路东高1.3米,水位高程达到60.51米。平地水深1.5~2米。于桥、席赵等大队水深2.5~3米,大李、李庄铺等大队水深3~4米。

洪河右堤决口之水,沿南岸东流,北起洪河南堤,南到蔡寨岗北边沿,宽8公里,红澍河、柳堰河水连成一片,洪水殃及城关和西平火车站。8月8日至9日两日水最大,城东街护城河以东全部淹没,城内至火车站来往人皆乘筏坐舟,车站街水深1.5~2米。

8月8日6时汝河洪水流入二郎、焦庄,翻京广线后,流入重渠公社南半部。焦庄公社院内水深2.3米,郝庄、胡坡、徐庄、郭草楼水深3米。

## 第二节　灾情统计

洪水过后,对全县灾情进行调查。因灾所致死亡944人,受伤1.5万人,各类疾病病员11万人,累计发病37.95万人次,其中痢疾、肠胃炎、疟疾和红眼病发病率高,占发病人数的62%。大牲畜死亡4.2万头,占原有大牲畜的69.8%,有772个小队的牲口全部死亡。倒塌房屋48.97万间,占原有房屋的69.9%,有855个村庄的房屋几乎全部垮塌。全县损失粮食1.6亿公斤。淹没农作物96万亩,其中绝收90万亩,农业机械、小件家具和生活用具80%以上因受水淹或房屋倒塌而致毁。全县损失总计折款达6.037亿元。全县灾情可分为四类:

第一类,毁灭性灾害。房屋几乎全部垮塌,作物绝收,大牲畜和生产生活资料损失在90%以上。属这类灾情的有160个大队,1679个生产队,7.26万户,40.4万人,耕地65.2万亩。位于杨庄废水库内的杨庄公社董坑大队,全村平地积水深4米,死亡68人。原有牲畜

268头,死亡260头。原有房屋2616间,倒塌2593间。师灵公社部庄大队黄沟村,地处杨庄废水库大坝扒口下,紧靠洪河北堤,洪水袭来在此处决口,水头高3米多,全村房屋、财物全部冲光,地刮3尺,砖头被冲走数百米远,其中一个石磙被冲走300米远,全村仅剩3棵柳树,时称"三柳庄"。

第二类,特重灾害。房屋倒塌90%以上,作物绝收,生产、生活资料损失80%以上,牲畜死亡70%以上。属这类灾情的有41个大队,478个生产队,2.08万户,11.7万人,19.5万亩耕地。

第三类,重灾。房屋倒塌50%以上,农作物基本绝收,生产和生活资料损失50%,牲畜死亡50%以上。属这类灾情的有34个大队,278个生产队,1.36万户,6.26万人,3.62万亩耕地。

第四类,轻灾。部分房子倒塌,作物有一定收成,生产、生活资料有一定的损失,牲畜没有死亡。这类灾情,全县有29个大队,231个生产队,1.18万户,5.7万人,10.36万亩耕地。

## 第三节　抗洪抢险

1975年8月2日—6日,县里正在召开小麦生产总结和表彰大会。1975年8月5日夜晚,全县普遍猛降暴雨,河水迅速上涨,石漫滩水库为保坝安全,电告西平放水,流量达440立方米/秒,但本县洪河最大允许流量仅340立方米/秒。县委根据雨量和水情,及时进行研究。县委副书记姜惠东8月6日8点召开全县电话会议,统一部署抗洪抢险工作,决定采取三条措施:①为确保桂李以下洪河堤防安全,决定桂李引洪道提前开闸进洪;②如果洪河水位继续上涨,立即从洪河上游南岸有计划地扒口分洪;③立即动员受淹地区的群众及早转移,确保人、畜安全。8月6日上午10时,县委又召开各局委及工厂负责人会议,紧急动员起来,全党全民防汛抗洪。在8月6日上午11时结束的全县小麦生产总结和表彰大会上,县委第一书记冀桂昕向参会人员通报了雨情和汛情,要求大家立即返回各公社,组织和带领群众抗洪抢险。8月6日下午3时,各单位抽调人员,均按照县委指示,冒雨分赴灾区,投入抗洪抢险。县委常委作了明确分工,分片坚守，带领广大群众防汛抢险。

在抗洪抢险斗争中，各级党委、广大干部、党员和解放军战士身先士卒，与群众同甘共苦。县革委副指挥长贾兴法，在水位急速上涨，洪水泛滥，群众被围困的紧急关头，带病坚守在城西吕庄桥，组织船只和木筏，抢救被洪水包围的群众。县委副书记张国义分工负责老王坡蓄洪区抗洪抢险，8 月 6 日—10 日，连续 5 日都在抗洪第一线坐镇指挥。人和公社党委书记苏松林，在抢险工地，组织 6 个大队的民兵、社员共 4000 余人，分段把守乾江河南提，当水位继续暴涨，河堤出现漫溢时，又率领民兵抢救灾民，使之安全转移。县人民武装部的干部战士发扬解放军的光荣传统，深入洪灾最严重的地区抗洪抢险。8 月 7 日，数百名群众被阻在引洪道吕庄桥西，军事科长张泉水等 10 多次涉水过河，把被阻群众安全转送到河东岸。武汉军区某炮兵部队 20 余人，被分配在城西吕庄，抢救桂李引洪道以西 6 个大队的群众，8 月 7 日—10 日，与洪水持续搏斗 4 天 3 夜，抢救受难群众 3200 人。在最困难的日子里，他们每天每人只能吃到两小包饼干，喝点生水。眼熬红了，嗓子喊哑了，手足溃烂了，无一人离开抢险第一线，直到被洪水围困的群众全部脱险。因到城里办事，被洪水困在县城的杨庄乡操场村青年农民张津成，自告奋勇给解放军当向导，驾橡皮船到宋集乡抢救被洪水围困的群众，在洪水中奋战 3 天 3 夜，一直到洪水开始退去才离开橡皮船回自己的家乡。航运站的船民在共产党员曹学有带领下，充分发挥自己的一技之长，驾船破浪，往返于灾情最重、最危险的区域，营救灾民，运送食品。8 月 6 日—10 日，共出动船只 26 艘，船工 57 人，营救灾民 2.25 万人，转运粮食 1.2 万公斤，运送面粉、干粮和食品 1.8 万公斤。

## 第四节　八方支援

洪水灾害发生后，党中央和毛泽东对灾区人民群众十分关怀。当西平人民还在洪水围困之中，生命受到严重威胁的时候，及时派来了解放军和医疗队，并出动飞机空投救生器材和食品。1975 年 8 月 8 日—12 日，飞往西平的飞机达 32 架次，空投橡皮船 23 只，糕点、干粮等各种食品5万公斤，赴西平救灾解放军320人。1975年8月9日党中央发来慰问电，1975年8月12日派来以纪登奎为团长、乌兰夫为副团长的中央慰问团，亲临洪汝河流域灾区视察灾情，指导救灾工作。

许多省、市和河南省未受灾地区的党委和政府，在得知西平受灾的消息后，迅速抽调干部、率领人员、携带物资，奔赴灾区，千方百计支援灾区。

为了尽快恢复生产，重建家园，从全国各地源源不断运来100多种物资，至1975年年底，国家调拨给西平粮食9100万公斤，棉布140万米，棉絮18.5万公斤，救灾款1297万元，种子108万公斤。同时在各级党委和政府的领导下，广泛开展群众性生产自救活动。在中央统一领导下，黑龙江省机耕队，开封地区车队，商丘地区机耕队，新乡地区洗井队，安阳、郑州和鹤壁市医疗队，洛阳地区公路工程队，解放军医疗队和某部工兵部队等，日夜兼程奔赴灾区，采取包乡、包队、对口支援的办法，全力支援西平人民生产救灾，重建家园。由于全国各地的大力支援，灾区群众生活迅速得到了安置，小麦种得好、种得足，1976年夏季获得了大丰收，全县夏粮产量1.45亿公斤，全年总产达到2.385亿公斤，为西平历史上最高纪录。

当年被洪水冲成一片废墟的灾区社、队，经过三四年的建设面貌得到较大改观，到1981年，全县新建住房25.35万间。各项水利工程设施经过整修，开始发挥作用。工农业生产也得到全面恢复，灾区重建任务圆满完成。

# 第九章

# 改革开放谱新篇

党的十一届三中全会后，改革开放成为主旋律。西平广大干部和群众坚持党的四项基本原则，坚持改革开放，努力建设有中国特色的社会主义。首先进行了农村经济体制改革，实行家庭联产承包责任制，开创农村工作新局面。之后相继进行了经济体制改革、政治体制改革，以及教育、科技、文化、卫生等领域的改革，逐步建立了社会主义市场经济体制。随着对外开放、招商引资、调整农业种植结构、建设社会主义新农村等措施的实施，全县经济和社会事业发生翻天覆地的变化，老区各项事业得到快速发展，人民生活水平大幅度提高。

## 第一节　拨乱反正 实现党的工作重心转移

党的十一届三中全会提出了“解放思想，开动脑筋，实事求是，团结一致向前看”的指导方针；高度评价真理标准的讨论；果断停止使用“以阶级斗争为纲”的错误口号，作出把党和国家的工作重心转移到经济建设上来和实行改革开放的伟大决策。完成了党的思想路线、政治路线的拨乱反正，为改革开放创造条件。

西平县委发出《深入学习和宣传党的十一届三中全会文件的通知》。要求在学习中理论联系实际，着重解决五个方面的问题：充分认识党的工作重心转移的伟大意义；必须把经济建设特别是农业生产搞上去；必须坚持马克思主义的思想路线；健全党内外的民主生活；加强法治建设。从 1979 年起，县委成立“平反领导小组”，对新中国成立后，特别是“文革”以来的案件全面复查，凡属冤假错案，一律平反。1980年,根据“调整、改革、整顿、提高”的方针对工商企业经营管理模式,采取不同办法进行了改制。对产品积压、亏损严重的企业,分别采取关、停、并、转的措施进行调整,是年年底,全县清退计划外用工3360人,还乡参加农业生产。1981年贯彻落实《中共中央关于加快农业发展若干问题的决定》,开始推行“土地家庭联产承包责任制”,调整农业生产结构,使广大农民按照市场需要进行生产。以农为主,多种经营,增加经济收入,特别是农民有了外出务工、经商办厂的机会后,提高了农民发家致富的积极性。

随着农村改革的不断深入,推动了城镇经济及社会事业的各项改革,增强了经济社会发展动力。县委、县政府针对县情抓发展,发挥优势定举措,使西平走上具有地方特色的崛起之路,经济社会发展驶入快车道。

## 第二节　经济体制改革

### 一、农村推广土地联产承包责任制

1978年春,中共西平县委在盆尧公社张老庄大队搞“土地联产承包责任制”试点,夏粮增产明显,社员收入增多。1980年7月23日,县革委根据上级指示和农民的呼声,研究下发《关于加强经营管理推行生产责任制的意见》,在经营管理上实行统一经营,联产到劳或小段包工,定额计酬的办法。部分生产队实行统一经营,“三包一奖”联产计酬责任制。1981年秋收前,全县普遍实行家庭联产承包责任制。1984年2月县委作出《关于继续稳定和完善联产承包责任制发展商品生产若干问题的试行规定》,土地承包时间可延长15至20年不变,并受法律保护;对无力耕种或转营他业者,其承包土地允许转让给种田能手;承包之土地、自留地,经营权归自己,所有权归集体,不准买卖、出租,不准毁沟、毁路、毁地起土。

1987年7月16日,县委、县政府发出《关于进一步深化农村改革的意见》,到年底,有17个乡91个村委会建水利服务站。18个乡村委会建农机服务站,农技、畜牧、农经服务体系得到进一步加强。

1988年,西平县粮食总产达3.5亿公斤,向国家交售商品粮1.3亿公斤,在河南省名列前茅,被商业部授予全国粮食交售先进县称号。1995年8月,县委、县政府印发《关于稳定和完善土地经营制度延长土地承包期的意见》,决定当年起开始延长土地承包期30年不变,在承包期内实行"增人不增地,减人不减地"。县政府给全县土地承包经营农户发放土地使用证,稳定党在农村的土地承包政策,保障农民的根本利益。

西平县在对农业经营体制进行改革的同时,实施林业产权制度改革。1978年冬,落实自留山产权责任制。1982年实行"稳定山林权,划定自留地,确定林业生产责任制"和"三定"政策。20世纪90年代后,推行林业产权制度改革,采取竞标拍卖、招标承包、租赁承包、以地换地、股份合作等形式,建立责、权、利相统一的林业管理新体制。仅2004年,全县拍卖承包荒山荒地6.8万亩,修河渠676公里,集体收回资金1000多万元,完成植树650万株。

2003年,推进农村税费改革,减轻农民负担。取消乡统筹、村提留、民兵训练费、集体公共积累等收费项目,把农民需要交的公粮和其他费用改为农业税,除了农业税外,不再征收任何费用。2005年,全县全面取消农业税,与取消农业税前的2004年相比,全县农民减负5046万元,人均减轻经济负担67.26元。2006年始,国家相继出台一系列惠农政策,农业综合补贴、种粮补贴、良种补贴3项,每亩田国家补贴近80元。另有农机补贴、家电补贴、柴油补贴等,农民购买电视机、电脑、电冰箱、洗衣机等家用电器,国家补贴13%,购买拖拉机、收割机等大型农业机械,国家补贴20%以上。

2005年,全县村干部工资和村委会办公费用由县财政支付,五保老人由县财政拨款供养。2008年,推行畜牧养殖保险和种植保险,扩大对购买农机和家电的补贴范围,使农民享受到更多的改革开放成果。

## 二、城镇经济体制改革

1984年4月,西平县委、县政府研究下发《关于城镇经济体制改革的意见》,对人事、劳动、工资制度、企业的经营自主权、国营商业体制、供销社体制、乡镇企业、教科文卫及党政干部制度等方面进行全面改革。1986 年 7 月 18 日，县委、县政府动员全县人民投资办个体企业，并要求金融业给予大力支持，全县各类企业迅速发展。至年底，全县五级企业发展到 11 072 个，18 个乡镇全部建立个体劳动者协会，分 453 个行业小组，拥有会员 3378 名。1994 年 2 月，县委、县政府印发《关于深化流通体制改革，进一步搞活商品流通的决定》，流通领域实施改革。至年底，完成商业局、外贸局、物资局、供销社体制改革。1997 年 9 月，县委、县政府制定《关于进一步搞好企业转机建制工作的补充意见》。对全县国有企业实行以出售为主要形式的限制。这次企业改制，在一定程度上盘活了企业资金。但由于急于求成，工作粗糙，使国家和集体财产蒙受一些损失，企业也留下一些后遗症。2003 年国有企业实行了股份制改造，国有资本全部退出。

### 三、供销社经营体制改革

西平县供销合作社联合社于 1954 年 5 月建社，在服务三农、促进城乡物资流通方面发挥了重要作用。1983 年 11 月，改供销合作社的全民经济为群众集体所有制经济，对二级机构实行“五定一奖”责任制。1992 年 11 月，县社召开深化企业改革、转换经营机制动员会，推行联店经营责任制。

1999 年 2 月，适应化肥流通的新形势，县社组建农业生产资料有限责任公司，发挥农资流通的主渠道作用。深化棉花流通体制改革，实行新的棉花经营管理供给制。2004 年，在坚持“母体合作制、经营股份制”的原则下，先后对柏城商场、柏城宾馆 2 个社直单位进行股份制改造，实现社有资产增值 2000 余万元。至 1995 年年底，全县建立 18 个支农服务中心，19 个庄稼医院，19 个农村技术服务部，88 个农资服务部、菜农之家及畜禽服务部等，形成县、乡、村三级综合服务网络，服务全县农业生产。

### 四、粮食流通体制改革

1985 年，取消粮食统购统销，改为合同订购，流通体制从原统购统销改为订购统销和议购议销双轨并行。1988 年，对粮食实行购销调拨包干，粮食销售继续实行按统销价供应粮食，行业用粮等全部实行议价供应。1992 年，全县取消油品定量供应，实行市场调节。翌年，放开粮食统销，取消非农业人口粮食供应，结束粮油由粮食部门独家经营的局面。1995 年 6 月，实行政策性业务与商业性经营分开。2004 年，县政府根据深化粮食流通体制改革意见，在全县实行"以放开购销市场，直接补贴粮农，转换企业机制，维护市场秩序，加强宏观调控"，全面取消订购和农业税，实行"三放开"（即"放开市场、放开价格、放开收购"），粮食企业成为自主经营，自负盈亏的经济实体。2006 年起，实行托市收购政策，最大限度地保护农民利益。

2004 年，粮食局对全县粮食企业产权制度进行改革，通过依法解除劳动合同、内部退养、协保和按规定退休等途径，对富余人员进行分流，使企业"三老"（老人、老账、老粮）问题得到妥善解决。清理和处置不良贷款 3.2 亿元，减轻了企业的包袱。

## 五、财政体制改革

1978 年，为适应经济体制、市场经济体制和财政管理体制改革的需要，推进财政管理体制、预算管理体制、行政事业财务管理制度、预算外资金"收支两条线"、非税收入、"零基预算"、政府采购、行政事业单位经费集中统一会计核算、综合财政预算、农村税费、农村综合、乡财县管乡用、国有资产管理、部门预算、国库集中支付、县对乡镇财政管理体制、政府收支分类等综合性财政管理制度改革。

1984 年 12 月，全县首次实行浮动工资制。1985 年 7 月，对行政事业单位的 5989 人进行工资改革。1985 年 10 月 15 日，制定《关于财政体制改革的意见》，改革和完善财政分级包干、分级管理、定收定支、超收分成、超支不补、节余留用、一定五年的管理体制。财政管理体制实行"定收定支，收支挂钩，总额分成和增收分成"、"划分收支，分级包干，节约归己"、"划分税种，核定收支，增收分成，补助递减，分级包干"、"收入递增包干"、"划分税种，核定收支，基数上解，超收分成"等财政管理体制。

1997 年成立西平县收费管理局，将县属部门单位行政事业性收费实行"收支两条线"管理。2000 年开始实行政府采购，积极开展公开招标采购。2002 年始,推进以部门预算、政府采购、国库集中支付、财政支出绩效评价为核心、"金财工程"信息网络为技术支撑的公共财政制度建设。2005 年实行会计集中核算,会计集中核算同国库集中收付改革接轨。同年实行乡财县管改革。

### 六、金融体制改革

改革开放之初,西平县仅有中国人民银行和农村信用社两家金融机构,人民银行基本处于"大一统"的地位。1979 年,国家恢复中国农业银行,随即在西平设立支行。1980 年,对财政部门的投资业务进行整合,成立建设银行西平支行。1986 年工商银行西平支行分设,人民银行西平县支行开始独立行使中央银行职能。1992 年,中国银行在西平县设立支行。1994 年,国家成立农业发展银行,随后在西平设立支行。1993 年,西平县开办邮政储蓄业务,2007 年,邮政储蓄银行西平县支行成立。农村信用社经过几次重大改革,确立农联社一级法人地位,农村信用社产权、法人资格等得到明确。

为发展老区经济,2003 年 4 月,市老促会、市人民银行联合下发《关于认真做好革命老区小额贷款发放工作的通知》。县老促会与县农联社密切配合,简化贷款手续,放宽贷款界限,为发展农村经济作出了积极贡献。2004 年 11 月,全市在西平召开老区小额贷款发放工作现场会,农联社的工作经验陆续在全省推广。

## 第三节　政府机构改革

1995 年 11 月,全县实施党政机构改革,按照"转变职能,权责一致,强化服务,改进管理,提高效能"的要求,深化行政管理体制改革,优化机构设置。至 1997 年 10 月,按照精简、统一、高效原则,通过科学合理的"三定"工作,转变职能,理顺关系,精简机构和人员编制,进一步提高工作效率。改革后,全县党政机构由改革前的 60 个减少到 37 个;人员由改革前的 1 026 名减少到 750 名,精减 18.4%。

2002 年 2 月,印发《西平县县直机构改革方案的通知》。研究下发《县直机构改革实施意见》,对县直机构再次进行精减。县直党政机构设置33个。其中,县委设置7个工作机构,1个部门管理机构,5个议事协调机构,县委部门的内设机构和人员编制均精减20%左右;县政府设置24个工作部门,1个议事协调机构,比原有37个减少10个,精减27.1%,县政府工作部门内设机构精简20%左右。增设调整28个事业单位。县直行政机关编制核定为577名,精减比例为23%。根据工作需要,新设招商局、非税收入管理局、公共资源管理局、旅游接待局和行政服务中心、政府采购中心。下发《关于乡镇直机构改革方案》,对各乡镇下辖的"七所八站"机构进行精简,对富余人员进行清理,减轻了国家和群众负担。

2002年9月,开展并村联组,至2003年年初,全县村委会由原293个减至203个,村民小组和小学数量减少20%。2004年年底,酒店乡并入出山镇。2005年后,村干部工资和办公费改为财政部门负担,进一步减轻农民负担。

2000年后,全县普遍实行公务员制度和干部聘任制,先后进行教育管理体制、卫生体制、计划生育队伍、城镇住房、财政管理制度、工资制度等改革。在精简机构的同时,全部实行人员聘用制,工资与经济效益和社会效益挂钩,增强了干部、职工的危机感、紧迫感和责任感,调动了全体工作人员的积极性。

## 第四节　人事劳动制度改革

1995年1月,《中华人民共和国劳动法》施行,西平县建立劳动协调争议处理和监察制度,劳动关系实现由行政管理向依法调整的根本转变,劳动者与用人单位双向选择,协商确定双方的权利和义务。1987年,县人劳局成立劳动争议仲裁委员会,配备专职仲裁员4人,先后接待职工上访1200余起,处理劳动争议230余起,对支持企业改革、维护用人单位和劳动者权益、社会稳定起了积极作用。

劳动保障监察确立日常巡视监察、举报投诉专查、专项检查、劳动保障年检等执法方式。2008年,共检查各类用人单位798户,涉及劳动者23 734人,责令补签劳动合同1202份,鉴证劳动合同1000余份;接受群众举报投诉28件,催缴社会保险费66 444元,共为246名劳动者追回工资 236 750 元,维护了劳动者的合法权益。

西平县企业养老保险从 1986 年开展工作,2005 年 7 月实行市级统筹,2007 年 10 月实行省级统筹,2008 年年底,全县参加企业养老保险统筹的单位 101 户,在职参保人数达到 14 145 人。至 2019 年 4 月,共有参保单位 401 个,参保在职人员 26 143 人,离退休人员11 576人。

县机关事业养老保险中心成立于 2005 年 10 月,2008 年年底全县参保单位 53 个,参保人员 2578 人。机关事业单位养老保险制度改革自 2014 年 10 月开始,至 2019 年 4 月底,参保人员 23 410 人(在职 15 662人、退休 7748 人)。月计划征缴养老金 1750 万元,月发放养老金 2417 万元。

县医疗保险工作始于 2001 年。2008 年年底,全县参保单位 533 个,参保人员 32 916 人。2008 年县政府出台《县直国有集体破产困难企业退休人员大病统筹医疗保险暂行办法》。解决全县 58 家困难企业的 3559 名退休人员的医疗保险问题。2008 年 7 月启动城镇居民基本医疗保险试点,年底,共为 27 915 名城镇居民和学生办理参保手续,征收保险费 191 万元。工伤保险始于 2004 年,2008 年年底,参保的企事业单位 141 家,参保人员 9176 人,农民工参保 2158 人,至 2019 年全县企事业共参保 694 户,31 281 人。生育保险始于 2000 年,2008 年年底,参保单位 6 家,参保人员 12 502 人。

西平县失业保险所成立于 1986 年,依据《国营企业职工待业保险暂行规定》执行失业保险制度,参保对象只有国有企业,参保人数数百人。1996 年后,依据《河南省企业职工失业保险条例》参保人数约千人,2001 年实施《河南省失业保险条例》,将范围扩展到企、事业单位社会团体等。2017 年社保交由地税代收,缴纳人数达两万余人。

2012 年 3 月成立城乡居民社会养老保险,是年,全县参保人数 50.7 万人(其中 16 ~59 周岁缴费人数 38.7 万人,60 岁参保人数 12 万人)。至 2019 年 4 月底,城乡居民基本养老保险参保人数 50.99 万人(其中 16 ~60 周岁 35.15 万人,60 岁以上领取待遇人数 15.84 万人),符合待遇领取条件发放率 100%。近年随着 60 岁以上人员增多,人口老龄化明显。成立之初缴费档次为 100 ~1000 元,共 10 个档次。2019 年缴费档次为 200 ~5000 元,共 15 个缴费档次,缴费档次的变化为参保人员提供更多的选择。成立之初所有缴费补贴为每人每年 30 元,2019 年缴费补贴每人每年补贴 30 ~ 340 元。2012 年成立时基础养老金为每人每月 60 元。2019 年基础养老金为每人每月 105 元。养老金的增长惠及参保人员,让老百姓享受到国家好政策。

2006 年贯彻《中华人民共和国公务员法》,确定全县公务员的职务与级别,对全县行政机关 806 名公务员的工资和津贴进行调整。完成全县 20 个参照公务员法管理事业单位审批,并完成参公人员登记。认真做好机关事业单位年度考核工作。事业单位新进人员全部实行公开招聘,做到凡进必考。1986 年国家恢复职称评聘工作,西平县通过出台一系列举措,至 2008 年年底,全县拥有专业技术人员 1.1 万余人,其中具有高级职称的 580 余人,具有中级职称的 2500 余人,具有初级职称的 5600 余人,初步建立一支具有较高素质的专业技术人员队伍。

## 第五节　教育文化卫生机构改革

### 一、教育机构改革

1979 年 4 月,西平县对 1957 年被划“右派”和因“右”被处理的教师进行复查,因“右”被处理的教职工全部给予改正,并分别安排工作。恢复少先队和共青团组织。1978 年,西平民办教师第一次整顿,保留 5502 人,享受国家补贴。1982 年全省民办教师统一整顿,全县民办教师保留 4141 人,发放民办教师任用证。

1981 年调整中等学校布局,全县高中由 19 所调整为 10 所。撤掉的高中改为重点初中,各大队初中实行联办。杨庄高中改革开放后快速发展,连年高考升学率位居全市第一,且勤工俭学成绩突出,1981 年 7 月,经省教育厅考核验收合格,确定杨庄高中为河南省首批办好的重点中学。1982 年,杨庄高中出席教育部、财政部联合召开的勤工俭学先进代表会,受到国家表彰。

1985 年 5 月,依据“基础教育由地方负责,分级管理”的体制改革精神,西平实行分级办学、分级管理政策,初中由乡办管,小学由村委负责。至1998年，全县有高中7所，杨庄、西平、芦庙高中为普通高中，县职业中专、五沟营职业高中为职业教育，金刚高中、权寨高中为双轨制。1990年9月，西平县扫盲工作获“克鲁普斯卡娅奖”。

2005年年底，全县初中由38所调减为28所，撤并2所高中，小学由原来285所调减为249所和21个教学点。2006年年初，县政府再次调整学校布局，初中调整为22所，小学和教学点调整为201所和65个，并建成49所农村寄宿制小学。

2018年年底，全县有高中4所（含职教中心1所，民办高中1所），初中24所，小学254所（含65个教学点），公办幼儿园4所。

## 二、文化机构改革

改革开放前，西平县的文化工作由县文教局领导和管理。1984年5月，文教局分设文化局和教育局，文化局为县政府主管文化艺术的行政职能部门，二级机构有文化馆、图书馆、电影公司、柏城剧院、人民影院、豫剧团、越调剧团。1989年9月成立文物管理所，1997年4月成立文化市场管理办公室。

文化馆是西平县成立最早的文化单位。1992年，投资26万元建“东方娱乐城”，开办台球、电子游艺、乒乓球、旱冰场等经营性项目。2000年投资200万元对文化馆、图书馆进行升级改造，县图书馆达到全国一类图书馆，县文化馆达到国家二级文化馆标准。2000年后，20个乡镇相继建成综合性文化中心，升级改造全县285个行政村（社区）综合性文化服务中心，其中257个行政村（社区）达到“七个一”标准，即一村一个文化活动广场、一个文化活动室、一个简易戏台、一个宣传栏、一套文化器材、一套广播器材、一套体育设施。

公共文化产品服务更加丰富。2000年后，公共图书馆、文化馆、乡镇及行政村（社区）文化服务中心先后免费开放。完善17个乡镇、3个街道社区图书室和256个农家书屋，建成全国文化信息资源共享基层服务点256家，县图书馆、乡镇和村级图书室全覆盖。有线电视实现户户通，智能广播普及到自然村，数字信号实现全覆盖。

2016—2018年，舞台艺术送农民演出1052场，惠及群众105万人次。农村业余文化团队共演出4800场，惠及群众240万人次。放映公益电影9216场,惠及群众184万人次。成功举办两届“中国·西平海棠文化旅游节”“嫘祖祭典”“全球服装供应链大会”和“中国首届农民丰收节·中国农民电影节”等重大节庆活动。连续举办西平县第三十三、三十四、三十五届大铜器比赛和春节灯谜晚会。举办第五、六、七届广场舞比赛。举办各种主题的美术书法展览12次,展出书画摄影作品1172幅,累计接待14万人次。科教文卫等多家单位开展140多场次文体活动,连续组织举办职工运动会、冬季长跑、冬泳比赛、河钓大赛、农民运动会等形式多样的各类文体活动97场次。全县民间艺术表演团队达890个,达到每个自然村有一支文化表演队的目标。2016—2018年,县财政投资公共文化建设1.2亿元,其中县、乡、村文化基础设施建设6800万元,数字平台建设、政府购买社会服务、各项文化惠民工程配套等投入5200万元。乡镇文化服务中心、县级“两馆”、文化人才队伍建设等经费全部列入财政预算,村级文化协管员补贴统一由财政拨款,其他各项文化惠民工程县级财政配套资金连续三年全部到位。

1984年5月,成立县广播电视局。1985年4月,广播电视楼落成。持续投入1000余万元用于设备和基础设施改造,县广播电视台事业建设取得长足发展。至2018年,全台摄像设备全部更换为数字高清摄像机,更新编辑系统设备,广播新上音频工作站,电视实现硬盘播出。配置大型摇臂等辅助工具,使县广播电视台具备全市县区台最强大的录播能力。2012年11月,广播电台采取媒企联姻的方式,购置两部5千瓦调频发射机,初步建成“新闻综合广播”“交通音乐广播”两个专业频率。两个频率依托大功率、全固态自动播出系统,信号覆盖直径达100多公里,覆盖面积达7700多平方公里,覆盖周边十几个县区,收听群体达700多万人。无线调频发射全天24小时不间断播出。节目覆盖采用无线调频发射和有线广播线路传输两种方式。智能广播网分早、中、晚3次播出,全天播出6个半小时。西平广播由原来的一个频率300瓦低功率发射机播出,有线广播只有4只喇叭正常工作,提升到两个专业频率、5千瓦大功率发射机播出,500只有线广播音箱通响全城,实现西平广播事业新的历史跨越。2013年,电台对西平大道中段、南大街、柏城大道、文化路等街道有线广播网进行更新改造，更新线路6000多米，专用户外广播音箱新安装喇叭1000多只。2014年，县财政拨款1.5万元，对城区有线广播网进行全面升级改造，铺设电缆3万多米，安装新型户外广播音箱300个，使城区有线广播总数达400多个。城区主要街道全部通响。

2015年成立西平县广播电视台。2016年，智能广播网建设步伐加快，全县20个乡镇顺利开通，安装音柱1.8万只；智能广播网络播控平台、音频工作站直播室投入使用，实现智能广播网"全县一网、三级插播、上级优先"的特点，成为全市唯一实现频率专业化的县级台。2018年，新建演播室一个，购置非线性编辑服务器一套，对机房进行升级改造。

### 三、卫生机构改革

1978年以前，西平县乡医疗机构均为财政包干，"吃大锅饭"，制约了医疗卫生事业的发展。1983年，县乡医疗单位进行机构改革，把21名熟悉业务的大、中专毕业的医务人员选拔到领导岗位上，给47名医务人员评定职称，给117名医务人员晋升职称。实行浮动工资、以职定位、技术承包、科室核算、责任到人等项制度，解决了长期的"独家办、大锅饭、一刀切、不核算"的弊端。

1987年原城郊卫生院改为县中医院。1988年10月县编委核定卫生系统事业单位23个，人员编制1358名；1990年9月，县编委批准建立蔡寨回族乡卫生院。设有县人民医院、县中医院、县卫生防疫站、县药品检验所、县妇幼保健站、县卫生学校、县公费医疗医院、红十字会办公室。1999年在全县20个乡镇(场)建立预防保健站，一般设在当地卫生院，人员3~5人，房屋3~5间，负责当地预防保健工作。乡镇卫生院院长、预防保健站站长、主管会计人事任命权收归卫生局管理。2002年机构改革，原县卫生学校并入县中医院。2006年成立艾滋病防治办公室，2007年10月成立卫生监督所，卫生执法职能从原防疫站分离，独立办公，防疫站更名为县疾病预防控制中心。同年，农合办、120急救指挥中心相继成立。西平县疾病预防控制中心、妇幼保健院、卫生监督所、农合办、120急救指挥中心为财政全供单位，县人民医院、县中医院、县二院为财政定补单位。

20世纪80年代中期，全县普遍实行院长负责制和分工负责制，科室实行科主任负责制，完善浮动工资制度，提高了医疗质量和服务水平。

1993年4月，实行县、乡医疗分级管理制度，乡镇卫生院人、财、物等下划给乡镇政府管理，县卫生局只负责对其业务指导。乡镇卫生院下划后，芦庙、吕店、二郎等乡加大对乡卫生院投入，使这些乡卫生院得到长足发展。

1994年，随着一系列卫生法律法规的颁布实施，医疗管理工作进入宏观规范管理阶段。2000年8月，医疗机构实行分类管理，全县共划分非营利性医疗机构23个，营利性医疗机构346个。对县级医疗单位及镇卫生院医疗收支和药品收支实行“分开核算、分别管理”，正确计算医院药品收支结余。2001、2002年实行药品集中招标采购制度，2003年起药品集中招标采购工作由市卫生局统一组织。2002年10月，组建西平县卫生执法大队，聘任卫生监督员10名，加强了医政监督管理工作。

## 第六节　招商引资　加快县域经济发展

1992年年初，县委、县政府作出《关于建设经济开发区的有关政策规定》，对到经济开发区投资办企业的外地客商实行优惠政策。1994年3月，县委、县政府又作出《关于实施“东西部合作示范工程”优惠政策，加快西平经济发展的决定》。

自1998年起，全国东西合作经贸洽谈会连续在驻马店举办，西平县每年均组团参会，每次参会都会与外商签订一批投资额可观的招商引资项目。并组织干部和客商联系，狠抓签约项目履约率，促使大批项目在西平落地生根，开花结果。县政府和各乡镇制定招商引资优惠政策，对外来企业给予多方优惠，提供一条龙服务。逐步形成城南工业园区、107民营工业园区、王店造纸工业园区、花牛陈铸铁工业园区、于营打火机工业园区、环城塑胶工业园区、规模化畜牧养殖小区和高效农业园区。2000年，西平县被省政府定为对外开放重点县和推进城市化进程试点县，2004年被省政府定为发展壮大县域经济扩权县。

2003年8月,城南工业区更名为西平工业集聚区,面积扩大到20平方公里,园区内形成四纵三横交通格局,入驻企业70多家,其中鼎力钢杆、鲁洲集团、永骏化工、旺佳纺织等企业年销售收入均在3亿元以上。宋集乡丰盛粮油股份有限公司通过招商引资进行扩建,形成年加工小麦30万吨生产能力,被定为全国农业产业化龙头企业。

2009年8月,浙江、江苏、江西、湖北、湖南、黑龙江和本省200多名客商云集西平,投资达15亿元的8个项目同时奠基,投资近10亿元的9个项目同时签约。其中,新奠基的浙商工业园项目投资达5亿元。郑州大明华现代农业示范园建设,总投资达3.2亿元,为全市投资最大的农业项目。2018年引进2000万元以上工业项目65个,到位资金28.6亿元。2018年8月“2018全球纺织服装供应链大会”在西平召开,来自法国、德国、俄罗斯等10余国家420多名外商参会,签约项目8个,总投资额47.9亿元。在产业聚集区建成5.3平方公里嫘祖服装新城,57家纺织企业入驻,年产品牌女装、童装1000万件。至2018年,在产业聚集区建成河南畜牧机械产业园(入驻企业10家),国际畜牧机械产业园(入驻企业5家),食品机械产业园(入驻企业60余家),为西平实现跨越积聚了后劲。

## 第七节　改革开放成就辉煌

### 一、农林畜牧长足发展

西平县是农业大县,拥有耕地110万亩,农业人口80万人,新中国成立初期,由于土地瘠薄、生产条件差、旱涝灾害防控不到位,粮食产量很低。1978年后,全县农村实行劳动定额管理和家庭联产承包责任制,调动老区人民发展生产的积极性,加上农田水利条件的改善,农业机械化水平的提高,优良品种的推广和化肥农药的普遍使用,粮食产量大幅度提高。1988年,全县粮食总产量达33.54万吨,平均亩产455公斤。1998年,全县粮食总产量达到45.87万吨,平均亩产578公斤,进入全国粮食生产大县行列。2000年引进强筋型优

质小麦郑麦“9023”,2002年种植面积即扩大到40万亩,成为全国最大的优质小麦生产县,生产的“9023”优质小麦出口到马来西亚、新加坡、印度尼西亚等国家,实现中国食用小麦出口零的突破。近年,通过农业综合开发和实施“粮基”“黄开”工程,全县田成方、树成行、路相通、渠配套,配套机井达到2.1万眼,有效灌溉面积达85万亩,其中旱涝保收田74万亩,实现全县农民人均1亩水浇地,加上农业机械化程度的提高、优良品种的大面积推广和先进生产技术的广泛应用,粮食产量和质量进一步提高,先后被命名为全国粮食生产先进县、全国优质小麦生产、出口基地县。2007年,粮食生产在遭受严重洪涝灾害的情况下,仍然获得好收成。与1978年相比,粮食总产由20万吨增长到81.38万吨,增长逾3倍。其中,小麦单产由176.5公斤增长到430.18公斤,增长143.7%;小麦总产由11.25万吨增长到43.8万吨,增长近3倍。2008年,全县粮食总产量达83.4万吨。1996年,西平县在提高复种指数、保证粮食种植面积的同时,调整农业种植结构,扩大经济作物和优势作物种植面积。全县粮食作物播种面积比重由1978年的83%调整到2007年的78%,经济作物播种面积比重由1978年的17%调整到2007年的22%。至2018年,全县逐步形成优质粮油、畜牧养殖、蔬菜、水果、食用菌等特色优势产业,建立20万亩优质粮油、6万亩优质蔬菜生产基地。全县农业总产值由1978年的1.1亿元增加到49.3亿元,增长44.8倍。

20世纪90年代,开展农业产业一体化经营实践,培植和建设外联国内外市场内联千家万户的龙头企业。至2008年,全县培育国家级农业产业化龙头企业1家,省级龙头企业2家,市级龙头企业16家。农民专业合作组织70个,带动农户7.8万多户。全县建立无公害农产品生产基地2个,基地面积4.65万亩,通过无公害农产品认证2个,无公害农产品年产量达2.59万吨。食用菌年产值达1.6亿元,成为农民增收的新亮点。2018年秋季青贮饲料玉米发展到10万亩,优质花生种植36万亩,完成玉米改种大豆试点任务2万亩。2018年全县粮食作物种植181.3万亩,实现总产96 573.72万公斤,平均单产532.67公斤。其中夏粮小麦种植面积105.8万亩,平均单产528.4公斤,实现总产55 904.72万公斤。秋粮种植面积75.5万亩,实现总产 40 669 万公斤,平均单产 538.66 公斤。

西平县林业发展较快。1985 年后,先后被评为全省平原绿化先进县和林业达标县、林业高级达标县。2008 年,被上级确定为“生态林业达标县”,酒店山区被评为国家级森林公园。全县林木总株数达 3300 万株,林木总蓄积量达 100 万立方米。农业机械化水平不断提高。全县农机总动力由 1978 年的 7.92 万千瓦,增至 2018 年的 115.6 万千瓦。拖拉机由 1978 年的 600 台增至 2018 年年底的 43 680 台,增长近 30 倍。小麦联合收割机由 1978 年的 11 台发展到 2018 年的 2702 台。玉米联合收获机从无到有,到 2008 年已发展到 130 台,2018 年发展到 1104 台。农业生产综合机械化水平由 1978 年的 12% 增至 72%。

畜牧养殖是西平县的传统产业。1990 年前后,柏城镇西关村 26 户居民创办的西关集约化养猪小区,年出栏生猪 1 万多头。2008 年,全县生猪存栏 91.74 万头,出栏 108 万头;家禽存栏 904.78 万只,出栏 479.47 万只;毛肉兔存栏 284.14 万只,出栏 334.4 万只;羊存栏 13.38 万只,出栏 17.64 万只。全县肉类总产量达 9.65 万吨;禽蛋产量 5.7 万吨;完成畜牧业产值 18.8 亿元,占农业总产值的比重达 43%。2009 年,畜牧业继续保持产销两旺的喜人形势,呈现出“一大、二优、三高、四新”的显著特点。“一大”即畜禽饲养量大。“二优”即“西绿”牌生猪和西平“953”长毛兔两大优良产品及品牌。“三高”即饲养管理水平高、标准化程度高、规模化程度高。规模养殖场所饲养的畜禽占全县养殖总量的一半以上,生猪和禽类等主要畜禽规模化程度达 70% 以上。2014—2018 年全县共创建农业部水产养殖健康养殖示范场 7 个,省级水产健康养殖示范场 5 个,认定农业部无公害水产品产地 9 处,面积 319 公顷,其中黄河鲤、湘云鲫、鲢、鳙、草鱼 5 个品种通过农业部无公害水产品认证,拥有 1 个省农业厅标准化健康养殖示范基地。1994 年后,西平县畜牧业生产综合评定连续 15 年保持全省前十名。

2018 年,全县蔬菜瓜果种植面积 15.5 万亩,年生产蔬菜瓜果 65.8 万吨,产值 6 亿元。年种植平菇、金针菇、香菇 7580 万袋,栽培双孢菇、草菇 33 万平方米,年产各类鲜菇 8 万吨,产值 4.36 亿元。

2014年建立县、乡、村三级土地流转服务平台，引导土地流转有序开展，至2018年全县土地流转面积41.4万亩，涉及农户5万多户。全县土地托管服务面积4.9万亩，参与的经营主体近40家，接受服务农户近4000户。农民合作社及家庭农场发展良好，至2018年年底，全县农民合作社2363家，家庭农场638家，成员2.82万人，辐射带动非成员农户4.9万户。经农业部门认定的市级以上示范社56家，示范家庭农场24家，拥有注册商标26个，进行无公害农产品认证27家，绿色产品认证3家，开展电子商务45家，引进推广新技术、新品种20多项。土地承包经营权确权登记颁证完成证书发放、数据库汇交、档案整理等项工作，顺利通过县级自查和市里验收。

## 二、工业经济势头强劲

1978年，全县工业总产值仅3325万元。1978年后，全县乡镇工业快速发展，国营工业推行各种责任制，工业总产值逐年增长，县轴承厂生产的204E轴承、县五金厂生产的钢锹曾相继进入国际市场。1985年，全县国有工厂20家，集体工厂85家，工业总产值8412万元。1986年全县工业企业3500多家，其中国有企业20家、集体企业660多家、私营个体企业2800多家，全年工业总产值1.1亿多元，占全县社会总产值的26.1%。1997年，大批民营企业快速崛起，并形成了一批支柱产业。到2000年，全县工业企业5239家，其中国有企业10家、集体工业442家、个体私营工业4787家。全县工业总产值52亿多元，占全县社会总产值的57.1%，其中个体私营工业产值24亿多元。

2010年全县非公有制经济发展到28 042个，完成增加值68.2亿元，比上年增长8.5%。2014年全县中小企业发展到1622个，完成增加值60.3亿元，比上年增长3.3%。2015年，西平县加大工业经济基础设施建设，把加强产业集聚区基础设施建设作为重中之重，当年园区完成固定资产投资79.2亿元，同比增长23%。限额以上工业企业主营业务收入140.56亿元，同比增长45%；税收1.1亿元，同比增长29%，从业人员2.4万人。2016年，县委、县政府加大科技投入力度，落实县本级科技专项经费1200万元，用于支持企业开展科技创新。

是年 11 月,全市加强科技企业孵化器及众创空间建设现场会在西平召开,与会人员实地观摩西平的众创空间建设情况,推广西平的经验和做法。2016 年,争取省级以上科技支持项目 5 项。其中,省科技惠民计划项目 1 项、省科技开发合作计划 1 项、省自主创新产品专项 3 个,申报高新技术企业 1 家,完成河南省科技型中小企业培育和备案 15 家。2017 年,西平县组织实施创新驱动发展和项目带动战略,以工业科技创新为主线,信息化融合为路径,着力提高县域工业企业的科技创新能力,广泛开展工业信息化服务工作,加快推进创新型西平建设,取得良好成效。印发《西平县 2017 年上半年度"十强十高十新"工业企业评选方案》,评选表彰 30 家工业企业,对纳税较多的 6 家企业分别给予 20 万元奖励。2018 年,西平县坚持以兴工强县发展为载体,强化各项服务企业措施,把稳增长、调结构、促发展作为各项工作的总抓手,着力推进工业三大改造,以鼎力、金凤、双成、金三麦、汇丰、贝森为主的技术化改造,以金凤、双成、汇丰、瑞航、金三麦、贝森、丰源农牧、泗恩喜电子为主的智能化改造,以豫坡、双成、丰源、瑞航、金凤、汇丰、金三麦为主的绿色化改造初步完成。全县工业经济呈现出企稳向好、平稳增长的运行态势。2018 年,全县规模以上工业企业实现增加值 37.72 亿元,同比增长 12.54%。全年新增 7 家规模以上工业企业,税收总额 1.44 亿元,同比增长 21.01%。新增工业固定资产投资总额 27.71 亿元,增速为 8.5%,占全年投资计划的 51.6%。西平县鼓励和支持民营企业的发展,促使一大批民营企业和本土企业快速发展壮大,逐步形成农畜产品精深加工、服装纺织、医药化工、冶金铸造、建材、塑胶、造纸、打火机及配件等 7 大工业支柱产业。全县限额以上工业企业发展到 102 户,其中鲁洲生物科技、丰盛粮油、鼎力钢杆、兴化纸业、旺佳纺织、豫坡酒业、棠河酒业等 10 余家年产值超过 1 亿元。

### 三、电力发展突飞猛进

改革开放以来,西平电力从两座容量仅 15.6 兆伏安、电压等级为 35 kV 的变电站发展到 2018 年的最高电压等级 220 kV,20 座变电站,容量 427.45 兆伏安、年供电量突破 5 亿千瓦时的现代化电网。从仅有121人的小单位发展到现在正式职工886人、农电工240人的省中二型企业，从单一电力供应发展到现在的以电力为核心、多产业发展的经营体系。1986年全县实现村委会通电，4年后又普及自然村通电。1998年，全面实施农网建设与改造工程。全县先后投入电力建设资金2.32亿元，新建110 kV变电站1座，35 kV变电站4座，改造35 kV变电站8座，新增110 kV线路58.5千米，新增和改造35 kV线路181.75千米，新增和改造10 kV线路1053.53千米，新增和改造400 V线路1749千米，新增公用配变台区1180个，新建调度自动化系统1套、MIS系统1套、办公自动化系统1套、95598客服信息系统1套，城区10 kV线路实现“手拉手”环网供电。2003年自筹资金9700万元，进行电网技术改造、变电站标准化整改和供电所规范化建设；实施“明亮工程”，全县203个村委会实现“村村亮”，1190个自然村安装路灯，占全县自然村的98%。2006年8月，实施“户户通电”工程，电业局多方筹措资金9.8万元，免费为无电户设计、安装用电线路和用电设备，于2007年6月30日全县实现户户通电。2008年投资19 360万元，实施网架升级工程，提高电网供电能力。以棠溪220 kV输变电工程、师灵110 kV输变电工程、李庄110 kV变电站改造工程为核心，形成以220 kV为枢纽、110 kV为主网架、35 kV分区网架、10 kV辐射供电，布局合理、安全可靠的县域供电网络。新建35 kV线路21千米，新建、改造10 kV线路109千米、400 V线路225千米、台区384个。实施新农村电气化建设工程，建成豫南第一家新农村电气化县。2008年12月26日，顺利通过电气化县验收，夺得全省新农村电气化建设金牌。瞄准前沿技术和先进的电网设备，推广应用综合自动化保护设备、配网自动化技术、远方抄表、光纤环网、负控装置、综合信息资源共享系统等，不断增强电网的安全可靠性和稳定性。

1986年，西平县电业公司开始发展多种经营，至2008年年底，拥有电力杆塔厂、电力工程公司、洪河宾馆、青荷纯净水厂、电业超市、电力惠峰塑料厂、电力同创塑料厂、电峰塑料有限公司等12个经济实体，资产总额5500多万元，年产值8000多万元，年创利润146万元，安排就业近400人。1999年后，农村电网逐步改造，加速变电站建设和配电台区建设,2006 年后,实施“户户通电工程”“机井通电工程”“新一轮农网改造”等电网改造。是年,被国家电网公司授予“电压管理标杆单位”。2008 年,完成供电量 5.46 亿千瓦时,完成产值 3 亿元,实现利润 904 万元,上缴税金 2012 万元,资产总额达 1.8 亿元。2009 年,被国家电网公司授予“新农村电气化建设先进单位”。2014 年 9 月 30 日完成资产上划由国网河南省电力公司直管,2017 年 7 月完成“子改分”(电力县级子公司改制为分公司)。至 2018 年年底,全县有 500 kV 变电站 1 座,220 kV 变电站 2 座,110 kV 变电站 5 座,35 kV 变电站 15 座,形成以 500 kV 为主供电源、220 kV 为枢纽、110 kV 为骨架支撑、35 kV 分区供电的智能电网。服务各类用电客户 27 万户,87 万人口,户通电率 100%。

## 四、基础设施逐步完善

农田水利建设成效显著。1992 年 11 月开工建设的杨庄滞洪区是经国家计委批复兴建的大型水利工程,控制流域面积 1026 平方公里,涉及杨庄、芦庙、吕店、师灵 4 个乡镇,规划设计与老王坡滞洪区联合运用,滞洪量 2.03 亿立方米,总投资达 1.52 亿元。1994 年冬全部建成,经工程竣工验收委员会鉴定,杨庄滞洪工程综合评定为优良等级。老王坡滞洪区是淮河上游小洪河上的一座重要防洪控制工程,始建于 1951 年,控制流域面积 1555 平方公里,设计滞洪水位 57.65 米,相应滞洪量 1.71 亿立方米,淹没面积 121.3 平方公里,耕地 16.4 万亩,涉及宋集、人和、环城、五沟营、老王坡、柏亭 6 个乡镇 54 个村委会 11.05 万人。工程始建于 1998 年,2006 年全部完工,共投入资金 9993 万元,完成 4.74 万平方米的避水平房及大李至漯河等 6 条长约 42 公里的混凝土撤退道路,加固处理坡内两座围村堤,新建小桥涵 87 座,解决了滞洪区内 4.23 万人的避洪问题。

横贯西平的小洪河是淮河的重要支流。原来河道弯曲,堤防失修,一遇暴雨即决堤成灾。1982 年至 2003 年,先后 4 次分段对小洪河进行综合治理,实施淤泥河、仙女河治理工程,使其防洪能力达 10 年一遇标准。2005 年后,县水利局累计向上级部门争取水利专项资金 7344 万元,对西部山区的 9 座中小水库进行除险加固,进一步提高防洪能力。

1978 年,全县共有机井、土井 10 240 眼,有效灌溉面积仅 46.2 万亩,旱保田面积 35.68 万亩。1998 年秋,动员东部 10 个乡镇实施老王坡滞洪区沟路林网综合治理工程;1999 年对白寺坡进行洼地集中治理;2000 年对淤泥河两岸洼地进行集中整治;在杨庄、权寨、蔡寨等乡镇新建节水灌溉示范区,以乡镇为单位兴建万亩水利示范园区。至 2009 年 6 月底,拥有完好机电井 2 万眼,塘堰坝 1179 座,总容量 1300 万立方米;治理小洪河、仙女河、淤泥河等干支河道 18 条,整修加固堤防 280 公里;发展有效灌溉面积 85 万亩,旱涝保收田 75 万亩,治理低洼易涝面积 26 万亩,解决农村饮水安全人口 16.3 万人,初步治理水土流失面积 120 平方公里。2011—2015 年,全县累计投入农田水利建设资金 8.4 亿多元,共新打机井 9200 眼,建农桥 6200 座,发展有效灌溉面积 35 万亩,旱涝保收田 28 万亩,除涝面积 15 万亩,动土方 2600 万立方米,改造中低产田面积 15 万亩,治理水土流失面积 70 平方公里。2014 年,获河南省“红旗渠精神杯”。

2018 年年底,全县共建集中供水工程 155 处,其中大型水厂 9 处,全县 205 个行政村 66 万人吃上自来水,解决饮水困难及各种饮水不安全问题。至 2018 年年底,境内有中型水库 1 座——谭山水库,小型水库 8 座——康山、任三楼、竹园、黄湾、同心寨、老家沟、大沟、杨凤沟水库。滞洪区 2 处——老王坡、杨庄滞洪区。谭山水库位于西平县出山镇,水库总控制流域面积 21.5 平方公里,50 年一遇洪水设计标准,相应库水位 110.10 米,相应库容 996 万立方米,保护区保护耕地 32 万亩,年防洪效益 229 万元,灌溉效益 190.4 万元,养殖效益 60 万元。2012 年起开始筹划小洪河、引洪河两河生态治理工程,2014 年 12 月启动,2015 年 9 月开工建设。工程西起小洪河与引洪河交界口,东至京广铁路,北至规划新城边界。主要建设内容包括整治小洪河约 9.1 公里、引洪河约 7 公里的河道,新建城市新区 3 公里中央景观河、445 亩人工湖等,总投资约 17 亿元,打造“生态休闲、滨水体现、城景互融”的城市环境。

西平县是国家首批立项实施农业综合开发项目县之一。2005 年被河南省人民政府确定为农业综合开发重点县;2007 年又被国家农发办确定为农业综合开发引导支农资金统筹支持新农村建设试点项目县。近几年,全县共投入农业综合开发资金 1.5 亿元,完成中低产田改造任务 55.6 万亩。

道路运输能力显著提高。1978 年,西平县晴雨通车的公路总里程仅 60 公里,而能称上乡村公路的不足 9 公里。294 个村委会通油路的不足 10%。近年来,全县各乡镇开展乡村公路建设热潮,至 2007 年年底,全县农村公路通车里程达 1359.7 公里,其中县道 4 条 143 公里,乡道 14 条 247.6 公里,村道 376 条 969 公里,桥梁 230 座,全长 7289 米,其中大桥 7 座 887 米,全县村委会全部通水泥路或柏油路。2008 年,全县建设农村公路总里程达 1471 公里。

20 世纪 70 年代建成通车的国道 107,几经拓宽改造,成为西平县第一条一级公路。2000 年,纵穿西平县境的京珠高速公路竣工通车。2004 年,省道 331 投入运行。京广铁路改电气线路工程于 1988 年动工,1991 年 12 月郑州至武汉段开始使用。石家庄至武汉铁路客运专线 2008 年开工,2010 年建成通车。14 条县道经改建和扩建,路面质量大幅度提高。至 2018 年,全县形成京广铁路、石武铁路客运专线、京珠高速公路、国道 107 纵穿南北,省道 331 横贯东西,县、乡、村公路四通八达的大交通格局。改建的西平火车站宽敞明亮,功能齐全。县城汽车站由原来的 1 个增至 4 个,17 个乡镇均建起汽车站,18 条客运线路贯通全县各乡镇和近一半的村委会。2018 年年底,全县拥有营运性客运汽车 264 辆,公交车 75 辆,出租车 178 辆,营运性大型货运汽车 1283 辆,其他各类运输车辆万余辆,与 30 年前相比,增长数十倍,全年客运周转量达 18 109 万人公里,货运周转量 611 万吨公里。

邮政通信水平和技术飞速发展。1978 年以前,西平县仅有 1 个邮电局和 10 多个乡镇邮电所办理邮政和电信业务,仅有固定电话 516 部。1987 年,全部实现自动转报,电话电路总数达到 26 条,全县市话交换机总容量达 1950 门。

20 世纪 90 年代后,基本形成以光缆为主、数字微波为辅的大容量、高速率的信息传输通道,光缆总长度达到 300 多公里。1999 年 10 月,联通第二代 GSM 数字移动电话系统在西平开通,县城以上城市全部实现程控化,所有乡镇全部实现自动化,建成全县移动电话、无线寻呼、数据通信、多媒体通信、ATM 宽带、电视电话会议等现代化通信网络及同步数字传输交换系统。2000 年 1 月，实现"行政地村村通电话"，全县所有乡镇全部接入互联网。形成以县城网络为骨干，贯通乡镇、重点农业产业化龙头企业和部分村、户的信息网络体系。2001 年底，模拟移动通信过渡到第二代数字移动通信，至 2008 年年底，移动网络覆盖率达 98%，电脑发展到 6 万台，联通手机用户超过 10 万户。中国移动西平分公司 1999 年 7 月成立，先后在县城护城河路、文化路、17 个乡镇等设立营业厅，建立城市渠道 95 家、农村渠道 398 家，村级代办覆盖率达到 92%。全县建成基站 100 余座，公司网络县区覆盖率达到 100%。

1978 年以前，邮政局投递邮件都是靠自行车，邮路少、速度慢。改革开放后，投递条件逐步改善。1986 年，除人和、焦庄邮电所直接由火车站接送邮件外，县城至出山、酒店、五沟营等均属汽车委办邮运，邮路全长 137 公里。1995 年 10 月改为自办汽车邮运。2000 年，城区邮路由 1995 年的 5 条增至 15 条，总长 345 公里，17 个乡镇支局全部为自办汽车邮运，总长 238 公里。西平邮政从 2009 年 36 条乡村投递路线、2 台 ATM 机（自助设备）到 2018 年投递线路（含机要）46 条，代寄送和接收的快递点遍布全县各村。邮政业务除办理函件、包裹、汇票、报刊征订外，又相继开办了邮政储蓄、快件、特快专递、商包、集邮、物流、广告、代办电信、代理保险、代收电话费等业务，业务量和业务收入逐年上升。西平邮政下辖 22 个邮政支局所（县城网点 5 个，农村网点 17 个），2017 年完成邮件处理中心 2600 余平方米的改、扩建工程，配备 1 套自动分拣设备，实施大班组交叉作业，提高邮件传递时限，同时配备折叠式笼车 4 辆，弹簧分拣车 12 个，撑袋架 10 个，新增网运 PDA 手持终端 5 把，结存 11 把，投递三轮车 21 辆，摩托车 24 辆，补助"私车公助"投递汽车 2 辆。全县配备专职投递人员 46 名，更新投递 PDA 手持终端 46 把，邮件妥投点建成并投入使用 188 个，其中县城使用 35 个、支局网点使用 17 个、农村自提点使用 136 个，邮件妥投串和信息反馈率均达到 98% 以上，有效支撑寄递业务发展。为实现打通"最后一公里"、服务零距离，在全县 196 个行政村建成邮政便民服务站由 2009 年的 204 个上升到 2018 年的 320 个，增幅

39.22%,建成统一品牌形象站点207个,覆盖率159%,市场占有率达22%,有效推进了电子商务进农村,邮政包裹快递业务量由2011年的0.86万件上升到2018年的46.98万件,年均增幅76.61%。2011年全年完成业务总量4256.68万元,2018年全年邮政业务总量累计完成8714.66万元,同比增幅104.73%。

普惠金融以营造方便人民群众结算为重点,加大自助机具布放力度,布放ATM/CRS机全县累计结存达35台,点均达到2.3台,配备叫号机、清分机、验钞机、客户维护管理系统等信息化设备,提高业务办理效率,提升客户满意度。2008年下半年,邮储业务正式从邮政局分离,成立西平县邮储银行,并开始办理贷款业务。

## 五、商贸流通繁荣活跃

随着商业领域的迅猛发展,"万村千乡市场工程"、社区商业规范化、农产品市场标准化升级改造、企业连锁化、集团化、百货店、超市、刷卡消费、网上购物以及农村集贸市场、小商品市场等商业经营丰富多彩,城乡居民消费结构不断优化。2006年后,新建、扩建、改建农资农家店236家。强力推进家电下乡,至2009年年底,全县共销售彩电6324台,冰箱8200台,手机1310部,洗衣机2224台,计算机106台,空调1015台,热水器50台。已补贴16 908台(部),补贴金额326.9万余元。2011年11月,家电下乡补贴停止。

县供销社在改革开放中迅速发展,骨干企业柏城商场于1985年建成并营业,几经扩建,经营面积达2万平方米,经营商品3万余种,是豫中南地区最大的县级商场。2005年,建成爱家量贩超市,积极开展国家商务部实施的万村千乡市场工程建设。至2008年年底全系统共发展乡村级超市130个,日用消费品加盟店377个,农资营销网点200余个,发展烟花爆竹网点342个。全系统发展各类专业合作社17个,入社农民900余户,带动农户2000家,助农增收工作成效显著。发展种植业协会5个,社区综合服务中心13个。

县粮食局为解决农民卖粮难问题,加大粮食仓储设施建设力度。2008年年末,全县共有国库仓360座,容量达2.5亿公斤,外垛及罩棚仓6000万公斤,合计库容3.1亿公斤。逐步购进一大批现代化的粮食机械设备，粮食装卸出入实现机械化。全县共有国家粮食储备代储库2个，省级粮食储备库9个，代储国家储备粮5500万公斤，县级储备300万公斤。2008年，全县粮食购销企业共收购小麦2.5亿公斤，是1978年的12倍；竞拍销售小麦2.1亿公斤，移库2450万公斤，实现利润近60万元。

改革开放后，西平老区加大市场建设力度，在县城和各乡镇建成专业市场64个，在各乡镇形成商场贸易、干会和庙会贸易相结合的商业流通机制。在县城，相继建成商贸中心、棠溪服装城、农副产品贸易中心、柏城商场、西平商厦（喜盈门超市）、新时代购物广场、春天服饰、商业步行街等10大购物中心，使西平成为豫中南地区重要的物资集散地和商业贸易城市。2008年，全县社会消费品零售总额达43亿元，在驻马店居第二位。2018年达115亿元。

## 六、城镇建设日新月异

改革开放以来，西平县坚持以人为本、统筹城乡，逐步构建起新型城镇化发展新格局。全县城镇规模快速扩张，城镇人口快速集聚，城乡空间结构和人口结构迅速变化。随着新型城镇化战略的持续推进，新型城乡关系逐步形成，城镇化步入新阶段。

新中国成立前，城区面积0.7平方公里，人口不足1万。城区大街宽6米，小巷宽2～4米。改革开放后，西平经济建设迅速发展，城市建设用地由1983年的4.12平方公里发展到2001年的8.88平方公里，城市人口由1983年的3.6万人增加到2001年的10.4万人（不含洪河以西部分村庄）。城市用地范围也由14.5平方公里扩大到21平方公里。

2015年，全县人口总数879 723人，218 522户，非农业人口103 443人，建成区面积23.2平方公里，常住人口城镇化率42.8%；城区户籍人口15.5万人，外来常住人口9万人。

改革开放后，西平县城乡规划从无到有，先后经历四轮规划修编。1983年第一次编制“西平县城总体规划”，1994年完成新一轮规划修编《西平县县城总体规划（1994—2010）》，2002年编制完成《西平县城市总体规划（2002—2020）》，编制完成《河南省西平县城乡总体规划(2016—2030)》,从城市规划到城乡总体规划,实现统筹城乡经济社会发展。

至2018年,县域空间布局结构形成“一核一带、两轴多点”,由点及线、由线带面、逐步发展、逐级推进的发展局面。一核心:西平中心城区;一个城镇发展带:沿国道107、京广铁路、京港澳高速公路沿线的中心城区、宋集、二郎、人和、五沟营、盆尧、重渠、焦庄等形成的南北城镇发展带;东西向两轴:沿省道331分布的出山、专探、中心城区至盆尧形成南部发展轴。沿西出北路分布的出山、嫘祖、师灵、中心城区、五沟营等形成北部发展轴。多点:多个中心城镇。

1978年以后,通过清理住房,核定产权,推进公房出售,配套公积金、建立住房基金制度,鼓励集资建房,安居工程的实施,企业房改等系列改革,调动市场投资建设商品房的积极性。1985年年底,县城住房面积443 217平方米,人均住房9.6平方米。至2015年,西平县城已经建成越中公寓华景新城、盛世花园、皇家一号、翡翠城、御景名苑、京都公寓等住宅小区。近年,建业森林半岛、西班牙印象、西湖春天、莱茵河畔、御都福邸、中汇悦府、中华嫘祖城、美景现代城、温莎城堡、金泓世家、英伦国际城等现代气息的小区建设如火如荼。随着高标准住宅小区的建设、旧城棚户区改造、农村危房改造等的实施,城乡居民住房条件大幅改善。

2000年以后,落实经济适用房、廉租房、公共租赁住房、棚户区改造等制度,形成了完善的城镇住房保障体系。经济适用房建设,2008年完成嘉苑小区194套,1.95万平方米;2013年建设嘉和小区540套,5.5万平方米。政府先后投资完成4处廉租房建设5008套,户均面积50平方米,其中2008年的嘉苑小区58套,2011、2012年的西平高中廉租房共计2646套,2013、2014年的柏苑廉租房1152套,2015年的光电产业园廉租房1152套。主要在产业集聚区政企合建公共租赁住房135幢,单体建筑11 718套,487 578平方米,户均面积50平方米。为社会低收入人群提供廉租住房租赁补贴制度,2015年发放补助户380户,户均两人,每人每月50元,2018年年底补贴户减少至60余户。2015年棚户区改造项目有花马刘、锦江小区、皇家二号3个,征收1475户,征收面积249 793平方米,新建2778套,建筑面积

228 320平方米;2018 年开始实施朱洪片区、李道黄片区、北关片区、未来大道南片区、东关片区、汤买赵片区 6 个棚改项目,征收户数 8300 户,征收面积 2 263 446 平方米,新建 12 006 套住房,面积 1 440 400平方米。自 2011 年西平县农村危房改造后,全县累计完成农村危房改造 16 168 户,发放补助资金共计 14 050 万元,帮助 5.66 万困难群众实现“安居梦”。

2018 年,全县房地产开发投资 26.88 亿元,商品房销售面积 85.14万平方米,商品房销售额 29.62 亿元。房地产开发企业,从 20 世纪 80 年代西平县房地产综合开发公司等两家起步,经历 20 世纪 90 年代和 21 世纪初的缓慢增加,2008 年后进入快速发展期,到 2018 年,全县房地产开发企业 51 家,物业服务企业 26 家,带动金融、建筑、建材、冶金、家电、物流、商贸等 50 多个行业的发展。

1985 年,城区主要道路 20 条(含城区过境公路)、全部为渣油和水泥路面,宽度 4 ~28 米,总长 1.85 万米,占地面积约 22 万平方米,安装路灯 300 余盏,主要街道为钠灯,其余为白炽灯,除基础路灯和简单亮化设施外,无其他亮化设施,无天然气,基础设施和城市形象差。经过多年投资建设,至 2018 年,县城建成区面积达到 35 平方公里,形成“八纵八横”的城区道路系统,城区主次干道总计 47 条,道路总长度 185.16 公里,路网密度 6.98 公里/平方公里,形成合理的交通网络布局,建成的市政道路均为高标准沥青和混凝土路面。相比 1985 年,城市道路总长度增长超 10 倍。特别是 2018 年百城建设提质实施道路互联互通工程。完成启航路、嫘祖大道、北大街、祥瑞路、凤林路等道路新建、改造工程;西漯快速通道、柏苑大道、柏亭大道等道路建设正在实施。投资 1.6 亿元,整治背街小巷 106 条,使背街小巷成为民心小巷、幸福小巷。投资 5.2 亿元,新建改造 8 座跨河桥梁,完成柏国大道下穿铁路桥涵、金凤大道下穿铁路桥涵、嫘祖大桥及滨河西路下穿桥、嫘祖大道滨河东路下穿桥建设。投资 3.3 亿元,升级改造未来大道、解放路、柏城大道、金凤大道、西平大道等 5 条道路,形成城周环形围绕、城内互联互通、城外四通八达的路网体系。

2018 年,县境内有 3 家天然气经营企业。凯达燃气公司负责城市规划区内的天然气经营,共有安装燃气用户 4.5 万户,铺设天然气管网75千米,城区燃气普及率为96.47%。2017年开始实施乡镇天然气项目,河南豫南燃气有限公司负责实施除人和、五沟营、宋集3乡镇外的其余乡镇的天然气项目。2018年年底完成重渠乡、盆尧乡、老王坡两乡镇一管委管网铺设,完成铺设27千米,完成投资2500万元。亿元燃气有限公司成立于2014年,主营燃气汽车加气,投资1000万元。

县城1982年启用深井(80~150米)抽取地下水供水,2009年在西平大道西段路北新建第一水厂,占地10亩,设计供水标准2万吨/日,实际供水1.5万吨/日,在产业集聚区建第二水厂,占地约28亩,设计标准2万吨/日,规划利用南水北调工程建设第三水厂。

排水体制为合流制,逐步实现雨污分流。城区排水沟总长65 011米,服务面积14.88平方公里,普及率81.3%。第一污水处理厂位于城南,日处理能力2.5万吨,第二污水处理厂位于城东北,设计日处理能力2万吨。

1979年,开始组织实施城区绿化,1982年3月,县投资在主要街道两旁种植法国梧桐树,但因街道狭窄,管理不善,成活率不高。至1985年,县城园林绿化面积9.7万平方米,公共绿地5000平方米,绿化覆盖率27%。经过多年投资建设,共建成大小公园、游园、绿地等20余处,公园绿地面积为172.06公顷,人均公园绿地面积为9.39平方米。2000年以后,实施全域精品绿化工程。树立"以绿荫城"理念,投资14.5亿元,推进1.2万亩嫘祖植物园、3000亩嫘祖海棠园、两河沿岸主题公园景观工程。投资10亿元,高标准实施小洪河、嫘祖河、南城河绿化以及国道107城区段、柏国大道、未来大道等道路绿化工程,建设道路绿地面积121.34万平方米,实现建成区道路绿化普及率100%,道路绿地达标率84.7%,林荫路推广率71.1%。城市新建、改建居住区绿地达标率为95.4%,2018年年底有省、市园林小区(单位)41个。新增城市绿地600多万平方米,实现"开窗见绿,出门见园"的绿化景观。城区绿化覆盖面积达1290公顷、城区绿化覆盖率达43%,绿地率达34.63%,人均公共绿地面积达11.7平方米,新增人均公园绿地面积1.12平方米,各项园林绿化指标均达到国家园林县城标准。

2017 年 2 月，河南省住房和城乡建设厅公布西平县为第一批 45 个实施百城建设提质工程市县之一。按照“以水润城、以绿荫城、以文化城、以业兴城”的建设目标，遵照生态环境治“污”、交通秩序治“堵”、市容卫生治“脏”、公共服务治“差”的总体要求，加大投入、完善基础，拉大框架、强化支撑，创新机制、精细管理，通过明确发展定位、科学编制规划、严格执行规划，多渠道开展融资，实施道路互联互通、生态水系建设、旧城提质改造、历史文化保护、民生项目提升、扮靓西平亮化、全域精品绿化等“七大工程”，持续完善城市基础设施；落实城市管理体制改革、加强环保攻坚、环卫工作精细管理、数字化城管等“四项措施”解难题，精细抓好城市规范管理。百城建设提质工程实施两年，西平县基础设施全面加强，生态环境明显改善，城市服务保障能力和文明程度大幅提升。2017 年 9 月，时任河南省长陈润儿到西平调研，对西平县百城建设提质工程工作给予充分肯定。在 2017 年驻马店市城市建设和管理观摩考评中，获全市第一名；2017 年全省百城建设提质工程考核中，跻身全省前 15 名先进行列，受到省政府通报表扬。

## 七、财政金融实力增强

1978 年后，确保财政收入持续稳定增长。全县地方财政一般预算收入从 1978 年的 1144 万元增至 2018 年的 10.5 亿元，同比增长 88 倍。财政收入形成以工商税收为主体、非税收入为辅助补充的收入结构。全县地方财政一般预算支出由 1978 年的 1532 万元增至 2018 年的 27.7 亿元，同比增长 180 倍。在财政支出中，由过去的“吃饭财政”向“公共财政”逐步转变，关系社会民生的农业、教育、医疗、卫生、社会保障和基础设施建设等支出逐年大幅增长。

改革开放促进了西平金融业快速发展，在原有人民银行、农业银行、农村信用社的基础上，1979 年后，又相继成立中国建设银行西平县支行、中国工商银行西平县支行、中国银行西平县支行、中国农业发展银行西平县支行、中国邮政储蓄银行西平支行。1991 年，县人民银行建立专用卫星通信网，构建全国电子联行系统，资金流转速度和清算效率快速提高。1996 年以后，逐步实现电子联行“天地对接”业务到县。2000 年,中国现代化支付系统建设再次升级,人民银行逐步建成直接连接 6 万多个银行分支机构的人民银行大额支付系统。2006 年,建成运行的人民银行小额支付系统,支撑多种支付工具的使用,实行全天 24 小时连续运行,为银行业金融机构的小多额、大批量跨行支付清算业务提供低成本公共平台,为社会公众办理跨行支付等业务提供全天候、安全高效支付清算服务。西平县所有银行业金融机构包括邮政储蓄银行和农村信用社在内,全部加入现代化支付系统,县域所有商业银行还开通了网上银行、电话银行等业务。2005 年,在全省首批开办农民工银行卡特色服务。西平是全省 18 个农村金融产品和服务方式创新试点县之一,在全省县域金融机构中首批开办了外汇存贷款和收付汇业务,首批开辟邮政储蓄信贷业务,首批推出外汇买卖、黄金买卖等金融理财产品,首批使县域法人金融机构进入全国债券市场,首批设立股票交易代理场所,首批试办农业政策性保险业务。2018 年金融机构各项存款余额 261.2 亿元,各项贷款余额 116.4 亿元,18 家企业在中原股权交易中心成功挂牌,电子商务交易额 35 亿元。

### 八、科学技术广泛普及

1978 年以前,西平县仅有农业技术推广站、家畜改良站和良种繁育场各 1 家。1978 年以后,县科学技术协会和县科学技术委员会相继成立,先后成立农机具研究所、林业科学研究所、沼气办公室和地震办公室。各乡镇建立农业技术推广站、农机站和良种繁育场,大部分村成立科技组,逐步形成农村科技网络。

农业实行大包干后,西平老区兴起科技热,大部分乡镇和村委办起农民技术学校,利用农闲时组织农民学习科技知识。

强化农业科技基础研究,提升农业发展速度。推广引进的农业先进适用新技术、新品种、新成果取得显著的经济、社会效益,推进了农业产业化进程。通过引进推广“小麦玉米一体化丰产高效栽培技术模式”“旱地小麦起垄播种技术”等先进实用技术,以郑麦 9023 为主的优质小麦种植面积达 90 万亩,亩产突破 470 公斤;西平县优质强筋小麦生产技术研究与产业化开发成果累计推广面积 180 万亩,增收小麦4000多万公斤，被评为“全国优质小麦生产基地县”。

推广先进技术和优良品种，加速成果转化。以无公害绿色生猪和“953”巨型长毛兔、优质肉鸡、肉鸭为主的畜牧养殖业发展迅速，被定为“全省无公害绿色生猪示范基地县”和“全国953巨型长毛兔生产基地县”；新农家禽、华康鸭业公司分别被省畜牧厅认定为“河南省优质肉鸡无公害农产品产地”“河南省肉鸭无公害农产品产地”“驻马店市农业产业化龙头企业”；形成以双孢菇、平菇、金针菇种植为主的五大食用菌生产基地，专业村达26个，种植户2万多户，从业人员8万多人，年产值5亿多元，食用菌基地成为全省十大食用菌生产基地。

近年，西平县围绕构建农村科技服务体系和示范园区建设，开展农村科技服务活动，促进了科技与经济的紧密结合，推动了蔬菜、食用菌、养猪、养鸡、养鸭等区域特色产业的快速发展，全县共建立市级科技服务社3家，县级5家，农业科技园(区)10个，科技示范基地3个，形成区域支柱产业10个，培育农村适用技术人才1250人，推广先进适用技术20项，带动农户3.1万户，仅特色产业农民人均纯收入达2400元，产生经济社会效益35亿元。棠溪宝剑厂研制的“棠溪宝剑”、县电业公司机电设备厂研制的“钢管杆塔”，分获河南省博览会金奖。至2008年，全县企业完成技改项目500项，开发新产品450个，创省部级名优产品36个。围绕科技研究、推广普及，确立并实施“科技兴县”战略，催生一批高水准科技项目相继获省、市立项。

至2008年，全县共组织实施国家、省、市各类科技发展计划项目1595项。共有600项科技成果获省、市科学技术进步奖。其中省科学技术奖123项，省星火奖58项，市科学技术奖419项。西平县先后被授予“全国科技工作先进县”“全国科技先进县”。县科技局获“全省防震减灾综合示范单位”“全省新农村建设科技示范工程农村科技培训示范单位”等称号。全县科技进步对工业、农业、国民经济的贡献率分别达到53.35%、50.15%、51.2%。

## 九、社会事业全面进步

### (一)教育

第一，教学条件显著改善。至2000年，全县累计集资捐款3000

多万元，财政补助近 1000 万元，在改造危房的同时，新建教学楼 40 栋，建筑面积 7.2 万平方米，使各级学校的硬件设施和环境有明显改善。2001 年 12 月底，县政府在全市率先出台文件，落实以县为主的农村义务教育管理新体制，人权财权上划，实现“两个根本”转变。2002—2006 年，全县争取上级政策性资金 4674 万元；2003—2005 年财政对教育拨款 3.16 亿元；加上招商引资、乡村自筹、社会捐资全县投资 1.2 亿元用于教育事业的基本建设，学校面貌有较大改变。

2005 年春，落实“两免一补”政策，全县 29 731 名农村贫困中小学生受惠。2007 年起，实行农村义务教育阶段学生免交学杂费，是年秋，实行城市义务教育阶段学生免交学杂费，中小学公用经费也逐年提高。2005 年，学校危房改造工程提速。全县完成 51 个危改项目和 33 个自筹资金危改项目。2006 年又新启动完成 20 个危改项目，全县彻底消除了 D 级危房。

省重点高中杨庄高中于 2004 年由杨庄乡整体搬迁至县城西。占地 300 亩，建筑面积 8 万平方米，拥有 66 个标准教学班。学校有教职工 321 人，专任教师 315 人，省级骨干教师 12 人，市级骨干教师 34 人，其中研究生学历 62 人，高级职称 90 人，中级职称 147 人，在校学生 7000 余人，84 个教学班，学校实行寄宿制、封闭化管理。校园分生活、教学和运动休闲三大功能区。生活区内有学生餐厅、服务中心各 1 座；教学区内有综合办公楼 1 幢、教学楼 4 幢、科技楼 1 幢、宿舍楼 7 幢；运动休闲区内有科技楼 1 幢，计算机室 10 个、语音室 6 个、实验室 10 个、大型多媒体教室 3 个，学校图书馆藏书 15 万册，报纸杂志 300 余种，大型运动场设施齐全，拥有标准 400 米跑道、篮球场、足球场、乒乓球台等体育场地，多次成功承办市、县级大型运动会。2018 年高考取得历史性突破，本科上线 540 人，其中高三（1）班全部进入本科线，上线率 100%。

省示范性高中西平高中于 2007 年重新扩建。2018 学校占地面积 236 亩，教师 370 多人，其中高级教师 106 人、中级教师 154 人，在校学生 6600 余人，现有综合楼、教学楼、实验楼、宿舍楼、餐厅和服务中心等各类建筑 22 幢，微机教室 4 个、学科教研室 4 个、录播室 1 个。各教室均装有教学触控一体机，办公楼、教室、宿舍均装有中央空调。

近三年,学校一本升学率一直保持在 30% 以上,本专科升学率 80% 以上。

第二,职业教育不断加强。2007 年年底引资 8000 万元的西平县职业教育中心建成。2014 年西平职教中心被省财政厅、教育厅、发改委确定为河南省品牌示范性和特色职业院校建设单位,2016 年通过验收,2018 年 6 月确定为河南省"双项"提升工程项目建设学校,2018 年 12 月被评为河南省中等职业教育管理强校。建设标准化实训室和实训车间 21 个,推行 4.0 智慧教学模式,与河南农业职业技术学院、商丘职业技术学院、河南质量工程技术学院等 6 所院校联合办学,与苏州华硕科技集团、武汉大华广通公司、思念食品、北京昌源集团、许昌德瑞电梯有限公司开展校企合作,拓宽就业升学双通道。2018 年有在校生 2160 人,教职工 180 人,教师学历合格率 100%,其中具有高中级职称的教师达 72%,省、市级骨干教师 26 人,双师型教师 85 人,是驻马店市师资力量较为雄厚的学校。

2005 年年底,全县农村 18 所寄宿制初中,其中有 10 所新建食堂,8 所完成改造。全县投入食堂建设改造资金 1488.5 万元。2006 年争取上级政策性资金 120 万元,自筹资金 360 万元,建成西平县青少年校外活动中心。

第三,教学设施装备不断更新充实。2005 年完成 19 所学校的城域网项目工程建设,2006 年投资 667.2 万元,完成全县农村中小学远程教育项目工程建设。2007 年为农村义务教育阶段学校课桌凳更新配置资金 539 万元,配置课桌 1504 套,2008 年实施农村中小学教学仪器装备工程和图书室充实工程。

第四,"两基"工作巩固提高。2007 年,全县非盲率达到 99.9%,全县劳动力人均受教育年限达 8.05 年。全县小学、初中、残疾儿童入学率分别达 100%、100% 和 80% 以上。小学巩固率 100%,初中流失率控制在 1.5% 以内。城乡普及学前一年教育,幼儿入园率达 90% 以上。在"两基"国检中,被认定达标。普教、职教、成教三足鼎立,公办教育、民办教育协调发展,高中教育有了突破性进展。2007 年全县初中升学率达 85% 以上,普通高中在校生人数达 1.45 万人,其比率已接近普及高中教育指标。

第五，民办教育发展突飞猛进。2008 年全县民办中小学 8 所，民办幼儿园 71 所，在校生 1.12 万人。全县小学生人均建筑面积 3.7 平方米，初中生人均建筑面积 4.9 平方米。全县小学生人均图书 15.6 册，初中生人均图书 20.9 册，全县中小学教学仪器、体育器材、信息技术设备等办学条件得到改善。

第六，教师队伍素质明显提高。全县幼儿园、小学、初中、普高、职高教师学历达标率分别达 100%、100%、98%、80%、66%。初中教师具有本科学历、小学教师具有专科学历、高中教师具有研究生学历的比率逐年提高，骨干教师梯队和教育名师团队正在形成。教育质量逐年提高。2002—2007 年，各高中累计为高等院校输送本科生 6000 多人。2006 年高招本科上线人数突破千人大关。2008 年文理科高分考生跻进全市前 3 名，中招成绩和小学综合素质考评成绩在全市保持领先位置。2018 年，全县有高中 4 所（含职教中心 1 所，民办高中 1 所），初中 24 所，小学 254 所（含 65 所教学点），公办幼儿园 4 所，特殊教育学校 1 所，民办九年一贯制学校 7 所，民办小学 3 所。全县在校生共 89 527 人，其中高中 15 105 人、初中 21 945 人、小学 52 191人，特殊教育学生 306 人。中小学教职工编制为 6889 人，中小学实有在职教师 6589 人，其中高中 901 人、初中 2391 人、小学 3297 人。

自 2014 年起，全县教育共投入资金 1.6 亿元。校舍建设投入 8683.44 万元，新建教学楼、学生宿舍、教辅用房等 47 262 平方米，新建室外运动场 114 326 平方米，新建围墙护坡 5778 米。设备投入资金 7316.56 万元，购置生活设施 7974 台（件），购置图书 23 万余册，购置学生课桌凳 54 663 套，购置计算机、教学仪器 32 890 套（台、件），全县中小学班级基本装备了“班班通”，教育信息化建设达到国家和省规定的配备标准。学生用品、教师办公、生活设备都得到更新换代。2017 年以后，全县义务教育学校各学科教学仪器设备、功能室仪器设备进行统一采购和配备，县财政共投入资金 12 669 万元。全县义务教育办学条件达到县域内基本均衡，顺利通过国家义务教育基本均衡县验收。2000 年始，取消师范毕业生分配制度，录用教师实行公开招聘。

(二)文化

各乡均成立文化站,乡村文化活动有了组织者和活动场所。县城建成新的文化馆综合大楼,开设少年活动室、老年游艺室、综合展览厅、舞厅、网络培训室、舞蹈音乐培训班、摄影沙龙、美术书法创作室等文化活动场所。成为豫中南地区县级功能设置最为齐全的文化馆。全县业余剧团发展到46个。县文化局年年组织大铜器民舞比赛和唢呐、曲艺、彩灯歌舞、模特表演等比赛,举办美术书法展览,促使群众文化活动蓬勃发展。2007年,西平县被中国民协命名为"中国嫘祖文化之乡""中国冶铁铸剑文化之乡"和"中国嫘祖文化研究中心""中国冶铁铸剑文化研究基地"。2008年8月,西平大铜器被列入国家非物质文化遗产重点保护项目。2008年12月,在苏州举行的全国农民文艺表演大赛上,西平县大铜器代表河南省参赛,一举夺得此次比赛的最高奖——金穗奖。2008年9月,杨庄乡、权寨镇被文化部命名为"民间文化之乡"。2008年10月,西平县又有4处文物被确定为"河南省重点文物保护单位"。县城东关宝岩寺塔晋升为"全国重点文物保护单位"。

(三)卫生

医疗、医药、防疫、保健条件明显改善。2003年以后,先后建起县人民医院病房大楼、门诊综合楼、县中医院门诊综合楼、县妇幼保健院病房楼、县二院病房楼。农村卫生工作和乡镇卫生院建设发展迅速,有17个乡镇卫生院新建门诊楼、病房楼。全县卫生系统拥有的业务用房达12.49万平方米,比改革开放前增加8.2万平方米,增长5倍。常规检验设备到2009年年初,县级医疗机构固定资产和专业设备价值比1978年增长近10倍。县级医院拥有美国GE核磁共振、GE多排螺旋CT、西门子螺旋CT、GE彩超、东芝超、CR、500 mA以上X线机、全自动生化分析仪等大型医疗设备400余台。80%的乡镇卫生院配置100 mA以上X线机、B超仪、半自动生化分析仪、手术床、各种手术包等设备。县人民医院开放病床529张,比1978年增长3倍,县中医院开放病床300张,比建院时增长5倍。全县各村委会均建立卫生室,基本形成县、乡、村三级医疗技术服务网络。至2018年年底,全县拥有各类医疗机构368个，总床位达到4163张，卫生技术人员总数达4225人，与2000年（1955张、1982人）相比，均翻了一番。二孩政策全面实施，人口素质不断提高，基本医疗、公共卫生和生育服务管理能力有效提升。全面启动药品购销“两票制”，执行比例最高达97%。4所县级公立医院药品零差率销售累计5.48亿元，药占比控制在30%以下。统筹推进复合医保支付方式改革，按病种付费覆盖出院病例数达30%以上。对乡镇卫生院院长实行竞聘上岗，动态调整，基本药物制度实现全覆盖，全面实行绩效工资和首席医师、服务标兵制度。在全县范围内推广县域医疗联合，构建基层首诊、双向转诊、急慢分治、上下联动的分级诊疗机制。引导社会办医，民营医院总数达12所。推进医养结合，建成养老机构医务室16个，示范效应明显。各乡镇卫生院均进行两轮以上升级改造，新建中医馆17个，高质量完成贫困村和“十二五”“十三五”项目的标准化卫生室建设任务，打造农村居民15分钟医疗服务圈，使农民群众自由选择，就近就医。县级胸痛中心、危重孕产妇和新生儿救治中心建设顺利通过国家认证及省级考核，依托“369人才工程”项目为基层医疗机构招聘医学院校毕业生、特岗全科医生300余名，基层服务能力进一步提升，组建服务团队163支，逐人建立以“1+3”家庭医生签约模式为核心的医疗帮扶体系，搭建精准扶贫新框架。推进规范化、标准化、制度化、信息化建设，建成“互联网+分级诊疗”县域信息平台。与北京联慈健康扶贫基金会联合实施国奶扶贫工程。开展“两癌”筛查，构筑以县妇幼保健院为龙头、乡镇卫生院为节点、村卫生室为网底的三级妇幼保健网络，建立覆盖全县妇幼计生信息管理平台，完成母子健康手册试点任务。2019年1月，组建西平县卫生健康体育委员会。

2007年撤销县卫生防疫站，成立了县疾病预防控制中心，先后配备先进设备10余台，电子计算机、摄像机、传真机等现代办公用具20余台（件），防疫专用车5辆。各乡镇均成立防保站，配有计算机、冷链设备等，各村委会有专职防疫员，传染病实行网络直报，应对突发公共卫生事件及疾病预防控制能力提高，在传染病防治及艾滋病防治等工作中多次受到上级的表彰。每年举办“世界艾滋病日”防艾抗艾万人签名活动，成功创建免疫规划省级示范县。

全县卫生系统共有 25 个医疗卫生机构，其中城区 8 个，乡镇 17 个，有各类医疗卫生人员 1467 人，每千人拥有卫生专业技术人员 1.7 人。其中，有执业医师 434 人，执业助理医师 179 人，注册护士 371 人，执业药师及职业中药师 10 余人，检验人员 90 人，其他卫生专业技术人员 383 人，全县卫生人才结构发生根本性改变，具有本科以上学历卫生专业人才 48 人，大专学历 653 人，中专学历 736 人。

## 十、社会大局和谐稳定

县成立治安综合治理委员会，乡镇建立综治工作中心，全县开展"五大平安工程"（明亮安全工程、科技防范工程、综治协管工程、边界联防工程、城区 111 工程）建设，构建大综治格局和全方位治安防控体系。至 2009 年 6 月，全县安装视频监控平台 83 个，电子摄像探头 700 余个，安装各类防盗报警器 10 多万件（套），全县农村村委会技防覆盖率达 100%；累计安装路灯 6.4 万余盏并覆盖全县所有村委会，做到"路灯村村亮，群众夜夜安"。2008 年年底，全县已创建平安乡镇 14 个，平安村（居）130 个，平安单位 340 个，评选平安家庭 3 万户，平安商户 6000 户。1987—1996 年，连续 10 年被省、市命名为"社会治安综合治理工作先进县"。1997 年 10 月，西平县被命名为"省级治安模范县"。1999 年 10 月，西平县作为全国唯一县代表单位应邀赴京参加全国社会治安综合治理工作座谈会。2005 年 5 月 23 日，西平县被中央综治委授予"全国社会治安综合治理先进集体"称号。2006 年 6 月，大型电视专题宣传片《嫘祖故里平安路》在中央电视台法制频道热播，西平县作为全国社会治安综合治理先进集体被中央电视台《平安中国之平安家园》栏目重点推介，取得良好社会效果。2007 年 1 月，西平县被评为"全省平安建设先进县"，受到省委、省政府表彰并奖励现金 20 万元。2018 年，以"全国社会心理服务体系示范县"建设为动力，创新社会治理，加强立体化社会治安防控。推行"接解结"三字工作法。创新探索"信访+社会心理服务"工作模式。集中化解信访案件，维护了群众合法权益。开展"扫黑除恶"专项活动，依法打击各种违法犯罪和暴力恐怖活动。人民群众获得感、幸福感和满意度持续提升。

## 十一、就业和社会保障水平不断提高

改革开放40年来，西平人民的生活水平发生了显著改善。2018年，城镇居民可支配收入25 790元，农民人均可支配收入12 726元。居民银行储蓄余额236.8亿元，整体生活基本达到小康水平。同时以社会保险、社会救助、社会福利为基础，以基本养老、基本医疗、最终生活保障为重点的全社会保障体系逐步建立和完善。2002年，全县启动城镇居民最低生活保障工作，之后又进行城镇居民最低生活保障扩面，逐步把在职、下岗、失业和退休人员中的贫困人口纳入城市居民最低生活保障范围。至2008年年底，全县享受城市低保人数4219户8826人，基本做到“应保尽保”。2008年发放城市低保金1246万元。2007年下半年启动和落实农村低保政策，2009年6月底，落实农村低保对象3.46万人，发放低保金1004.2万元。全县实行新型农村合作医疗制度，积极推行城镇居民医保，使全县城乡居民就医有了可靠保障。2006年，在全县启动医疗救助工作，实行大病医疗救助。2007年起，在做好大病救助的同时，为农村五保户、低保户代交合作医疗参保金个人部分。2008年，重新修订和完善农村医疗救助办法，取消起付线，提高封顶线，改过去的大病救助为主，为以常见病、慢性病为主与大病救助相结合的办法，同时对五保户和优抚对象也制定相应的医疗救助办法，使弱势群体就医得到一定救助。

2018年实施就业促进和创业引领计划。全县开展职业技能培训4816人次。城镇新增就业8539人，城镇失业人员再就业2812人，就业困难人员就业901人。新增发放创业担保贷款6455万元，城镇登记失业率控制在3%以内，动态消除了“零就业家庭”。加强孤儿、残疾人、城镇低保人员等困难群体生活保障，提升改造农村敬老院8所，建成贫困家庭重度残疾人等集中托养中心7个。全年共发放困难残疾人生活补贴、重度残疾人护理补贴、城镇低保等各类保障资金6272.5万元。

# 第十章 脱贫开发 全面建成小康社会

2018年，西平县下辖20个乡镇（街道、管委会），285个行政村（居委会），人口88万，面积1089平方公里，为农业大县，是全市3个扶贫开发非重点县之一，全县有贫困人口行政村（居委会）271个，其中贫困村68个。2013年年底全县建档立卡贫困户16 948户，共有贫困人口44 392人。

西平县委、县政府全面落实“六个精准”和“五个一批”的要求，把脱贫攻坚作为首要政治任务、头等发展大事和第一民生工程，克服非贫困县政策、资金支持力度小的不利因素，以脱贫攻坚统领全县经济社会发展全局，整合各种资源，汇聚各方力量，推动全县脱贫攻坚工作不断取得新的成绩和进步。

## 第一节 科学制定脱贫攻坚规划

2013年，西平县成立脱贫攻坚领导小组，县委书记任组长、县长任副组长，指定一名县委常委和一名副县长专抓脱贫攻坚，先后出台《西平县关于打赢脱贫攻坚战的实施意见》《县级领导干部联系贫困村脱贫攻坚实施方案》《西平县“十三五”产业扶贫规划》《关于进一步完善脱贫攻坚工作机制的通知》《西平县打好精准脱贫攻坚战三年行动计划》《西平县持续加快产业发展促进稳定脱贫三年行动方案》《中共西平县委抓党建促脱贫攻坚实施意见》等文件，明确县、乡、村各级工作任务和职责。实行县抓调控，统筹规划；以乡村为主体具体实施；部门配合，全力支持。细化县级、部门、乡级、村级、驻村帮扶、督查巡查“六项责任”，构建横向到边、纵向到底的责任体系，充分调动县、乡、村三级干部做好脱贫攻坚工作的积极性、主动性,形成举全县之力帮助贫困村、贫困户脱贫致富的局面。

## 第二节　多措并举打赢脱贫攻坚战

强化驻村帮扶打基础。2013年全县271个有贫困人口的行政村(居委会)中,省、市派驻有驻村第一书记和帮扶工作队的共16个村,其中省派驻村第一书记和驻村工作队1个,市派驻村第一书记和驻村工作队15个,对省、市未进行驻村帮扶的其他行政村(居委会),从县直单位选派255名年轻优秀干部担任驻村第一书记,317名优秀干部担任驻村帮扶工作队员,充实基层脱贫攻坚驻村帮扶力量,实现驻村帮扶全覆盖,从党员干部、"两代表一委员"中选派6326名帮扶责任人,每人帮扶1~3户建档立卡贫困户,实现结对帮扶全覆盖。

落实扶贫政策强保障。围绕实现"两不愁三保障"目标,推进扶贫项目建设,落实医疗、教育、住房安全、饮水安全等扶贫政策。健康扶贫政策,对建档立卡贫困户参加居民基本医疗保险、大病补充医疗保险和意外伤害保险,全部由政府全额代缴参保费;对在县内定点医疗机构住院的贫困户,落实"先诊疗后付费""一站式即时结算"等政策;扩大慢性病病种范围,帮助慢性病贫困患者及时办理医保门诊慢性病卡;提升家庭医生签约服务水平,乡村医生与贫困群众签订服务协议。至2018年年底,全县建立"1+3"家庭医生签约服务团队163支;全面推进"互联网+分级诊疗"健康扶贫模式,建成县、乡、村平台,140个村级卫生室实现远程会诊。

落实各阶段教育扶贫政策。2018年落实建档立卡贫困学生教育补助3389人,发放补助资金287.2万元;投入115.1万元改善9所薄弱小学办学条件;投入175万元改善特殊教育聋哑学校办学条件;开展义务教育阶段重度残疾儿童少年送教上门服务,累计为178名重度残疾儿童少年通过聋哑学校送教上门1900人次;完善贫困地区乡村教师补充机制,落实贫困地区乡村教师生活补助政策;开展职业教育为贫困家庭脱贫致富提供人才和技术支持,补助贫困家庭参加职业技术教育524人;动员全社会力量共同参与脱贫攻坚,先后资助义务教育和高中贫困学生 328 名,资助建档立卡贫困大学生 122 名。

农村危房清零。制定《西平县农村危房清零工作方案》,以建档立卡贫困户、分散供养五保户、低保户、贫困残疾人家庭四类人员为重点,对所有农村危房逐户鉴定,建立台账,按照标准,严格程序,先后分类改造 1.6 万多户,保障所有贫困家庭的住房安全。按照饮水安全卫生评价体系要求,实施安全饮水工程,农村贫困人口 4.23 万人吃上自来水,解决所有贫困人口的饮水安全。

突出产业扶贫促增收。围绕“县有支柱产业、乡有主导产业、村有特色产业、户有脱贫项目”总体目标,实施产业发展“十五项工程”,发挥龙头企业带动作用,加大投入,因地制宜,放大优势,创新模式,加快群众以产业增收致富的步伐。实施到户增收项目,2015 年投入 55 万元,实施项目 2 个,带动 153 户贫困户增收;2016 年投入 367.5 万元,实施项目 18 个,带动 853 户贫困户增收;2017 年投入 1048.4 万元,实施项目 10 个,带动 2621 户贫困户增收;2018 年投入 3044.4 万元,实施项目 18 个,带动贫困户 7611 户增收,实现产业扶持到户增收项目对全县所有贫困人口的全覆盖。打造一批产业基地,以农村新型农业经营主体为依托,建设特色农业、生态林业、畜牧养殖、光伏产业、电商流通产业、乡村旅游产业、现代服务业、农村一二三产业融合发展、集体经济、扶贫车间、返乡创业、劳务经济、“巧媳妇”系列工程、资产收益、产业扶贫示范村脱贫等 15 项脱贫工程,建成豫坡集团、海蓝牧业、光合种植、丰源牧业等 20 个重点产业扶贫基地,全县各类产业扶贫基地发展到 227 个,带动贫困户 1525 户 3553 人。建设一批集体工厂,首批集体工厂 23 个,资产纳入村集体经济,主要发展服装加工、渔具加工、箱包加工等产业,吸纳 573 人就业,其中贫困人口 110 人。落实一批光伏项目,在贫困村发展光伏发电项目,共完成 63 个村级电站的建设和并网发电,总装机容量 22 020 千瓦,覆盖贫困户 4334 户。

投入稳定增长保成效。2016 年投入扶贫资金 3848 万元,新建扶贫项目 176 个,覆盖贫困村 20 个,受益群众 15 889 户 63 018 人(其中贫困户 1511 户 4292 人);2017 年投入扶贫资金 11 033 万元,新建扶贫项目 206 个,覆盖贫困村 20 个,受益群众 14 906 户 59 927 人(其中

贫困户 1158 户 2777 人）;2018 年投入扶贫资金 12 498 万元,新建扶贫项目 187 个,覆盖 12 个乡镇 24 个贫困村,项目实施后受益群众 11 575户 44 497 人(其中贫困户 7611 户 17 677 人)。

完善基础设施树形象。2016 年起先后投入资金近 5000 万元,新建改建农村公路 108.91 公里,2018 年年底全县农村公路总里程达 1730 公里;投入资金 3600 万元新建和改造文化活动中心 120 个;投入资金 2400 万元新建和改造标准化卫生室项目 165 个;以创建省级达标村和示范村活动为载体,按照“三无一规范一眼净”要求,以“整干净、摆整齐”为目标,全面推进美丽宜居乡村建设,在全市率先提出村庄绿化、坑塘治理的理念,以创建森林城市为载体,推进围林建设、村内绿化,累计栽植树木 760 万棵,治理坑塘 430 个,在全市人居环境观摩中,连续两年位居第一,一些贫困村变成了先进村、示范村,二郎镇小王庄村被评为全省生态建设示范村,嫘祖镇兰衣赵村被评为全国文明村。

社会保障兜底保脱贫。对 16 ~ 59 周岁符合缴纳养老保险的贫困人口,县财政每年为每人代缴 100 元的基础养老保险费;把符合农村低保条件的建档立卡贫困人口纳入低保,2018 年年底享受低保的贫困人口达到 6651 户 16 889 人。全面落实困难残疾人生活补贴制度和重度残疾人护理补贴制度。推进贫困家庭重度残疾人集中托养模式,2018 年年底全县建成并投入使用贫困家庭重度残疾人集中托养中心 7 个,共托养贫困家庭重度残疾人 210 名。

“扶贫扶志”创经验。西平县抓住被定为全国社会心理服务体系建设试点县有利机遇,坚持扶贫与扶志、扶智相结合,开展社会心理服务助力“志智双扶”活动,针对存在“消极悲观心理、美贫攀比心理、懒惰依赖心理、从众占便宜心理”等的贫困户群众,通过引入心理咨询服务、心理疏导干预、心理救治救助,注重解决心理欲求,推动解决利益诉求,激发贫困群众的内动力,引导贫困群众主动唤醒脱贫意识、改变依赖思想、明确致富目标、增强自立信心。推进“爱心超市”建设,出台《西平县“爱心超市”实施办法(试行)》,启动“爱心超市”建设工程,建成“爱心超市”144 个,按照贫困家庭勤劳致富主动脱贫行为积分兑现物品,激发贫困户内动力,树立典型正面引导,县委、县政府每年表彰一批脱贫模范户和立志脱贫户，为贫困群众树立学习和模仿的典型，充分发挥正向激励和正面引导作用。探索“涉贫信访+社会心理服务”新路径，有效化解社会矛盾，既解决贫困群众的现实诉求，又解决心理问题，真正达到“案结事了、群众满意、息诉息访”，全县涉贫信访总量稳中下降，群众满意度不断提升。

2018 年 12 月 21 日—22 日在南召县召开的河南省扶贫信访工作现场会上，西平县借助社会心理服务、破解涉贫信访难题的“扶贫扶志”经验做法在会上得到交流推广。

“国奶工程”新亮点。为助力脱贫攻坚，改善全县贫困家庭婴幼儿因奶粉致病致贫情况，保障贫困家庭婴幼儿的健康成长，减轻全县广大家长的经济负担，落实“国奶扶贫工程”项目，县政府于 2018 年 4 月与北京联慈健康扶贫基金会签订协议，实施国奶扶贫工程公益项目，累计为 202 个贫困家庭和 2000 余个低收入家庭免费提供奶粉价值 500 万元以上。

2018 年 9 月 6 日，在北京金潮王玛国际酒店、全国第二届“国奶扶贫工程”经验交流会议上，西平县作为全国县区代表作典型发言；2018 年 12 月在海南农博会上再次作典型发言，西平县被评为全国健康扶贫先进单位。

“巧媳妇”工程显成效。西平县妇联落实《河南省妇联关于推进实施“巧媳妇”工程促进妇女就业创业的意见》和省、市、县扶贫工作会议精神，加强对“巧媳妇”工程实施的规划、指导和协调，立足西平服装、箱包、渔具等特色产业，为贫困留守妇女增收搭建平台。2018 年年底西平县建设有市级“巧媳妇”加工站点 5 家，有“巧媳妇”工程企业加工车间 31 家，带动留守妇女近 2000 人就近就业，每人年均增加年收入超 2 万元。2018 年 11 月全国人大常委会副委员长、全国妇联主席沈跃跃在西平调研时，对西平县“巧媳妇”工程助力贫困妇女脱贫工作给予充分肯定和高度评价。

## 第三节　脱贫攻坚成效显著

2013 年年底，西平县原有贫困村 68 个，贫困人口 44 392 人。县委、政府加大脱贫攻坚力度，强化基础设施建设，着力改善贫困地区群众生产生活条件，以政策落实为保障，以扶持产业发展为重点，全力提高农民自我创业创收能力，全县贫困村基础设施建设整体水平显著提升，乡村产业得到稳定快速发展，集体经济普遍得到加强，农村人居环境明显改善，农民收入水平持续上升，农民人均可支配收入从 2013 年的 8165 元增长到 2018 年的 12 726 元，2014 年后全县贫困村整村退出 60 个，减少 88.24%，贫困人口脱贫退出 34 075 人，贫困人口总数净减少 29 400 人，贫困发生率从 5.72% 下降到 1.93%，脱贫攻坚成效显著。

在贫困村整村脱贫上，2014 年实现 3 个贫困村整村脱贫退出，2015 年退出 2 个村，2016 年退出 20 个村，2017 年退出 11 个村，2018 年退出 24 个村。

在贫困人口脱贫上，2014 年实现贫困人口 2876 户 9206 人脱贫退出、2015 年实现贫困人口 2006 户 6020 人脱贫退出、2016 年实现贫困人口 1709 户 5472 人脱贫退出、2017 年实现贫困人口 2327 户 7046 人脱贫退出、2018 年实现贫困人口 2272 户 6331 人脱贫退出。

至 2018 年年底全县未脱贫的贫困村尚有 8 个，未脱贫的贫困人口尚有 7483 户 14 992 人，脱贫攻坚任务依然艰巨。2019 年计划实现 8 个贫困村全部脱贫退出，计划退出贫困人口 1.4 万人，按照党中央脱贫攻坚总体部署，到 2020 年实现所有贫困村脱贫摘帽和所有贫困人口稳定脱贫退出。

# 第十一章 西平县老促会助力老区建设

按照国务院划定革命老区标准的规定，西平县于 2002 年年初成立老促会筹备组，汇同党史办、史志办、档案局查阅大量历史资料，认真核实上报，经省人民政府批准，出山镇、芦庙乡、杨庄乡、嫘祖镇、师灵镇、权寨镇、谭店乡、专探乡、宋集乡、人和乡、焦庄乡、五沟营镇、蔡寨乡、柏苑街道 14 个乡镇(办事处)，226 个行政村确定为革命老区。老区面积占全县总面积的 80.4%，老区人口占全县总人口的 78.2%。2002 年 4 月 13 日，举行"西平县老区建设促进会"成立大会，县四个班子领导人参加会议。驻马店市老促会发来贺词。原县人大常委会主任胡全德任会长，原县政协副主席焦群忠任常务副会长。

西平县老促会成立后，认真学习习近平总书记的老区思想，深入贯彻中央和各级党委、政府关于加快老区建设的方针政策，始终围绕县委、县政府的工作部署，在调查研究、宣传老区、建设老区、服务老区等方面尽职尽责，为促进西平老区全面建成小康社会做了大量工作，发挥了应有的积极作用。

## 第一节　深入调查研究　为老区建设建言献策

县老促会围绕加快老区发展这一主题，相继开展了多领域、多专题、多批次的调研活动。

### 一、围绕老区的长足发展开展调研

2002 年前，全县只有吕店、出山一带被省定为革命老区，这显然不符合西平革命斗争历史实际。2003 年 11 月，省政府根据国务院规定的“划定革命老区”标准，要求各县认真做好补报老区工作。面对这项涉及老区长足发展的工作大局，县老促会紧抓机遇，在人员少、时间紧、调查取证难的情况下，以对历史负责，对老区人民负责的精神，精心组织，内查外调，汇总资料，及时上报。2008 年 3 月，经省政府批准，全县 14 个乡镇被省划定为革命老区乡镇。2014 年，县老促会又按照市老促会的通知要求，对重点老区村的革命斗争历史进行摸底调查，撰写上报史料。通过市老促会的审查，西平有 17 个老区村被编入驻马店革命斗争史，是全市入编最多的县之一，为争取国家对老区发展的政策扶持奠定了基础。

在中国老促会组织的全国“万村千县”大调研工作中，县老促会按照要求，迅速组成 4 个调研组，广泛开展调研，县老促会编撰的 1.5 万字的调研报告，被收录到国家《革命老区调研材料汇编》。就此，西平可以说在全国革命老区县中是有位置、有影响、有话语权的。

## 二、围绕西部重点老区发展现状展开调研

西平县出山、芦庙、吕店、杨庄等乡镇，地处偏远的西部地区，又是重点老区，生产条件差，过去农业综合开发又很少“沾”上边，农业发展和农民增收步子缓慢，人均收入低于其他乡镇。为推动西平县老区协调发展，2010 年春，县老促会组织 4 个调研组对这些乡镇进行了认真调查，并以不同形式向县委、县政府及有关单位反馈情况，建议今后的农业综合开发和其他支农项目能够向边远老区乡镇倾斜。县委、县政府采纳老促会建议，作出了农业综合开发和土地整理等项目向重点老区乡镇及西部乡镇转移的重大决策，2011 年把 8677 万元农业综合开发和 2012 年至 2016 年 2.4 亿多元的土地整理项目资金全部安排在出山、杨庄、芦庙、吕店、师灵、权寨、专探、谭店、宋集等老区乡镇，使上述 9 个乡镇的生产和生活条件得到明显改善。

## 三、围绕贯彻落实加快老区发展的一系列政策开展调研

为加快老区发展，近几年国家、省、市先后出台了一系列优惠政策。2007 年后，省、市出台 27 号、31 号文件；2014 年下发了 12 号、14 号文件；2015 年，中共中央、国务院办公厅又下发了《关于加大脱贫攻

坚力度 支持革命老区开发建设的指导意见》,把加快老区发展提到了各级党委、政府的重要议事日程,使老区发展上升为全面建成小康社会的发展战略。为保证上述文件的贯彻落实,县老促会除加强自身学习、搞好宣传外,还根据文件的不同要求,适时深入老区调研,不断为领导提供决策依据。特别在贯彻落实省委27号文件的要求下,县老促会在调查研究的基础上,代县委、县政府起草了西平县《关于加快老区发展的实施意见》(后简称《意见》),该《意见》结合西平实际,将省委、省政府提出的有关目标、任务,细化分解到各老区乡镇和29个县直单位,确保《意见》"落地生根"、见到实效。

2010年是贯彻落实省委、市委文件,实现老区第一阶段发展目标——农民人均收入3500元的最后一年。西平是否能如期实现这一目标,县老促会进行了专题调研,并针对当时工作存在的问题,向县委、县政府作了题为《抢抓历史机遇加快老区发展》的调研报告。县委主要领导及时批示:"县老促会的调查报告非常好,既有措施、成效、困难和问题,又有看法和建议,值得研究和借鉴。请以《西平工作》印发,以便对推动老区经济社会发展有所帮助。"省老促会也在《河南老区建设》会刊上,以《西平县提前实现老区发展第一阶段的目标》为题(当年全县农民人均收入5365元),刊登了西平县的经验和做法。

在贯彻落实省、市、县文件过程中,各乡镇和县直相关单位领导高度重视,把建设老区、发展老区、富裕老区作为各自的重要任务,出主意、想办法,全力支持。至2010年年底,县交通局争取资金1.0065亿元,使老区实现公路村村通。县电业局投资1.52亿元,为西部老区乡镇新建2座变电站,为1190个自然村完成了"村村亮"工程。县水利局争取资金6919万元,为西部老区乡镇几个中小水库除险加固;解决了20万人的饮水安全问题。县农业局落实惠农补贴资金4000多万元,使全县形成了七大特色种植基地。农信社为民营企业和畜牧养殖业注入资金1.43亿元,支持老区发展农村经济。县教育局投资3.8亿元,改善了办学条件。县卫生局投资1293万元,对部分乡镇卫生院、村卫生所进行扩建改造。县直其他单位也充分发挥各自优势,在财力、物力、技术等方面支持老区建设。经过全县上下共同努力,老区各项事业发生了显著变化，人民生活水平不断提高。

随着文件的深入落实，县直有关单位对老区的投入也在逐步加大。2014—2015 年，县委农办为专探乡、谭店乡投资 3231 万元，完成了高标准农田建设项目；县财政局投资 233 万元，为月林、朱仓庄等 6 个老区困难村完成了修路扶贫项目；县电业局投资 7600 万元，为 9769 个低压电用户完成了线路改造项目。

## 四、围绕热点难点问题开展调研

出山镇和芦庙乡境内有竹园、任三楼、同心寨、袁庄 4 个水库，因多种原因未建提灌站，邻近水库的 8 个行政村、3 万多亩农田一直未摆脱“望天收”的困境，是当地干部群众议论多年的热点、难点问题。2015 年秋，全县大旱，县老促会在这里调查旱情时，群众无奈地说：“库内有水不能灌，库外庄稼旱死成大片，原来的老灌渠已坏完，您们是咱县的老领导，不能看着老百姓守着水库没粮吃呀！”

“老区人民的期盼，就是我们奋斗目标。”这是县老促会一贯的工作追求。调研结束后，县老促会及时向县委、县政府汇报了上述情况，并建议县发改委在今后安排农业项目时，尽量向西部重点老区村倾向。县委、县政府对老促会的建议高度重视，将 2015 年县发改委争取的千亿斤粮食项目资金 5289 万元全部安排在出山、芦庙、杨庄 3 个乡镇的 8 个老区重点村，为 4 个水库新建提灌站 18 座，铺设地埋线 170.9 千米；在宜井区新打机井 317 眼，新增变压器 43 台，铺设机井地埋管道 128.47 千米，疏浚整修灌渠 8117 米，新建灌渠 3828 米，新建塘坝 4 座。渠灌、井灌双配套。2016 年秋，当这里即将出现“卡脖旱”时，新建的提灌站、机井派上用场，项目区内部分秋作物得到灌溉。

多年来，县老促会始终把调查研究作为一项重要工作，深入基层，传递党的声音，倾听群众呼声，提供致富信息，先后撰写调研报告 42 篇，其中有 36 篇调研报告分别在国家、省、市老促会主办的期刊上转发。一些反映老区新面貌的长篇通讯也分别在中国《时代》《国内动态调查（内参）》《中国农业综合开发》等国家级刊物上刊登，为上级领导了解西平、支持西平起到了积极作用。

## 第二节　广泛宣传老区　营造老区发展浓厚氛围

习近平总书记指出:“要把红色资源利用好、把红色传统发扬好、把红色基因传承好。”这一重要指示,是做好老区宣传工作的根本遵循。宣传革命老区、讲好老区故事,是老促会的重要职责。

### 一、利用重要时间节点,集中宣传老区

在新中国成立六十周年大庆之际,老促会编写出版了《西平老区风云》一书,以 60 多万字的翔实文字及大量图片,向广大党员干部特别是青少年奉献了一部适合进行传统教育的历史教材。在纪念抗日战争胜利 70 周年之际,县老促会组织召开了纪念抗日战争胜利 70 周年座谈会,回顾西平抗日斗争史,共商老区发展大计。并适时编撰出版西平抗日斗争历史特刊,举办摄影展,发行了纪念抗战胜利 70 周年画报专刊,举办戏曲专场文艺演出。在中国共产党建党 95 周年、长征胜利 80 周年之际,分别在县电视台和老记协会刊上开设《革命老区》专题栏目,连续播放和刊载西平县 43 名在早期革命斗争中为全国的革命胜利作出突出贡献的英雄人物事迹。2014 年,县老促会与县电视台联手,录制了反映西平革命斗争史的专题片《峥嵘岁月》,县电视台每逢“七一”“八一”“十一”等重大节日的黄金时段都会反复播放。并将此片刻录成光碟,分赠给各乡镇、县直有关单位及农村中心校,让他们自行组织播放。县委“学教办”也为此特发通知,要求基层党组织结合学教活动组织观看,使红色教育普及基层。

### 二、会同多种媒体,深入宣传老区

2010 年 5 月至 2011 年 10 月,县老促会带领县电视台记者组成采风团,先后到 14 个老区乡镇、112 家民营企业、134 家专业户及部分县直单位采访,分别制作了 14 个专题片,定期在县电视台《老区风采》栏目中播放,从不同侧面宣传报道各老区乡镇的历史贡献和老区经济社会发展的新成就、新变化。2012 年 12 月,县老促会从报道内容、采访重点、行程安排、汇报材料等方面精心准备,积极配合市“两

报两台”四大媒体记者在西平开展“老区行”采访活动，对西平革命斗争历史及社会经济发展和市政建设、民生改善等进行了全方位的深度报道。《驻马店日报》除发综合简讯外，用《喜看老区新变化》的通栏大标题刊载了《革命老区西平县采访记》，并配发12幅不同侧面的彩色照片；《天中晚报》以《西平老区实施农业“西部开发”》的大标题全版刊登长篇通讯；市电视台对西平老区的变化摄制了精美画面，并配发了解说词及时播放。《驻马店日报》还以《莫道桑榆晚　为霞尚满天》为题，整版报道了西平老促会宣传老区、服务老区、千方百计为老区排忧解难的工作业绩。

## 三、挖掘整理红色资源，永久宣传老区

2007年7月，在县老促会的协调下，县政府拨出专款，对李元沟县委旧址进行了整修。2012年以来，县老促会以中共西平县委、西平县人民政府的名义，在焦庄乡金刚村和二郎乡祝王寨村分别树起“金刚寺祝王赛战役纪念碑”；在杨庄乡树起抗战时期“合水围歼战纪念碑”；在出山镇焦之纲村树起“焦之纲革命烈士纪念碑”；分别在酒店村“豫中抗日游击兵团司令部旧址”、牛昌村“抗日军政干校旧址”树起纪念碑。2015年下半年，会同县民政局和党史室，整合全县历史资源，开办了“西平县革命历史纪念馆”；在出山镇焦之纲村办起了全市第一家村级革命纪念馆。为扩大对西平老区的宣传，老促会还先后为市老促会编纂的《驻马店革命老区》《天中英烈传略》和中国老促会编纂的《红旗飘》三部史书提供史料，有8万多字的西平老区历史资料入编。2013年，市老促会准备编辑出版《驻马店革命老区村史》一书，县老促会广泛调查千方百计收集新的历史资料，编纂上报了西平17个重点老区村革命斗争史资料，并全部编入《驻马店革命老区村史》。西平县老促会连续15年被中国老促会评为老区宣传工作先进单位。

## 第三节 发挥牵线搭桥作用 积极为老区群众排忧解难

### 一、协助农村信用社做好小额贷款发放工作

2004年,全市小额贷款支持老区经济加快发展工作正式启动。县老促会密切配合,多次组织调查组,深入老区乡镇对农民脱贫致富上项目资金需求情况进行调查摸底,并将信息提供给县农村信用联社。经农信社核实,及时为西平15万户农民建立了经济档案,先后为各类专业户发放小额贷款3.7亿元,缓解了农民贷款难的问题。协助农信社发放小额贷款的做法,得到省、市领导和上级老促会的充分肯定。2004年11月和2012年10月,市老促会、市农信社曾两次在西平召开全市小额贷款支持老区经济加快发展经验交流会,总结推广西平经验,县老促会和县农联社分别在大会上介绍经验。2004年,时任省委副书记王全书、常务副省长王明义等对西平的经验分别作出重要批示。省委办公厅在《工作情况交流》上向全省转发西平的经验。

### 二、帮助贫困村解决特殊困难

近年来,通过各种渠道争取上级扶持项目11个,资金289万元,先后为出山镇李孟银村、周庄村、八张村,吕店乡董桥村、李寨村,杨庄乡董坑村、合水村,人和乡河沿张村,芦庙乡老庄村、茨园村,蔡赛乡冯张村等11个行政村解决了修路、建桥、建校、人畜饮水等方面的资金困难。

出山镇李孟银村位于谭山水库上游。老区农民外出办事要绕10多公里山路。一到雨季,只能靠一只小木船摆渡,翻船死人事故时有发生。为改变这一状况,县老促会多次到市水利局、市财政局汇报情况,争取到资金8万元,为该村架起一座便民桥,解决了当地4000多农民的后顾之忧。

出山镇周庄村地处偏远的西部山区，交通不便，农村经济一直发展缓慢。2006 年初全省实施“整村推进”扶贫工程。老促会抓住这一有利时机，及时与县主管部门沟通，终将该村列入了“整村推进”扶贫计划。当年，上级拨付扶贫资金 35 万元，“村村通”补助资金 41 万元，县老促会又从省老促会争取到建桥款 9 万元。三项资金整合使用，为该村架起了新桥，修通了 4 公里水泥路，解决了山区农民出行难、经商难问题。

## 三、对重点老区村实施对口帮扶

老促会通过调研，并向县委、县政府领导汇报后，确定对 11 个“历史贡献大，自然条件差，特殊困难多，自身难解决”的重点老区村实施对口帮扶。县委、县政府对这项工作高度重视，及时下发文件《关于对革命重点老区村进行对口帮扶的意见》（西发〔2012〕7 号），对帮扶措施、帮扶资金来源、帮扶单位的责任和义务等都提出了明确要求。这项工作开展以来，共投入帮扶资金 398 万元，其中市财政投资 55 万元，县财政投资 245 万元，县直单位资助争取资金 64 万元，乡村自筹 34 万元，为重点老区村新打机井 82 眼，新建桥涵 19 座，新修村庄道路 5170 米，疏浚排水沟渠 2800 米，新增除涝面积 3000 亩，建成农民文化广场 6 个，标准卫生室 9 间和 5 间村委办公室，解决 2300 多口人安全饮水问题。

在对口帮扶工作中，县老促会亲力亲为，在资金协调、项目选定、施工质量检查验收等环节中，全程参与，从不懈怠，收到了投资小、见效快、老区群众满意的效果，也得到了上级的肯定。并在全市老区工作座谈会上介绍了经验。2014 年第 2 期《中国老区建设》以《设立专项资金突出帮扶重点村》为题，并配发有关图片，生动报道了西平的这一做法。同时还特加一段按语：“不同层级的老促会的工作应各有侧重。市、县以下老促会，主要侧重于面对面地解决老区人民的现实困难和问题。本期刊登河南省西平县老促会等 5 个单位面对面帮扶老区的经验做法，供各单位借鉴。”

## 四、联合卫生部门实施“健康知识进老区”扶贫工程

2015年始，西平启动健康扶贫工程。成立领导小组，制定实施方案，在出山、芦庙、杨庄3个乡镇试点的基础上，县卫计委组建的12名专家宣讲团，多次到老区乡镇开展健康知识巡讲。组成医疗服务队，定期携带药品和诊疗设备到老区乡村开展免费义诊活动25场(次)，听众达3.3万多人，发放宣传材料1万余份，接受义诊群众1万多人，免除贫困户药费、医疗费、生活费40多万元。多次深入学校、社区、街道开展“防艾”宣传，为全县人民共担防艾责任、共享健康权利，为建设健康中国作出贡献。

## 五、组织理事单位、爱心企业募捐，开展扶贫济困活动

2018年6月，河南御都实业有限公司在助学募捐活动中，一次捐款60多万元，资助100多名贫困大学生顺利走进大学。豫坡集团对老王坡管委三个村委和盆尧镇六个村委及嫘祖镇等贫困户进行对口扶贫，每户金融扶贫救助现金2000元，共计158.44万元，该企业建立了爱心助学的长效机制，2018年资助贫困学生60名。同时积极响应县委、县政府号召，在创森城市建设中，为生态林捐款10万元。鼎力公司和重渠乡开展对口帮扶，为61户贫困户金融救助24万元，三年共拿出金融扶贫款158.4万元。公司开展募捐款项46万元，救助贫困学生和贫困家庭病人。河南凯威钢构有限公司董事长王新杰秉承“放飞心情，实现价值，回报社会”的经营理念，多年来从不间断慈善义举，累计捐款200多万元，用实际行动关爱帮助困难弱势群体，助力贫困学子完成学业。还有不少企业通过对口帮扶，安排就业及产业对接等形式助推扶贫攻坚。红山医院近年来通过捐款为贫困户免除医疗费44 680元，为出山镇李元沟村、五沟营镇袁庄村、蔡寨乡冯张庄等老区村捐赠大批的医疗器械、办公用品和健康宣传图书，获县卫健体委2018年度“健康扶贫”先进单位。老促会妇工委配合县妇联加大妇女就业创业扶贫力度，2018年举办各类技术培训班60多期，共培训妇女1500多人次，为西平县嫘祖服装城输送了一批高素质熟练工人；创建市级“巧媳妇”加工站点15家，县级“巧媳妇”加工站点

31 家，带动留守妇女 3000 多人就业；向上级争取 25 万元救助金用以救助贫困“两癌”（乳腺癌、宫颈癌）妇女；资助贫困儿童、春蕾女童 50 多人次，贫困女大学生 20 人，资助金额 10 多万元。同时老促会每年还坚持开展“金秋助学”活动，千方百计协调资金，保证了全县所有贫困大学生都能得到救助，全部顺利入校学习。

# 第十二章
# 中共西平县党史大事记
# （1925 年 5 月—1949 年 9 月）

## 一、第一次国内革命战争时期（1925 年 5 月—1927 年 7 月）

1925 年，“五卅”惨案发生后，中国共产党发动和领导了全国规模的反帝运动。1925 年 6 月，西平籍中共党员中州大学学生于秀民和信师进步学生谢华生、王尧民等分别由组织派回西平，领导和发动县立中学进步师生罢课、游行，利用集会演讲、散发传单、宣传革命思想，并组织“学生救国会”和“青年反帝运动团”等进步组织，对西平人民的反帝爱国运动和马列主义在西平的传播起了先导作用。

1926 年 10 月，中共郾城县党支部建立，支部书记张光灼。其活动波及西平武岗一带，在武岗（当时属郾城）建立党小组，为西平县第一个党小组。

1927 年 5 月，武汉国民政府北伐军三十六军大部，自 1927 年 5 月 14 日占领焦庄，肃清西平外围及铁路沿线之敌，两次攻占西平车站，1927 年 5 月 17 日晚攻占县城。经过三昼夜的激战，歼灭奉军 7 个团以上，为继续北伐打开了道路。

1927 年 6 月，全县境内成立乡农协会 68 个，会员达 2624 人，并筹备建立 5 个区农协会和县农协会，县农会主席冯文生、马砚田。为培养农运人才，彤德忱负责在城东关福音堂举办了一期农民运动训练班，培训 150 人，成为乡村农民运动的骨干力量。

## 二、第二次国内革命战争时期(1927 年 8 月—1937 年 7 月)

1927 年 10 月,中共仪封支部在仪封北后小庄成立,谢华生、赵西亭先后任支部书记,委员赵捷三、赵西亭,支部属遂平党组织领导。

1928 年 6 月,成立"西遂边区行动委员会",主要成员王冲霄(遂平县委书记)、董一唐、李耀南、贾守谦(宜民)、贾子瑞、于慎庭、于少白、谢华生、张心源等。提出"打倒豪绅、夺取武装、组织暴动、建立根据地"等行动口号。

1928 年 8 月,成立中共出山区委,书记于少白,委员谢华生、姚晓陆、董一唐、张心源。区委辖出山、仪封两个支部和二小党小组,党员 30 多人,属遂平县委领导。

1929 年 7 月,中共西平县委在县立出山五小秘密成立。韩干卿任县委书记,委员于少白、张心源(兼秘书)、董一唐、谢华生,共有党员 50 余人。

1930 年 4 月,县委根据党在农村力量逐步壮大的形势,在各地建立公开的农民组织。黄独榭在仪封组织厨师工人"刀把会",于少白和于法林分别在出山、谷河成立由农民和长工参加的"光蛋会""鞭杆会",理发工人"剃头会"以及"商店学徒会"等群众组织,并领导其向地主作公开的经济斗争。

1930 年 11 月某夜,豫南特委负责人在专探庙里召集西平、遂平、确山等县负责人会议。西平张世哲、于四箴参加会议。主要研究组织武装暴动,破坏交通,扰敌后防,配合红军反"围剿"等。县委书记张世哲和于四箴,带领赵枢天、樊晓斋、杨百泉、阮天望等党员夜间在西平火车站南三四里处,砍断铁路沿途电线杆数十根。1930 年 12 月赵枢天、樊晓斋、杨百泉、阮天望等党员被捕押往开封。

1930 年 12 月,中共西平党组织暴露,党员于四箴、赵枢天(丙辰)和进步教师邓孑民被捕。在出山樊晓斋家,县委书记张世哲与樊晓斋同时被捕,樊晓斋谎称张世哲是自己的表哥,张世哲得以获释离开西平。于少白临时负责全县工作,不久去豫皖苏区,后牺牲。赵枢天、樊晓斋等在开封英勇就义。中共西平县党组织第一次遭到破坏。

1931年5月，重建中共西平县委。陶勋亭任县委书记，委员于茂亭（组织）、张国鑫（宣传兼团县委书记）、赵乐孔（秘书）、于法林。会议研究了整顿组织和开展农民运动问题。

1932年1月，县委与豫南特委失掉联系，继续坚持斗争。为加强领导力量先后吸收冯郁堂、于慎修、吕百泉加入县委，并在城南关正昌粮行设立县委机关（粮行贾新三为中共党员）。1932年2月，县委在正昌粮行召开会议，针对当时灾荒严重、民不聊生的局面，决定发动贫苦农民开展反饥饿斗争。1932年6月，中共党员于法林带领80多位农民，到姜龙池村抢收地主姜会宾的大麦数亩。第二天夜于法林等带200余人又去抢收姜会宾家的麦子，姜会宾的儿子竟要持枪伤人，被于法林开枪打死。事后，于法林、于偏头、赵喜等人被姜会宾控告入狱。后于法林在越狱暴动中壮烈牺牲。

1933年1月，中共河南省工作委员会杨宗白在出山镇于绍文家主持召开西平、舞阳两县联席会议，着重研究整顿和发展党的组织。参加会议的有西平的张国鑫、胥玉清、于绍文，焦向春和舞阳的张鸿宾、郭岗（即郭吾轩）等。西平县委与上级党取得联系，归省工委领导。1933年2月，张国鑫到许昌，向省工委组织部长张本（即刘晋）、杨宗白、付申寅汇报工作，听取指示。西平县委整顿乡村、城区中小学校和国民党县政府中的秘密党团组织。建立县中、职业学校、文城中学、女师、西寨、谷河、出山、仪封、专探、合水、草寺赵等12个支部和芳庄团支部。

1935年3月，豫中中心县委宣传部长马德山叛变，在西平逮捕了中心县委书记胥玉清和爱人冯容（中共党员），党员阮天望，共青团西平特支书记刘文生等。7月，于四箴到国民党河南省党部自首，党员董车五也在西平县党部自首，供出谢华生、于少白、马砚田等。西平县党的组织第二次遭到破坏。

## 三、抗日战争时期（1937年7月—1945年8月）

1937年7月7日，卢沟桥事变，抗日战争爆发。1937年10月，中共豫中中心县委书记胥玉清和张国鑫主持，在城西街和芳西药房召集刘协钩、马锡三、王德化、翟华先等开会，成立护乡运动委员会，发动群众开展抗日。

1938年5月，中共河南省委决定以舞阳为中心成立中共舞阳特别工作委员会（简称“舞阳特工委”），周艺林任书记，兼舞阳县委书记。西平县属舞阳特工委所辖。

1938年5月21日（农历小满）。西遂边区两县党组织利用遂平槐树镇古会，举行边区学校联欢会。由谢华生、王光震、谢珍如、宋范九（一木）、杜松山、刘项宾等组织出山、仪封、合水、槐树小学，在古会上宣传党的统一战线政策，演出话剧《放下你的鞭子》，唱《两党合作中国不会亡》《大刀进行曲》《红缨枪》等歌曲，并借集会成立西遂“教职员联合会”“学生救国会”“妇女救国联合会”。国民党遂平县政府秘书于慎庭（中共党员），以白浪滔的笔名写了一篇题为《河南西遂边境上的救亡工作》，在《新华日报》地方通讯上发表，推动了西遂抗日救亡工作的开展。

1938年6月，出山支部陆续扩大组织，建立芦庙、酒店、周庄、狄庄、洛庄、康林、田口、坡李、常楼、焦之岗等10个支部，党员60多名。根据舞阳特工委指示建立出山区委，书记韩赓尧；组织委员刘聚贤、宣传兼农民武装委员郭照黎，统战兼青年委员席朗山。区委设在韩赓尧家，受舞阳县委领导。

1938年8月，中国抗日民族解放先锋队（简称“民先队”）西平县大队，在县城南街胥玉清家成立，谢珍如任队长。翌年4月在县工委领导下成立民先队总队，王光震任总队长。

1938年11月，豫中特工委张维贞、周艺林到出山考察。根据西平党组织的发展情况，决定成立中共西平县工作委员会（简称“工委”）。书记翟云甫，委员谢珍如（负责组织和青年）、谢华生（负责宣传和统战）、赵世五（负责武装）、彭雪樵（妇女委员）。下设出山、酒店2个区委、14个支部，共有党员80多名。县工委成立后，以出山五小为基地，积极开展抗日救亡宣传。王光震、关立人等党员教师教唱抗日流行歌曲和自编歌曲50余首。成立五小“心声”剧团，经常在校内外宣传演出抗日剧目，开展募捐活动支援抗日斗争。

年底，县工委在领导抗日救亡运动中，先后建立了公开的抗日组织，如“抗敌救援会”“妇女救国会”“农民夜校识字班”“教职员联合会”“乡村小学教师联合会”“儿童团”“少年歌咏队”等。通过这些组织的活动，扩大党的影响，激发广大群众的爱国抗日热情。

1939 年 1 月，根据中共中央六届六中全会通过的《关于各级党委暂行组织机构的决议》，中共豫中特工委改为中共豫中地委，西平属豫中地委领导。1939 年 4 月，豫中地委整顿各级组织，撤销西平县工委，成立中共西平县委，书记翟云甫；组织委员谢珍如（兼青运委员），宣传委员罗和亭，武装委员赵世五，妇女委员彭雪樵（女）。县委辖出山、酒店、合水 3 个区委，26 个支部，党员 223 名，县委设在出山五小。

1939 年 11 月 11 日，“竹沟惨案”后，豫中地委杨毅（浩然）两次到西平，向县委书记翟云甫传达上级关于停止发展，审查干部，精干隐蔽，保存实力等整顿组织的指示。

1940 年 2 月，调整县委领导人。罗和亭任西平县委书记，孙雁宾任组织委员，刘景书任宣传委员。新县委成立后在孙堂罗兆峰（宣辰）家设一秘密联络点，同豫中地委杨毅直接联系。县委的主要工作是尽量保存组织，提出能保留一个就保留一个，坚决清洗动摇分子，党员尽可能分散隐藏，尽量灰色化。

1941 年 1 月 27 日傍晚，日军自信阳北犯，至西平双庙王、谢庄一带，1941 年 1 月 28 日，占领西平，烧房百余间，枪杀居民万修柱等 8 人，毒打朱遂印等 90 人，奸污妇女百余人。建伪政权“地方治安维持会”。西平爱国军民全力抗击日本侵略者。1941 年 2 月 1 日，日军撤离西平。维持会会长白玉亭治汉奸罪处决。

1944 年 11 月中旬，新四军五师十三旅三十八团、三十九团一部和黄林部汇合，突破敌人的层层封锁线，插到嵖岈山地区，并向西北部西平、舞阳山区逐步发展，翌年 1 月 4 日进入西平西南山区走马岭、蜘蛛山一带，击溃出山镇莫茂斋的地方保安团 500 余人，全歼其 1 个中队。后莫茂斋率余部 4 个中队 600 余人，向新四军投诚，接受改编，大部编入新四军黄林部。

1945 年 1 月 16 日，新四军黄林部冒雪进入酒店一带，在谭山击溃屏守酒店的西平县大队冯子乾部，驱逐以高子盘为首的国民党西平县政府，缴获枪支 200 支，其中轻机枪 4 挺，占领酒店、出山一带。

1945 年 4 月，豫中游击兵团成立，司令部驻在酒店村刘宗宇家。

黄林任司令员，栗在山任政委，冷新华任政治部主任，黄德魁任参长。并建立豫中工委和军分区。在牛昌等村开办豫中军分区抗日军政干校，校长黄林(兼)，副校长冯沂，招收西平、遂平、舞阳等县青年学员200余名，成立政治、军事两个教导队，至1945年10月在弥陀寺村毕业，向学员颁发了油印的毕业证书，为根据地培养了一批抗日军政干部。

1945年4月，豫中游击兵团挺进到西平酒店、出山一带山区，西平县原与组织失联的部分党员积极配合新四军打击日伪。原县委书记罗和亭，原县委委员赵世五，酒店区委书记刘宗宇，党员赵圣茂与豫中游击兵团取得联系，负责提供西平和舞阳一带的军事情报，发动群众支援部队。赵乐孔和张国鑫到酒店与孙石联系，受命回仪封与赵茂亭、赵岭、陈道平等一起开展工作，收集枪支，联络同志。

1945年4月13日，破击合水镇。合水镇位于西平城西60华里，伪西遂地区四乡联防保安司令部(即西平、遂平、舞阳、上蔡四县联防保安司令部)驻扎该镇，是西平、遂平、舞阳、上蔡四县日伪防卫和进攻抗日根据地的重要据点。1945年4月12日傍晚挺进二团接受任务后，团长林国平带领二团一部和地方武装，政委邵敏和作战参谋陈右铭带领5个连于13日凌晨5时许向合水镇突然袭击，攻敌不备，全歼敌伪一个保安大队，俘敌30余人，缴获长枪300支，机枪8挺，手枪十几支，战马数匹，生俘伪豫陕绥靖公署第二师少将师长张国威，四乡联防保安司令吴春亭。击毙日军指导官松木及其随从2人。

1945年5月，在出山韩堂成立西平县行政委员会(后迁出山、谭庄、芦庙、合水等地)，豫中军分区派新四军三十九团政治处主任张子僚(合水人)任行政委员会主任兼政委，副主任莫茂斋、王尧民，秘书王彬初。行政委员会迁至芦庙时，成立“西平县农民运动救国会”(简称“农会”)，罗和亭任主席。

1945年5月，奉命挺进到豫中抗日根据地的豫中支队一二八团，解放五沟营镇之后，建立中共郾(城)、上(蔡)、西(华)县委和抗日民主政府，辖西平一部分。县委书记赵枢天，副书记冯明高(兼组织部长)，县长侯杰；公安局局长杜杰，大队长徐本立。

1945年6月，成立西平县抗日民主联合政府和西平县抗日独立团。莫茂斋任县长(兼独立团长),张子僚任政委(兼副县长)。

1945 年 8 月某夜,炸毁九孔桥,破坏日军交通线。游击队中队长杨天祥(武岗村人)带领 4 个班,夜奔武岗南铁路九孔桥。在桥下埋炸药 1 箱、地雷 2 个和雷管 8 支。深夜 10 点多钟,敌列车通过时,桥和车头同时被炸坏,炸死司机 3 人,日伪官兵死伤 10 人。次日晨,一股日军进入武岗村挨门搜查。因游击队派张光灼、阎庆宇等早已通知村民转移,日军扑空后气急败坏,放火烧村,烧至下午 4 时,烧毁房屋 300 余间。

## 四、解放战争时期(1945 年 8 月—1949 年 9 月)

1945 年 8 月,西平县原抗日民主政府县长莫茂斋叛变(莫被我扣押后脱逃)。上级当即改组西平县民主政府,县长张子僚,副县长刘雪棠。同时建立中共西平县委员会,书记李茂贵,副书记刘雪棠。

1945 年 10 月中旬,王树声率领八路军河南军区部队,王定烈率领冀鲁豫军区豫中支队 128 团,同新四军五师在酒店土山一带会师。李先念率领的新四军第五师提前三天到达酒店迎接会师部队。之后挥师南下,在桐柏山区与王震、王首道率领的八路军南下支队汇合,成立中共中央中原局、中原军区,统一指挥中原地区的解放战争。

1947 年 12 月 18 日,陈赓谢富治兵团某部的两个团自漯河南下,西平县伪政府及城防守敌闻讯溃逃。解放军午夜抵城,宿于县政府大院,西平县首次解放。

1947 年 12 月 23 日—26 日,陈粟大军四纵队与陈谢兵团协同作战,与敌整编第三师会战于西平金刚寺、祝王寨一带,围歼国民党第五兵团团部和整编第三师万余人,击毙第三旅旅长雷自修,二十旅旅长谭嘉范、生俘敌第五兵团参谋长李英才、副参谋长邹炎、整编第三师师长路可贞、第三旅参谋长饶亚伯、第二十旅参谋长沈炳宏及下属官兵 8296 名。缴获敌化学炮 3 门、迫击炮 4 门、六〇炮 84 门、各种机枪 550 挺、冲锋枪 59 支、子弹 33 万余发、电台 9 部及其他大批物资装备。西平人民与邻县人民积极配合,组织担架队运输队约 1500 人,大车 900 辆,直至战斗胜利,为中国人民解放战争的胜利作出了贡献。

1948 年 2 月,成立中共西遂县委和爱国民主县政府,县委书记宋亚民，委员李海涵、韩庭武、张西峰、杨鹿、袁营长。县长杨鹿，副县长李海涵；县大队长韩庭武，教导员王书全，副大队长李海鹏，公安局长张西峰，政府秘书李振东。

1948年上半年，新生的西遂人民政权与西遂国民党反动残余势力之间呈拉锯状态。国民党当局和土豪劣绅互相勾结向革命人民疯狂反扑，全县革命干部、战士、积极分子和分粮农民被杀害500余人。仅1948年6月，吕建坤带国民党游击队先后在合水、王寨、谭店杀害革命干部、战士和贫苦农民70余人。西遂爱国民主政府领导人民坚持游击战，与国民党在西平的残余武装进行了顽强斗争。

1948年7月28日，国民党游击队长于全真勾结国民党十一师便衣队200余人，夜袭西遂县政府驻地焦之纲。巷战至拂晓。由于敌强我弱，县政府干部、战士牺牲20余人，被俘27人，除一名小同志外，皆被杀害，即为震惊中原的“焦之纲惨案”。

1948年8月，豫西区党委成立，遂平划归桐柏，西平属豫西二地委领导，并在西平李园沟召开会议，决定撤销西遂县委和西遂爱国民主政府，成立中共西平县委和县民主政府。县委书记宋亚民；委员韩庭武、李海涵。县长丛健，副县长李海涵。农民协会主席高静山，财粮科长王松，秘书李振东。

1948年10月23日，西平全境解放。

1948年11月15日，中共西平县委、县民主政府迁入县城。陆续建立健全区、乡政权和县武装大队及区中队。县、区人民武装在县委、县政府领导下，依靠人民群众，全面开展剿匪。至1949年春，吕建坤、于全真、宋光甫、冯子乾、申庚飏等大股土匪游击队全部歼灭。其他小股土匪也先后被歼或潜散。旧势力反扑和土匪活动由明转暗。

1949年2月，为支援人民解放军渡江南下作战，县成立支前司令部，司令员丛健，政委宋亚民。各区建立支前指挥部，各保建立支前供应站。第一季度，将80万斤粮食分别送到驻马店、信阳解放军兵站。

1949年4月，西平人民抢修郑信公路35公里，建桥涵35座。为解放军大举南下作战和物资运输提供了方便。废除县以下的区、保甲制，建立新的区、乡、闾临时行政体制。

1949年8月,中共西平县委书记宋亚民、宣传部长任华光各带工作组分别到桂李、金刚寺搞“建立村政权和反匪反霸”试点。《豫南报》曾刊登金刚寺试点的消息。之后,“建政反霸”工作在全县展开。

1949年9月,全县成立城关、合水、盆尧、专探、出山,全寨、二郎(金刚)7个区,建立健全了乡级政权。县大队、区中队有1000余人,步枪800余支,机枪18挺,迫击炮1门。

1949年10月1日,西平县和全国人民一道组织县城和各区人民集会、游行,庆祝中华人民共和国成立。

# 第十三章
# 革命历史人物

## 于秀民

于秀民（1902—1994），西平县芦庙乡芦庙街人。1925 年 1 月加入中国共产党，曾担任中州大学第一任支部书记，为西平籍第一位共产党员。1925 年 6 月和 1926 年 8 月，两次回西平做党的宣传工作。抗战时期做地下工作。新中国成立后，长期在邮电部工作。1980 年 8 月增补为第五届全国政协委员。1994 年 3 月 27 日在北京病逝，享年 92 岁。

## 谢华生

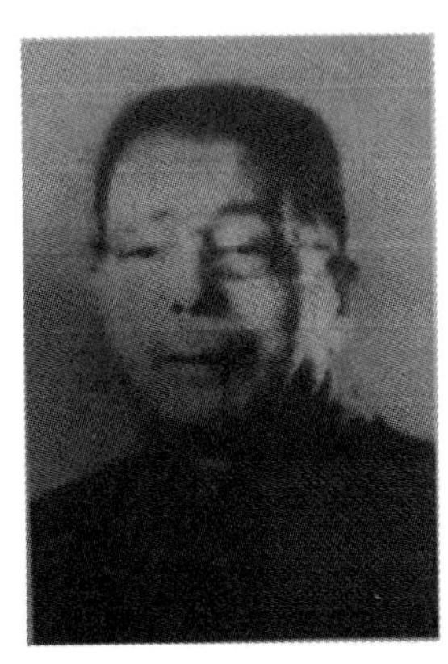

谢华生（1904—1991），西平县出山镇人。1927 年 9 月加入中国共产党。同年 10 月，西平县第一个中共支部——仪封党支部成立，谢华生任党支部书记。1928 年 8 月，中共出山区委成立，谢华生任区委委员。1929 年 7 月，中共西平县委成立，谢华生任县委委员，长期在教育战线工作。1979 年 3 月离休，1991 年逝世。

## 赵捷三

赵捷三（1905—1932），又名赵圣清，西平仪封西寨村人，家境贫寒。1922 年经人介绍到武汉当铁路工人。1923 年 2 月参加“二七”

大罢工。1925 年 2 月加入中国共产党。1927 年 5 月随北伐军回西平，参加西遂党组织活动。同年 9 月，成立中共仪封支部，赵捷三任支部委员。1928 年 6 月，成立“西遂边区行动委员会”，赵捷三任特别行动队队长。1932 年被捕，于狱中被害，时年 27 岁。

## 马砚田

马砚田（1906—1944），字云耕，又名子久，西平仪封人。1925 年参加学生运动，1927 年 6 月西平县农民协会成立，冯文生、马砚田先后任农协会主席。1929 年加入中国共产党，1930 年 5 月，与谢华生、董一堂、张心厚等一起以“教师联合会”名文向西平教育界国民党反动势力作斗争。抗战时期经人介绍到山东济南韩复渠处任政治教官。1937 年 9 月，马砚田以中国共产党党员的身份被任命为步兵上校政治指导员兼副团长。1944 年 9 月遇难，年仅 38 岁。

## 董一唐

董一唐（1910—1958），西平县宋集乡董庄村人。1927 年加入中国共产党，任中共信三师附小支部书记。1928 年 6 月任西遂边区行动委员会委员。1929 年任仪封区委书记。同年 7 月任中共西平县委委员。在教育界先后成立“教育联合会”和“中小学学生联合会”，向教育界反动势力作斗争。1930 年任中共豫南校委委员。翌年 1 月，奉命去上蔡工作。新中国成立后，历任郾城县教育科、建设科科长。1957 年被错划为“右派”，1958 年病逝，1979 年平反。

## 赵枢天

赵枢天（1910—1931），西平县杨庄乡大王庄人，1928 年秋加入中国共产党。1929 年 10 月，在仪封一带组织成立几十名厨业工人参加的“刀把会”，与地主豪绅作斗争。1930 年 11 月，他根据中共西平县委关于组织武装暴动、破坏交通、扰乱后方、配合红军反“围剿”指示，和樊晓斋等人在县委书记张世哲带领下到西平火车站南三里处砍断铁路通讯线杆数根，使火车中断通行数小时。1930 年 12 月被捕后押送开封监狱。1931 年 4 月英勇就义，年仅 21 岁。

## 樊晓斋

樊晓斋(1908—1931),字至亮,西平县出山镇小于庄人。1928 年 8 月加入中国共产党、曾担任中共西平县县委委员。1930 年 11 月,根据中共西平县委关于组织武装暴动、破坏交通、扰乱后方、配合红军反“围剿”斗争,和赵枢天等人在县委书记张世哲带领下到西平火车站南三里处砍断铁路通讯线杆数根,使平汉线郑州至信阳段数小时不能通火车;是年 12 月被捕入狱。1931 年英勇就义,年仅 23 岁。

## 邓孑民

邓孑民(1902—1931),原名国俊,西平县芦庙乡张崔吴人。1921 年应聘为一小教员,在党组织带领下,向学生传播进步思想,宣传革命道理,组织学生进行党的活动。1930 年 11 月参加中共西平县委组织破坏敌人铁路交通的斗争,同年 12 月被捕入狱,1931 年 4 月,在开封监狱英勇就义,时年 29 岁。

## 张世哲

张世哲(？—1932),又名张先浚。河南省唐河县人。1926 年走上革命道路。1930 年 6 月任中共西平县委书记。带领西遂两县党组织,组织武装暴动,破坏交通、斗争恶霸,配合苏区反围剿。亲自带队在西平火车站南三里处,砍断铁路通讯线杆数根,并散发传单。1931 年 12 月,张世哲被捕,因未暴露身份遂被释放离开西平。1932 年在信阳被捕后壮烈牺牲。

## 于少白

于少白(1910—1932),原名青莲,西平县出山镇焦之纲人。1928 年 3 月加入中国共产党。1928 年 6 月参加西遂边区行动委员会。1928 年 8 月任中共出山区委书记,1929 年 3 月,任中共信阳中心县委直属区委委员。1929 年 7 月任中共西平县委委员。1930 年 3 月,担任农运委员,负责组织“鞭杆会”“光蛋会”“剃头会”“商店学徒会”等,公开与地主豪绅作斗争。1930 年 9

月，奉命到鄂豫皖苏区工作。1932 年被诬为“AB 团”分子，不幸被害。新中国成立后，于少白同志的问题得到平反，追认为革命烈士。

### 于法林

于法林（1908—1937），西平县专探乡人。1928 年 6 月加入中国共产党。曾任中共谷河支委委员，中共专探区委委员，中共西平县委委员。1932 年，组织向地主抢粮，救济贫苦农民。后被捕入狱。1937 年 7 月被国民党统治者杀害。

### 李景文

李景文（1910—1931），原名坤，字贞敏，西平县专探乡翟庄人。1926 年 8 月加入中国共产党，后即赴确山县竹沟参加革命。1928 年春，由中共河南省委派往汝南组织高平寺和白塔寺起义均取得胜利。1929 年 2 月参加红军，先后转战光山、固始、商城、黄安（今红安）、麻城、罗山、霍山和六安等地。1931 年任红军某团政委，同年 6 月在鄂豫皖边区一次战斗中牺牲。

### 韩赓尧

韩赓尧（1911—2012），西平县出山镇人。1929 年加入中国共产党，曾任中共出山支部书记、中共出山区委书记、舞阳县委组织部长、郾城县委组织部长。1940 年 9 月到延安，先后任陕甘边区税务局秘书、关中税务分局局长。1949 年 10 月调新疆工作，1980 年任新疆维吾尔自治区人民政府财政厅副厅长。1984 年离休。2012 年 12 月 29 日因病去世，享年 101 岁。

## 翟自强

翟自强(1913—2009),原名翟云甫,字汉倬,西平县出山镇杜庄人。1929 年冬加入中国共产党。曾任中共西平县委书记。1940 年 5 月赴延安,参加中央党校学习,先后担任延安征粮团团长,粮食科科长。1946 年 5 月奉命去东北,任东北工矿处秘书室主任。1948 年调任工业部秘书处处长。1953 年调任国家重工业部行政局局长,冶金部办公室副主任。1965 年调任冶金部重庆钢铁设计院院长,党委书记。1980 年 1 月,调任四川省渡口市委任第一书记。1985 年 12 月离休。2009 年 10 月 4 日因病去世,享年 96 岁。

## 赵乐孔

赵乐孔(1911—1946),西平县仪封西寨村人,1930 年加入中国共产党,在仪封一带组织 200 多名厨师工人参加的“刀巴会”开展反剥削、反压迫斗争。抗日战争时期,担任仪封抗日游击中队中队长。1945 年 5 月中旬的一天,带领抗日游击队在吉斗河伏击日军,击毙仪封伪镇长和 3 名日军,活捉 2 人。1945 年冬,带领游击队夜袭仪封镇政府,夺取敌人枪支 30 多条。1946 年 10 月被捕遇害,时年 35 岁。

## 赵茂亭

赵茂亭(1907—1949),西平县仪封北街人。1927 年加入中国共产党,随北伐军战斗。1932 年 3 月,回仪封成立革命武装仪封特别行动队。发动群众同国民党反动势力进行武装斗争。1935 年 3 月被捕。1936 年国民党在黄河滩集体屠杀在押政治犯,赵茂亭因尚存一口气被开封北柳园口村一刘姓老汉救回,经几个月救治,身体康复。1937 年回到仪封,重建仪封抗日游击队。1945 年冬,游击队夜袭国民党仪封镇政府,一次夺枪 30 多支。抗日战争胜利后,赵茂亭任仪封区政府副区长兼游击中队副队长。1949 年春,因病去世。

## 樊付亭

樊付亭(1910—1991),西平县专探乡谷河村人,1930 年 8 月加入中国共产党。曾任特别行动队谷河支队支队长。1932 年 2 月,发动群众开展反饥饿斗争，到地主家借粮和“吃大户”，取得胜利。1932 年 8 月参加夜袭关桥镇战斗。1945 年 5 月参加吉斗河伏击日军的战斗。新中国成立后，樊付亭历任驻马店镇粮食局局长，信阳市南湾水库管理处主任等职，1970 年离休，1991 年病逝。

## 张国鑫

张国鑫，生于 1912 年 7 月，西平县张湾村人。1931 年 4 月加入中国共产党，任中共西平县委交通员。1931 年 5 月任中共西平县委宣传委员兼团委书记，同年 10 月任中共西平县委书记。1933 年 7 月调豫中中心县委任组织部长，1933 年 12 月调任中共遂平县委书记。1934 年 5 月任豫中中心县委书记。1945 年春，任仪封民主镇公所所长。1945 年 8 月调豫中部队工作。1947 年 12 月调任郾城县委主要领导职务。

## 罗和亭

罗和亭(1911—1978)，西平县出山镇孙堂村人，1938 年 9 月加入中国共产党。任中共孙堂支部书记。1939 年 4 月担中共西平县委委员。1940 年 2 月，担中共西平县委书记。1945 年 6 月，西平县农运救国会成立，罗和亭担任农会主席。1945 年 8 月被分配到部队工作，参加了中原突围、淮海战役等战斗。1949 年 2 月随部队南下，先后担任武汉市搬运公司秘书科长、副经理之职。1957 年调任武汉市交通局副局长。“文革”时遭到迫害。1978 年 3 月因病逝世。1979 年平反，恢复名誉。

## 王光震

王光震(1917—1984),又名王操犁、王国乾,遂平县槐树乡人。1938年8月加入中国共产党。1939年4月成立中国抗日民族解放先锋队西平县总队,王光震任总队长,并任中共仪封区委书记。1940年5月去延安参加抗大学习。后历任延安马列主义研究院研究员、东北人民行政委员会政策研究室副主任、黑龙江省农业厅厅长、黑龙江省副省长、省委常委等职。1984年5月病逝。

## 赵世五

赵世五,生于1908年,西平县出山镇赵庄村人,1938年2月加入中国共产党。担任中共酒店支部书记,1938年6月任中共出山区委委员。1938年10月任酒店区委书记,1938年11月任中共西平县工委委员。1939年4月,任中共西平县委委员,负责武装工作。1945年7月,调任舞阳县尹集区副区长。1948年8月,赵世五担任出山区人民政府秘书。新中国成立后从事教育工作。1952年去新疆从事税务工作。

## 宋亚民

宋亚民(1915—1945),又名相宾,河南省清丰县永固集人。1933年加入中国共产党。1948年2月任中国西(平)遂(平)县委书记,同年8月西(平)遂(平)分县建制,宋亚民任中共西平县委书记。是新中国成立后西平县的第一任县委书记。1965年7月因病去世。

## 张　仁

张仁(1921—1965),原名传义,西平县芦庙乡大椿树庄人。1918年加入中国共产党,曾担任湖北省举西县委书记、河南省上蔡县委书记、信阳地委副书记,华东地质局代局长、党组书记等职。1965年12月病逝。

## 武仿倜

武仿倜，生于1920年，西平县权寨镇朱杨村人。1937年赴竹沟入新四军八团留守处教导大队学习，1938年加入中国共产党。后历任新四军五师连政治指导员、营教导员、地方区委书记、团政治委员、独立旅旅长。新中国成立后，获三级独立自由勋章。历任军委总干部科科长、公安学院干部部长。院政治部副主任、独立师副政委、军政治部副主任、湖北军区政治部副主任。1955年授上将军衔，1983年离休。

## 彭雪樵

彭雪樵，女，生于1918年，西平县盆尧镇盆西村人，中共党员。1938年2月参加工作，1938年10月任中共西平县工作委员会妇女部长，1940年赴延安，曾在总参谋部做军事保密工作。1955年转地方，历任云南省保育院院长，北京市海淀区区委宣传部副部长，财贸部副部长，党委副书记。1980年10月离休。

## 陈凤孔

陈凤孔（1920—1941），西平县权寨镇人，1938年10月加入中国共产党，1939年元月前往鄂豫皖边区，历任新四军五师连指导员，营教导员，1941年2月，在一次战斗中牺牲。

## 吕海涛

吕海涛（1920—1967），原名彦莲，女，回族，西平县出山镇吴堂人。1938年6月加入中国共产党。1940年赴延安，曾任延安民族学院党总支组织委员、宣传委员、支部书记等职。1950年调宁夏工作，历任省委妇女工作委员会副书记、省妇联主任。1954年调陕西省，任省妇联主任、党组书记。1967年2月逝世。

## 陈令云

陈令云，生于1920年，西平县师灵镇筛子张人，1939年7月加入中国共产党，在中共河南省委战时青年工作部工作。1951年3月参加抗美援朝，获独立自由二级勋章。1955 年历任十八师政治部主任、师政委、军副政委、政治部主任等职，1981 年离休。

## 张子僚

张子僚(1920—1952)，西平县杨庄乡合水村人。中共党员。1939 年 1 月赴竹沟，任新四军豫鄂挺进纵队连指导员、营教导员、团政治部党总支书记。抗日战争时期曾指挥合水围歼战、吉斗河阻击战等战斗。1945 年 8 月任西平县民主政府县长。1946 年 11 月率部队转战陕南，后进入江汉地区。历任应城、公安、景山等县主要领导职务。1952 年遇难，时年 32 岁。

## 冯纪汉

冯纪汉(1918—1970)，西平县蔡寨乡冯魏庄人，1938 年参加革命，同年 11 月加入中国共产党，系中国作家协会会员，生前曾任商丘专署文教科长、开封市政府秘书长，河南省戏剧协会主席，河南省文化局党组副书记、副局长等职，对河南省地方戏的研究有卓越的贡献。1970 年 6 月 24 日因病去世。

第十四章
# 红色遗址、遗迹及现今纪念场馆

## 第一节 红色遗址、遗迹

### 一、西平县第一个党支部旧址

1927年，党的“八七会议”后，党领导的革命斗争由城市转入农村，许多党的优秀干部深入农村从事党的秘密活动，使农村的党组织逐步建立和发展起来。与西平毗邻的遂平和郾城先后建立了中共支部，其组织活动涉及西平。那时，在仪封“二小”任教的谢华生经遂平中共党员李耀南和于慎建介绍加入中国共产党。而后又发展“二小”教师王尧民，学生钟玉清、部德枕、张尧栋等人入党。1927年10月，经遂平党组织批准，在杨庄乡仪封镇后小庄成立了西平县第一个党支部——中共仪封支部。支部书记谢华生、委员赵西亭、赵捷山，党员7人。

仪封支部旧址(仪封北小庄赵西亭宅)

## 二、中共西平县委旧址

1929 年 7 月，中共出山直属区委根据信阳中心县委指示，在出山镇县立“五小”召开秘密会议，成立中共西平县委员会。会上，信阳中心县委指定韩干卿任中共西平县委书记。委员：于少白、谢华生、董一堂、张心源（兼秘书），县委机关设在出山县立第五小学，辖中共出山、仪封、城关 3 个区委，8 个支部，有党员 80 多人。

出山五小旧址

## 三、豫南抗日游击兵团司令部旧址

1944 年 7 月，新四军豫南挺进兵团抢渡淮河，到达正阳、汝南、驻马店地区。是月中旬，胜利穿插到豫中的嵖岈山地区，并向西北的西平、舞阳山区发展。1945 年 1 月 4 日，进入西平，创立了以嵖岈山、出山、酒店为中心的豫中抗日根据地。1945 年 4 月，豫南挺进兵团与各县抗日武装合并，成立豫中抗日游击兵团，黄霖任司令员，栗在山任政委，冷新华任政治部主任，黄德魁任参谋长。司令部设在出山镇酒店村刘宗宇家。同年 4 月至 6 月，西平军民配合，相继取得了“义亭岗截车”“破袭合水镇”“夜炸九孔桥”“吉斗河阻击战”等对日作战的胜利。

豫南抗日游击兵团司令部驻地(出山镇酒店村刘宗宇家)

## 四、豫中军分区抗日军政干校旧址

1945 年 5 月,豫中抗日游击兵团军分区司令员黄霖在西平权寨召开各县党的负责人会议。会议根据斗争形势需要,决定在出山镇牛昌村开办豫中军分区抗日军政干校。校长黄霖,副校长马沂。后从西平、遂平、舞阳等县招收学员 200 余名,分设政治、军事两个教导大队,学习时间半年,1945 年 10 月在弥陀寺举行结业仪式,向学员颁发了油印的毕业证书,为根据地培养了一批素质较高的军政干部。

军政干校旧址(现出山镇牛昌小学)

军政干校学员部分教材

## 五、中共西平县委、县民主政府旧址

1948 年 1 月，经豫陕鄂区七地委批准，成立西（平）遂（平）军政办事处。1948 年 2 月，成立中共西（平）遂（平）县委员会和县民主政府。1948 年 6 月 1 日，豫陕鄂七地委改为豫西二地委，西平县归豫西二地委管辖，遂平县归桐柏县，由于归属变化，西遂必须分县建制。1948 年 8 月，西遂县委和县民主政府在出山镇李元沟魏国欣沟召开会议，经协商，西遂两县党政机关分设，成立中共西平县委、县民主政府。县委机关设在魏国欣家。1948 年 11 月 5 日，迁入西平县城。

中共西平县委旧址（出山镇李元沟村魏国欣宅）

## 六、中共洪河县委旧址

1948 年 10 月。根据中共豫皖苏区七地委指示，西平、上蔡、郾城、商水四县交界处成立中共洪河县委员会，隶属中共豫皖苏区七地委领导。县委机关转移多处，后设在西平县五沟营南街。1949 年 3 月与中共上蔡县委合并。

## 七、合水对日围歼战旧址

合水镇位于西平县城西 50 华里。西、北、东三面洪河环绕，南有寨壕，四周是一丈多高的寨墙，易守难攻，抗战时期，是西（平）、上（蔡）、遂（平）、舞（阳）四县日伪防卫和进攻豫中抗日根据地的重要据点。

1945 年 4 月 ，豫中游击兵团经过周密部署，决定打掉这一据点。1945 年 4 月 13 日，游击兵团二团在团长林国平率领下担任攻击任务，经过 5 个多小时的激战，取得完全胜利。生俘伪二师少将师长张国威和四县联防保安司令员吴春亭，全歼一个伪保安大队，3 个中队和警卫队共 400 多人。日军指挥官松木及随从全部被击毙，并缴获一批枪支、弹药、马匹等军用物资，合水战斗的胜利，粉碎日伪联防反共阴谋，巩固和扩大了豫中抗日根据地，当年的《解放日报》报道了这次战斗的消息。

初心亭——合水围歼战纪念碑

## 八、九孔桥炸毁日寇军列旧址

九孔桥位于西平火车站北7公里处，是一座横跨于洪河上的九孔铁路桥。

1945年6月24日，郾（城）西（平）边区抗日游击大队得到日军专列南下的消息，遂派中队长杨天祥率领4个班的战士赶到九孔桥执行炸桥任务。晚10点40分，战士们把一箱炸药，两颗地雷放在桥上铁轨接头处，11点多钟，日军专列经过时，战士们拉响导火索，九孔桥拦腰炸断，日军列车瞬间驶入河内，3个日军司机当场炸死，有数十名日伪军被埋伏在桥两侧的游击队员们击毙。

京汉（现京广）铁路九孔桥（部分）

## 九、义亭岗截击日军专列旧址

义亭岗位于原焦庄火车站北3公里，1945年4月10日，新四军豫南游击兵团得到可靠情报，一列从武汉方向驶来的日寇军用专列当晚要驶入西平境内，随组织250余人，在周大旺、李明率领下从出山、酒店一带赶到义亭岗。傍晚时分战士们用事先准备好的撬杆、铁锤等工具破坏铁轨100多米。深夜11点许，日军专列经过时，16节满载军用物资的列车翻了个身，当场摔死日伪军10多人，幸存的日伪军被全部消灭。

这次战斗，缴获了一批机枪、步枪、手榴弹，还获得1000多包军衣、军鞋、军用毛毯和数百吨大米。这些物资除部分补给部队外，大部分留给了当地群众。

### 十、刘老庄战斗旧址

刘老庄地处西平县师灵南岗东坡。1948 年 5 月 25 日（农历），人民解放军陈赓兵团某部在刘老庄与国民党第十师展开了一场遭遇战。由于我军计划周密，指挥得力，战士们英勇善战，又得到人民群众的支持，获得了歼敌 1300 多人的胜利。

### 十一、潘庄狙击战旧址

潘庄位于西平县芦庙乡西部。1948 年下半年国共两军在西平形成拉锯战。1948 年 6 月 30 日，为阻挡国民党第二十八师追击，掩护我军某部西撤，驻守在潘庄的人民解放军某连担负狙击任务，战斗持续两天，异常惨烈。我军连长白某某带伤与敌肉搏，接连刺杀 3 个敌人后壮烈牺牲。

## 第二节　红色纪念场馆

### 一、西平县英烈园

西平县英烈园位于京港澳高速公路西平引线南 1 公里处。占地 15 000 平方米。内部建设有烈士墓园，烈士事迹陈列馆，烈士纪念碑，红念广场及配套设施，已迁葬于此的零散烈士墓 52 座。西平英烈园是每年 9 月 30 日全县开展公祭活动的地方。

西平县英烈园烈士事迹展览厅

英列园革命烈士纪念碑

## 二、出山镇焦之纲革命纪念馆

出山镇焦之纲革命纪念馆位于西平县出山镇焦之纲村，建于2016年，占地面积1200平方米，建筑面积270平方米。

1948年7月28日，中共西遂县委机关由出山镇常楼村迁往焦之纲。当晚，被匪首于全真发现，随勾结国民党十一师便衣队200多人，分两路突袭焦之纲，试图歼灭我党政负责人和机关工作人员。我人民武装奋起抵抗，自卫反击，掩护县委书记宋亚民等突出重围。但因敌众我寡，致使我方人员当场牺牲20多人，被俘27人。被俘人员除一名年仅15岁的张文道同志外，皆被杀害。第二天，国民党十一师和于全真匪部以搜查我军政人员为名，在焦之纲村残酷审讯村民，抢劫财物，烧毁民房，全村遭受巨大灾难，造成震惊中原的"焦之纲惨案"。

"出山镇焦之纲革命纪念馆"被县委组织部定为"全县党员干部红色教育基地"和"全县青少年爱国主义教育基地"。

出山镇焦之纲革命纪念馆

## 三、祝王寨金刚寺战役纪念馆

祝王寨金刚寺战役纪念馆位于西平县焦庄乡金刚村。建于2020年，占地面积3000平方米，建筑面积280平方米。

1947年下半年，遵照中央军委和毛泽东指示，由刘伯承、邓小平指挥晋鲁豫野战军4个纵队13万人实施中央突破，向大别山跃进，以形成南扼长江，东指南京，西逼武汉，逐鹿中原的战略态势。

国民党蒋介石集团调集 23 个旅的兵力围攻大别山，企图将刘邓大军消灭或赶出大别山。为配合刘邓大军的反围攻斗争，华东野战军和陈谢兵团遵照中央军委指示，向豫西、豫南集结，发起陇海路和京汉路破击战，解放沿线城镇、扩大根据地。1947 年 12 月 25 日，在西平南部的金刚寺、祝王寨一带与国民党第五兵团展开决战，取得完全胜利，歼灭了国民党第五兵团团部和整三师两个旅。生俘第五兵团参谋长李英才、副参谋长邹炎、整三师副师长路可贞、第三旅参谋长饶亚伯、第二十旅参长沈炳红；击毙了第三旅旅长雷自修和二十旅旅长谭嘉范；共歼敌 9696 人，其中击毙 1400 人、俘虏 8296 人，缴获大批枪支弹药和军需物资。

祝王寨金刚寺战役的胜利，迫使敌人从大别山抽调了 13 个旅的兵力回援平汉线。有力配合了刘邓野战主力在大别山的斗争，打乱了国民党在中原的整个部署，并相继解放了驻马店、遂平、西平、漯河、汝南等地，使豫皖苏解放区与大别山根据地连成一片，从此中原战局进入了一个新的阶段。

祝王寨金刚寺战役纪念馆

## 四、西平县复兴博物馆

西平县复兴博物馆是位于西平县老干部局院内。该馆是退休老干部李东海多年来专注于红色文化的收藏和宣传而办起来的红色场馆。他曾跑遍 20 多个省市，收集我党各个历史时期的文献、图片、报

刊、资料6万多件，用自己的宅院盖起5层小楼，办起红色博物馆，免费对外开放。多年来前去参观的党员干部群众和青少年学生超10万人。2012年中国收藏协会红色收藏委员会为此颁发“红色收藏展览馆”牌证，同年，中共西平县委将“红色博物馆”确定为“西平县爱国主义教育基地”和“西平县党员教育基地”。2020年11月，河南省学习强国领导小组和省教育厅将“复兴博物馆”定为2020年“河南省终身学习品牌项目称号”。

河南卫视《聚焦》栏目对复兴博物馆进行专题报道

## 五、无名烈士陵园

无名烈士陵园位于西平县杨庄乡仪封村。

祝王寨金刚寺战役中，西平县仪封镇设立临时急救医院，抢救伤员200多人，其中一名连长在抢救中不幸牺牲。第二天，仪封镇村民为其召开追悼大会，将烈士安葬在镇西万泉河畔，因战事紧急，部队未留下姓名，后称“无名烈士墓”。1967年冬，烈士所在部队武汉军区某部专程来到仪封，为牺牲的连长举行追悼会。70多年来，仪封村群众自觉为他修坟、守墓，特别是伤残荣誉军人鲁彩亭守墓70年初心不改。2016年鲁彩亭逝世后，他的儿子鲁河接着守，并且先后捐资21万元，修建了花岗岩无名烈士陵园，成为当地开展爱国主义教育的基地。

无名烈士陵园烈士纪念碑

无名烈士陵园内景

## 六、罗阁村革命烈士陵墓

1947年12月，在祝王寨金刚寺战役中，西平县盆尧镇罗阁村设立了前线急救站，抢救了大批受伤指战员，其中有42位牺牲的烈士安葬在罗阁村。70多年来，罗阁村干部群众牢记历史，缅怀先烈，自发地为牺牲的无名先烈修墓立碑，以供后人瞻仰。

解放战争祝王寨金刚寺战役阵亡烈士纪念碑

祝王寨金刚寺战役罗阁烈士陵墓简介

祝王寨金刚寺战役罗阁烈士陵墓简介碑

## 七、师灵镇史庄村无名烈士墓

位于西平县师灵镇史庄村委小刘庄西南角，此处共葬三位无名烈士，呈一字排列，墓均封土，直径3米，高1.5米。1948年2月，刘邓大军某部执行任务行军至此，中途休息时，忽遭国民党飞机轰炸，三名战士当场阵亡，葬于此，姓名生平均不详。

## 八、焦庄乡沈庄无名烈士墓

位于焦庄乡沈庄西农田中。1947年12月在祝王寨、金刚寺战役中牺牲的部分烈士葬于沈庄西岗地。烈士人数、姓名不详。

## 九、二郎乡小王庄烈士墓群

位于二郎乡小王庄村东高岗上。1947年12月，在祝王寨、金刚寺战役中牺牲的部分烈士遗体安葬于小王庄东岗地上。具体人数及烈士姓名不详。

## 十、杨庄乡合水村无名烈士墓群

位于西平县杨庄乡合水街西棠溪河东岸。1945年6月，西平县抗日民主联合政府在合水成立，在对日作战中牺牲的烈士葬于此处。

## 十一、赵明林烈士墓

位于西平县杨庄乡操场大队操场村。赵明林出生于1929年3月，杨庄公社操场大队操场村人，1947年11月参加革命，在西平县大队二连任战士，1948年11月在西平县师灵剿匪战斗中牺牲，安葬于杨庄乡操场村。赵明林烈士墓处于赵氏家族墓区，墓前立有石碑，周围有坟头十多个，逢年过节，有家人及附近中小学生前来悼念。

## 十二、出山镇焦之纲烈士墓

1948年7月28日，西遂县委、县民主政府机关在出山镇焦之纲遭袭，我军政人员奋勇抵抗。战斗中，当场牺牲20多人，大部分尸体被认领。其中何参谋长因名字和籍贯不详，村民将其安葬在焦之纲村南一块岗地上。焦之纲村村民闫建国自觉修墓20多年，直至去世。每年清明时节出山镇焦之纲学校师生前去扫墓。

## 附录一

# 西平荣誉

1.2005年5月23日,西平县被中央综治委授予"全国社会治安综合治理先进集体"称号。

2.2007年1月,西平县被河南省委省政府评为"全省平安建设先进县"。

3.西平县被评为"全国粮食生产先进县(2003年度、2005—2007年度、2009—2014年度)"(2011年度由国务院评定、其余年份由农业部评定)。

4.2016年,西平县被河南省委评定为"河南省文明城市"(三年一创),2014年被首次授予,2016年重新创建成功。

5.2016年12月,西平县被河南省爱卫会评定为"省级卫生县城"(三年一届),2014年首次授予,2016年复审成功。

6.2017年1月,西平县被《环球日报》社评定为"中国绿色发展十佳城市(2016年度)"。

7.2017年8月,西平县被国家体育总局评定为"全国群众体育工作先进单位(2013—2016年度)"。

8.2017年12月,西平县被民政部评定为"全国首批农村社区治理试验区"(试验时间:2018年1月至2021年1月)。

9.2018年1月,西平县被国资委和《半月谈》杂志社评定为"中国建设美丽乡村典范县(2018年度)"。

10.2018年1月,西平县被中国网和中国环境科学学会评定为"全国生态文明建设典范城市"。

11.2018年6月,河南省百城建设提质工程工作领导小组通报表彰西平。西平县被评为"河南省百城建设提质工作先进县(2017年度)”。

12. 2018 年 9 月,西平县被河南省商务厅评定为“全国电子商务进农村综合示范县”。

13. 2018 年,西平县产业集聚区被中国纺织工业联合会评定为“国家智慧型纺织产业园区试点(2018—2022 年度)”。

14. 2007—2018 年,西平县被省畜牧局、省财政厅连续评为“生猪调出大县”。省财政厅下拨奖补资金。

15. 2018 年,西平县被《半月谈》杂志社评定为“2018 十佳最具绿色(旅游)投资价值城市”。

16. 2018 年 12 月,西平县产业集聚区被河南省工商业联合会和《河南日报》报业集团评定为“河南十佳发展战略集聚区”。

17. 2018 年 12 月西平县产业集聚区被河南省服装行业协会评定为“河南省服装产业名城名镇”。

18. 2019 年 2 月,西平县被河南省信访联席会议评定为“河南省信访工作先进县”。

# 附录二 大型现场会

1.2018 年 7 月 6 日,河南省信访局在西平召开全省“信访+社会心理服务工作现场会”。

2.2018 年 7 月 17 日—18 日,在西平举办“全国社会心理服务体系建设高峰论坛”,论坛由中国健康管理协会公职人员心理健康管理分会、人民网人民慕课频道共同主办。

3.2018 年 8 月 30 日—31 日,在西平县举办“2018 全球纺织服装供应链大会”,大会由中国纺织工业联合会、河南省工业和信息化委员会、河南省商务厅、驻马店市人民政府主办,中国纺织信息中心、河南省服装行业协会、驻马店市工业和信息化委员会、驻马店市商务局、西平县人民政府承办。

4.2018 年 9 月 17 日晚,在西平举办“首届中国农民丰收节——2018 中国农民电影节”,电影节由中国电影家协会、中国农业电影电视中心(CCTV-7 农业节目)发起,中宣部国家电影局、国家广播电视总台、国家农业农村部联合举办。

5.2018 年 12 月 28 日,在西平召开“2018 年河南省食品机械协会年会暨新品展会”,年会由河南省食品机械协会策划。

# 附录三

# 新中国成立前中共西平县（工委）历任书记

**新中国成立前中共西平县（工委）历任书记一览表（1929.03—1949.9）**

| 机构名称 | 职务 | 姓名 | 性别 | 民族 | 文化程度 | 任职时间 | 籍贯 |
|---|---|---|---|---|---|---|---|
| 中共西平县出山直属区委员会 | 书记 | 韩干卿 | 男 | 汉 | 中师 | 1929.03—1929.07 | 河南省许昌 |
| 中共西平县委员会 | 书记 | 韩干卿 | 男 | 汉 | 中师 | 1929.07—1930.03 | 河南省许昌 |
| 中共西平县委员会 | 书记 | 吕右明 | 男 | 汉 | 中师 | 1930.03—1930.06 | 河南省罗山县 |
| 中共西平县委员会 | 书记 | 张世哲 | 男 | 汉 | 中师 | 1930.06—1930.12 | 河南省唐河县 |
| 中共西平县委员会 | 书记 | 陶勋亭 | 男 | 汉 | | 1931.05—1931.10 | 河南省舞阳县 |
| 中共西平县委员会 | 书记 | 张国鑫 | 男 | 汉 | 初中 | 1931.10—1932.07 | 河南省西平县 |
| 中共西平县委员会 | 书记 | 袁致中 | 男 | 汉 | 初中 | 1932.08—1932.10 | 河南省西平县 |
| 中共西平县委员会 | 书记 | 张国鑫 | 男 | 汉 | 初中 | 1932.10—1933.07 | 河南省西平县 |
| 中共西平县委员会 | 书记 | 吕百泉 | 男 | 汉 | 初中 | 1933.07—1933.12 | 河南省遂平县 |
| 中共西平县委员会 | 书记 | 胥玉清 | 男 | 汉 | 大学 | 1934.05—1934.10 | 河南省西平县 |
| 中共西平县委员会 | 书记 | 张国鑫 | 男 | 汉 | 初中 | 1934.10—1935.03 | 河南省西平县 |
| 中共西平县工作委员会 | 书记 | 翟云甫 | 男 | 汉 | 中师 | 1938.11—1939.04 | 河南省西平县 |
| 中共西平县委员会 | 书记 | 翟云甫 | 男 | 汉 | 中师 | 1939.04—1940.02 | 河南省西平县 |
| 中共西平县委员会 | 书记 | 罗和亭 | 男 | 汉 | 高小 | 1940.02—1941.03 | 河南省西平县 |
| 中共西平县委员会 | 书记 | 李茂贵 | 男 | 汉 | | 1945.10—1945.10 | 湖北省红安县 |
| 中共西（平）遂（平）县委员会 | 书记 | 宋亚民 | 男 | 汉 | 高中 | 1948.02—1948.08 | 河南省清丰县 |
| 中共西平县委员会 | 书记 | 宋亚民 | 男 | 汉 | 高中 | 1948.08—1949.09 | 河南省清丰县 |

# 附录四
# 新中国成立后中共西平县历任县委书记

**新中国成立后中共西平县历任县委书记一览表(1949.10—至今)**

| 机构名称 | 职务 | 姓名 | 性别 | 民族 | 文化程度 | 任职时间 | 籍 贯 |
|---|---|---|---|---|---|---|---|
| 中共西平县委员会 | 书记 | 宋亚民 | 男 | 汉 | 高中 | 1949.10—1951.10 | 河南省清丰县 |
| 中共西平县委员会 | 书记 | 梁化平 | 男 | 汉 | 初中 | 1951.10—1954.06 | 河北省广宗县 |
| 中共西平县委员会 | 书记 | 韩鹏霄 | 男 | 汉 |  | 1954.07—1956.05 | 河南省清丰县 |
| 中共西平县委员会 | 书记 | 姜升堂 | 男 | 汉 | 高小 | 1956.05—1959.07 | 山东省安丘县 |
| 中共西平县委员会 | 书记 | 孟定功 | 男 | 汉 | 县师 | 1959.07—1960.12 | 山东省榆社县 |
| 中共西平县委员会 | 书记 | 刘素琴 | 男 | 汉 |  | 1961.03—1961.07 | 河北省临城县 |
| 中共西平县委员会 | 书记 | 刘庭璋 | 男 | 汉 | 高中 | 1965.07—1965.07 | 河北省武强县 |
| 中共西平县委员会 | 书记 | 弓治英 | 男 | 汉 | 初中 | 1965.07—1967.12 | 山西省左权县 |
| 中共西平县委员会员会核心领导小组 | 组长 | 孙学文 | 男 | 汉 | 高小 | 1970.02—1970.10 | 河北省广宗县 |
| 中共西平县委员会 | 书记 | 周杰三 | 男 | 汉 | 初中 | 1970.10—1975.2 | 辽宁省绥中县 |
| 中共西平县委员会 | 书记 | 冀桂昕 | 男 | 汉 | 高小 | 1975.02—1979.02 | 河南省西平县 |
| 中共西平县委员会 | 书记 | 刘守福 | 男 | 汉 | 初中 | 1979.02—1980.03 | 河南省太康县 |
| 中共西平县委员会 | 书记 | 张桂五 | 男 | 汉 | 高中 | 1980.03—1981.09 | 山东省肥城县 |
| 中共西平县委员会 | 书记 | 欧阳忠宽 | 男 | 汉 | 高中 | 1981.09—1985.04 | 河南省信阳县 |
| 中共西平县委员会 | 书记 | 刘精伟 | 男 | 汉 | 大学 | 1985.05—1987.01 | 河南省西平县 |
| 中共西平县委员会 | 书记 | 雷布均 | 男 | 汉 | 大专 | 1987.01—1992.12 | 河南省正阳县 |
| 中共西平县委员会 | 书记 | 焦锦淼 | 男 | 汉 | 大学 | 1992.12—1997.01 | 河南省尉氏县 |
| 中共西平县委员会 | 书记 | 郭绍伟 | 男 | 汉 | 大学 | 1997.01—2001.03 | 河南省汝南县 |
| 中共西平县委员会 | 书记 | 王廷军 | 男 | 汉 | 大学 | 2001.03—2008.11 | 河南省汝南县 |
| 中共西平县委员会 | 书记 | 张金泉 | 男 | 汉 | 研究生 | 2008.11—2014.04 | 河南省安阳县 |
| 中共西平县委员会 | 书记 | 聂晓光 | 男 | 汉 | 研究生 | 2014.04— | 河南省正阳县 |

## 附录五

# 新中国成立前后西平县历任县长

新中国成立前后西平县历任县长一览表(1945.05至今)

| 机构名称 | 职务 | 姓名 | 性别 | 民族 | 任职时间 | 籍贯 |
|---|---|---|---|---|---|---|
| 县行政委员会 | 主任 | 张子僚 | 男 | 汉 | 1945.05—1945.05 | 河南西平县 |
| 西平县农民运动救国会 | 主席 | 罗和亭 | 男 | 汉 | 1945.05—1945.06 | |
| 县抗日民主联合政府 | 县长 | 莫茂斋 | 男 | 汉 | 1945.06—1945.08 | 河南西平县 |
| 县民主政府 | 主任 | 张子僚 | 男 | 汉 | 1945.08—1945.10 | 河南西平县 |
| 西(平)遂(平)军政办事处 | 县长 | 李海涵 | 男 | 汉 | 1948.01—1948.02 | 河南遂平县 |
| 西(平)遂(平)爱国民主政府 | 主任 | 杨鹿 | 男 | 汉 | 1948.02—1948.08 | 河北清河县 |
| 县民主政府 | 县长 | 丛健 | 男 | 汉 | 1948.08—1950.10 | 山东文登县 |
| 县人民政府 | 县长 | 高静山 | 男 | 汉 | 1950.10—1952.04 | 河北巨鹿县 |
| 县人民政府 | 县长 | 杨进贤 | 男 | 汉 | 1952.04—1953.11 | |
| 县人民政府 | 县长 | 姜升堂 | 男 | 汉 | 1953.12—1955.05 | 山东安丘县 |
| 县人民政府 | 县长 | 赵昕江 | 男 | 汉 | 1955.05—1955.12 | 河南西平县 |
| 县人民委员会 | 代理县长 | 赵昕江 | 男 | 汉 | 1959.12—1959.10 | 河南西平县 |
| 县人民委员会 | 县长 | 徐庚杰 | 男 | 汉 | 1959.10—1961.12 | 河北巨鹿县 |
| 县人民委员会 | 县长 | 赵昕江 | 男 | 汉 | 1961.12—1963.05 | 河南西平县 |
| 县人民委员会 | 县长 | 冯万堂 | 男 | 汉 | 1963.05—1965.05 | 河北涉县 |
| 县人民委员会 | 县长 | 赵子荣 | 男 | 汉 | 1965.06—1966.04 | 山西左权县 |
| 县人民委员会 | 主任 | 孙学文 | 男 | 汉 | 1966.04—1967.12 | 河北广宗县 |
| 县革命委员会 | 主任 | 弓治英 | 男 | 汉 | 1967.12—1969.07 | 山西左权县 |
| 县革命委员会 | 主任 | 孙学文 | 男 | 汉 | 1969.08—1972.09 | 河北广宗县 |

续表

| 机构名称 | 职务 | 姓名 | 性别 | 民族 | 任职时间 | 籍贯 |
|---|---|---|---|---|---|---|
| 县革命委员会 | 主任 | 周杰三 | 男 | 汉 | 1972.09—1975.02 | 辽宁绥中县 |
| 县革命委员会 | 主任 | 冀桂昕 | 男 | 汉 | 1975.02—1979.12 | 河南西平县 |
| 县革命委员会 | 主任 | 刘守福 | 男 | 汉 | 1979.02—1980.03 | 河南太康县 |
| 县革命委员会 | 主任 | 张桂五 | 男 | 汉 | 1980.03—1981.07 | 山东肥城县 |
| 县人民政府 | 县长 | 常献清 | 男 | 汉 | 1981.07—1984.04 | 河南夏邑县 |
| 县人民政府 | 县长 | 刘精伟 | 男 | 汉 | 1984.04—1985.05 | 河南西平县 |
| 县人民政府 | 县长 | 洪春喜 | 男 | 汉 | 1985.05—1992.04 | 河南西平县 |
| 县人民政府 | 代理县长 | 焦锦淼 | 男 | 汉 | 1992.04—1992.12 | 河南尉氏县 |
| 县人民政府 | 代理县长 | 李洪民 | 男 | 汉 | 1992.12—1993.03 | 河南新蔡县 |
| 县人民政府 | 县长 | 李洪民 | 男 | 汉 | 1993.03—1995.12 | 河南新蔡县 |
| 县人民政府 | 代理县长 | 郭绍伟 | 男 | 汉 | 1995.12—1996.03 | 河南汝南县 |
| 县人民政府 | 县长 | 郭绍伟 | 男 | 汉 | 1996.03—1997.01 | 河南汝南县 |
| 县人民政府 | 代理县长 | 付伟 | 男 | 汉 | 1997.01—1997.03 | 河南平舆县 |
| 县人民政府 | 县长 | 付伟 | 男 | 汉 | 1997.03—1999.01 | 河南平舆县 |
| 县人民政府 | 代理县长 | 高书志 | 男 | 汉 | 1999.01—1999.03 | 河南上蔡县 |
| 县人民政府 | 县长 | 高书志 | 男 | 汉 | 1999.03—2001.03 | 河南上蔡县 |
| 县人民政府 | 代理县长 | 刘汝生 | 男 | 汉 | 2001.03—2001.04 | 山东平阴县 |
| 县人民政府 | 县长 | 刘汝生 | 男 | 汉 | 2001.04—2004.04 | 山东平阴县 |
| 县人民政府 | 代理县长 | 王新强 | 男 | 汉 | 2004.04—2005.03 | 山东荣成市 |
| 县人民政府 | 县长 | 王新强 | 男 | 汉 | 2005.03—2012.06 | 山东荣成市 |
| 县人民政府 | 县长 | 聂晓光 | 男 | 汉 | 2012.08—2014.04 | 河南正阳县 |
| 县人民政府 | 县长 | 申保卫 | 男 | 汉 | 2014.11—2016.10 | 河南登封市 |
| 县人民政府 | 县长 | 李全喜 | 男 | 汉 | 2017.03— | 河南上蔡县 |

# 后 记

为了贯彻落实习近平总书记关于“发扬红色资源优势，深入进行党史、军史、老区革命史优良传统教育，把红色基因代代传下去”的重要指示精神，根据中国老区建设促进会统一要求，西平县老区建设促进会编写《西平县革命老区发展史》。

此书系统地记载了近百年来，西平人民在中国共产党的领导下，进行新民主主义革命、社会主义革命和建设的艰难曲折历程；讴歌了战争年代老区军民浴血奋战、前赴后继的民族精神；展现了全县人民克服困难、自力更生建设美好家园的非凡作为；突出了西平改革开放40年，特别是十八大以来的辉煌成就。可谓是西平县老区的一部光荣革命史、不懈奋斗史、辉煌成就史。

本书的编辑出版得到了县委、县政府的高度重视和大力支持。县委、县政府名义为本书作序。县委副书记管保臣亲任编委会主任，主持召开专门会议，多次听取汇报，及时解决编撰工作出现的问题。县老促会组织编撰人员以高度负责的精神，翻阅大量历史资料，收集各方面素材，夜以继日编写组稿，并进行多次修改校正。在本书编写制作过程中，县直各单位大力支持，县史志办抽调专人参与编写，做了大量工作。在此，一并表示感谢。

编辑此书，我们坚持忠于历史、实事求是的原则，书中大多数章节采用原始文件、历史资料，均由各有关部门核实后提供。采用的发展数据，以统计部门提供的数据为准。由于我们的水平有限、经验不足，掌握的材料不一定能面面俱到，本书的内容可能会有遗漏或不当之处，恳请各级领导和广大读者提出宝贵意见。

编 者

2019 年 7 月